특수교육요구학생을 위한

생활기술 활동

초등학생용

특수교육요구학생을 위한

생활기술 활동

제 2 판

Darlene Mannix 지음 | 신현기 옮김

LIFE SKILLS ACTIVITIES for Special Children

Σ 시그마프레스

특수교육요구학생을 위한 생활기술 활동, 제2판

발행일 | 2016년 3월 2일 1쇄 발행

저자 | Darlene Mannix
역자 | 신현기
발행인 | 강학경
발행처 | (주)시그마프레스
디자인 | 송현주
편집 | 김은실

등록번호 | 제10-2642호
주소 | 서울특별시 영등포구 양평로 22길 21 선유도코오롱디지털타워 A401~403호
전자우편 | sigma@spress.co.kr
홈페이지 | http://www.sigmapress.co.kr
전화 | (02)323-4845, (02)2062-5184~8
팩스 | (02)323-4197
ISBN | 978-89-6866-649-0

Life Skills Activities for Special Children, Second Edition
by Darlene Mannix

* 책값은 뒤표지에 있습니다.
* 이 도서의 국립중앙도서관 출판예정도서목록(CIP)은 서지정보유통지원시스템 홈페이지(http://seoji.nl.go.kr)와 국가자료공동목록시스템(http://www.nl.go.kr/kolisnet)에서 이용하실 수 있습니다.(CIP제어번호 : CIP2016003501)

역자 서문

저자 Darlene Mannix는 현장 전문가이다. 현장 교육자로서 20년 이상을 학습장애, 정서장애, 언어장애, 복합장애 아동을 가르쳐 왔다. 따라서 장애 아동들이 일상생활은 물론 학교생활, 나아가 성인으로서의 독립생활을 하는 데 필요한 핵심 내용이 무엇인지 잘 알고 있다. 그 핵심 내용이 이 원서에 담겨 있다.

우리나라 특수교육계도 성인으로서 독립생활을 하는 데 필요한 기술을 학교에서 가르쳐야 한다고 하여 교육의 궁극적 목표를 사회에 두고 있다. 이를 전환교육이라고도 한다. 전환교육은 직업 준비로 국한시켜서는 안 된다. 생의 전반을 그 범위로 해야 한다. 다만 내 발 밑을 보고 나아가느냐, 아니면 저기 먼발치를 보면서 나아가느냐의 차이일 뿐이다. 그러나 시야를 어디에 두느냐의 차이는 커다란 결과의 차로 다가옴을 명심해야 한다.

이 책은 삶이라는 먼발치를 바라보며 나아가도록 하기 위하여 집필된 책이다. 이 책은 총 4부, 15장, 146개의 세부 학습단위로 구성되어 있다. 각 장마다 교사들이 부모에게 보내는 편지, 세부 학습단위 목표, 질문, 연습장, 질문에 대한 대답, 보충 활동을 체계적으로 연습하도록 함으로써 학생들의 발전을 기대하기에 충분하다고 할 수 있다.

번역이라는 작업이 또 다른 창작의 과정이라고 하는데 역자의 역량부족으로 그 경지에는 도달하지 못한 것 같아 독자들은 물론 동료와 후배들에게 송구한 마음이다. 하지만 무더위 속에서 엉덩이 붙이고 앉아서 마무리 할 수 있게 된 나에게 지금까지 잘 왔다고 칭찬을 해 주고 싶은 마음이 분명 있다.

아울러 동학상장(同學相長)의 역할을 해 주는 학생들이 있어 이 번역서가 나올 수 있었음에 단국대학교 대학원 특수교육학과 석사와 박사 과정에 재학 중인 학생들에게 고마움을 표한다. 어려운 출판계 사정에도 불구하고 마다 않고 출판을 허락해 주신 (주)시그마프레스의 강학경 사장님을 비롯한 출판사 가족들에게도 감사의 마음을 표한다.

이제 내 나이 60이 되었다. 공자의 삶에서는 이 나이를 이순(耳順)이라고 한다. 생각하는 것이 원만하여 어떤 일을 들으면 곧 이해가 된다고 한데서 나온 말이다. 나는 생각하는 것이 원만하지 않아 들은 것이 이해가 되지 않는다. 그러니 분명 나는 공자와는 다른 사람이다. 그렇기는 해도 이순의 경지마저 포기할 순 없다. 계속 절차탁마(切磋琢磨)하리라 다짐해 본다. 그러려면 겸손의 훈련을 더 해야 하지 않을까?

고은(高恩)의 시 '그 꽃'을 읊조리며 5년 후를 그려 본다.

내려갈 때 보았네 올라갈 때 보지 못한 그 꽃

2016년 2월
죽전캠퍼스에서 역자 씀

JOSSEY-BASS TEACHER

Jossey-Bass Teacher 시리즈는 학생들의 학습에 긍정적이며 일평생 영향을 줄 수 있는 실제적인 지식과 도구들을 교육자들에게 제공합니다. 우리는 다양한 학년과 교과영역들을 위해 교실에서 검증되고 연구에 기반한 교수자료들을 제공합니다. 여러분이 예비교사나 초임교사, 혹은 중견교사라 할지라도 우리는 여러분이 경험하는 매일의 교수가 최상이 될 수 있도록 돕기를 바랍니다.

즉시 사용할 수 있는 학급활동에서 최신의 교수적 개념틀에 이르기까지 우리의 책들은 유치원에서 고등학교 교사들 대부분이 당면하는 문제들에 대해 통찰을 제공하고 실제적이며 종합적인 자료들을 제공합니다. 우리는 각 분야의 경험 많고 존경받는 전문가들로부터 받은 최고의 아이디어들을 통해 여러분이 신뢰할 수 있는 자원이 되기를 희망합니다.

이 책에 대하여

특수교육요구학생을 위한 생활기술 활동, 제2판(Life Skills Activities for Special Children, 2nd Edition)은 교사와 부모들이 초등학교 연령의 특수교육 대상 아동의 가정생활, 학교생활, 그리고 지역사회 생활에서의 독립생활 능력을 지도하는 데 도움이 되는 자료집의 기능을 하도록 만들어졌다.

특수교육 대상 아동들의 경우 자신들의 삶을 성공적으로 영위하는 데 필요한 기술을 터득하는 과정에서 특별한 안내와 지도기법이 요구된다. 그러나 어떤 핵심 기술을 가르치고 배우도록 해야 하는가에 대한 답을 주지는 못하고 있었다. 특수교육 대상 아동들이 배워야 할 것은 너무도 많은 데 반해, 가장 중요하고 핵심 내용으로 그 범위를 좁히고 추려서 제공하지는 못하였다. 그래서 이 책에서는 그동안의 문제점을 파악하여 보다 발전적인 내용으로 책을 구성하고자 몇 가지 영역, 즉 기본적인 생존기술들(전화기의 조작과 활용, 돈의 사용, 읽기와 쓰기), 개인적인 독립기술들(위생, 옷 입기, 건강한 생활방식 대로 살기), 지역사회에서의 상호작용(지역사회 내 공공장소에 대한 인식과 방문), 그리고 기본적인 사회적 기술들(시민의식, 다른 사람들과 함께 일하기, 사회생활 갖기)을 담았다. 달리 말하면 이 기술들은 우리들이 가르치고 사랑하는 아이들뿐만 아니라 우리 성인들의 삶의 목표가 되는 독립생활과 충실한 삶을 확장시키는 데 필수적이다.

이 책의 내용

이 책은 총 4부로 구성되어 있다. 제1부는 기본적인 생존기술들에 관한 것이다. 여기서는 자신을 보호하는 일과 가장 기본적인 일과처리 기술들을 가르치는 데 초점을 두었다. 여기에는 몇 개의 장들로 구성되어 있는데 그 내용으로는 기본적인 신상정보와 관련된 내용, 전화기 사용기술, 돈의 사용기술, 그리고 기본적인 읽기와 쓰기 기술들의 지도와 관련된 것들이다. 이러한 기술들은 총 56개 장의 학습내용으로 편성되어 있는데 지금까지 휴대폰의 사용이라든지 할인판매 가격에 대한 어림 가격 매기기, 개인적인 시간 사용 목표 설정하기, 그리고 보다 확대된 읽기 기술 등과 같은 비교적 최근의 것들에 대한 내용을 지속적으로 담아 왔다.

제2부는 개인적인 독립기술들에 관한 것들로서 옷 입기, 옷 선택하기, 개인위생, 방안 청소, 음식을 만들고 먹는 기술들로 구성된다. 이들은 총 42개 장의 학습내용에 담겨 있다. 여기에도 최근의 정보가 담겨져 있는데, 예컨대 자기 점검, 아플 때 취해야 할 행동, 방의 구성과 배치, 건강한 간식거리 먹기, 그리고 충분한 수면시간 갖기 등이 그것이다.

제3부는 지역사회와 그곳에서 생활하는 방식에 관한 내용들로서 지역사회 내의 공공장소와 지역사회 인사들, 그리고 그곳에서 어린 아동들이 자기 나름의 방식으로 생활해 나가도록 하는 방법을 27개의 학습내용으로 구성하였

다. 여기에도 최근까지 새로운 공공장소 방문하기, 길을 잃었을 때 취해야 하는 행동, 건전한 인터넷 사이트, 그리고 컴퓨터에 대한 기본적 상식들이 포함되었다

마지막 제4부는 다른 사람들과 함께 어울려 지내는 방법에 관한 것을 총 31개의 학습내용으로 구성되어 있다. 즉 좋은 시민 되기, 다른 사람과 작업하기, 그리고 사회생활 하기에 관한 내용이다. 예컨대, 상대방에게 명확하게 말하기, 타인과 함께 일하기, 그만두어야 할 때 알기, 친구 사귀기 기술, 그리고 타인과 대화 시도하는 법 알기 등의 내용으로 구성되어 있다.

각 장의 내용

15개 각각의 장은 다음과 같은 특징을 담고 있다.

부모 서신 : 일반적인 편지 형태의 글은 교실 내 아동의 어머니나 보호자를 위한 것이다. 이 편지는 교사들이 필요에 따라 특별하게 변형시켜 사용할 수 있다. 이 편지에는 각 장에서 아동에게 지도하게 될 내용에 대한 요약과 가정에서 활용할 수 있는 방안에 대한 내용이 담겨져 있다.

기술항목 용지 : 이 기본항목 용지는 각 아동이 각 장에서 배워야 할 해당 기술을 어느 정도나 숙지하고 있는지를 그 정도를 평가하기 위한 용지이다. 각 아동의 진전 상태는 플러스 기호나 마이너스 기호 또는 체크 표시로 구분하여 표기할 수 있다.

학습장 : 각각의 연습장은 교사가 단계별로 지도해가는 방법을 담고 있다. 각 장은 목표, 토의를 위한 질문, 연습장의 지도 방안과 답안, 그리고 기술보완을 위한 더 넓은 지도방법을 담고 있다.

부탁의 말

교사로서 우리가 갖는 바람은 각 장에 소개되는 내용을 아동들로 하여금 생각하고 반응하며 학습할 수 있도록 각각의 기술들을 일상적인 상황에서 적용할 수 있는 그와 같은 상황을 제공해 주었으면 하는 것이다. 아동들을 지도함에 있어 아동들을 과소평가하지 않고 인내를 가지고 설명하고, 시범 보이고, 가르치고, 또 가르치는 행위가 매우 중요하다. 교사와 부모는 함께 교류하면서 서로 정보를 나누고 강력한 팀을 구성하여 서로에게 진정으로 도움이 되는 역할을 함으로써 아동들로 하여금 독립생활을 위해 생활기술을 성공적으로 이해할 수 있고 또 실현할 수 있도록 해야 한다.

저자에 대하여

Darlene Mannix는 교사로서 학습장애, 정서장애, 언어장애, 중복장애를 가진 다양한 아동들을 20년 이상 가르쳐 왔다. 그녀는 테일러대학교에서 학사학위를, 인디애나대학교에서 학습장애 전공으로 석사학위를 받았다. 미국특수아동학회(Council for Exceptional Children)를 비롯하여, 다양한 교육학 관련 학술대회에서 발표를 하였다. 저서로는 *Social Skills Activities for Special Needs*, 2nd Edition(Jossey-Bass, 2009), *Social Skills for Secondary Students with Special Needs*, 2nd Edition(Jossey-Bass, 2009), *Writing Skills Activities for Special Children*(Jossey-Bass, 2001) 등이 있다. 최근에는 연방정부의 지원 아래 인디애나 주의 라 포르트 시에 있는 인디애나 트레일 초등학교에서 저소득층 학생들을 위한 읽기지도 교사로 근무하고 있다.

| 차 례 |

Part 01 기본적인 생존 기술

Part 04 타인과의 관계

PART 01

기본적인 생존 기술

01
Chapter

관련 기본정보

부모에게 보내는 편지 제1호

★ 관련 기본정보

부모님께

안녕하세요? 앞으로 몇 주에 걸쳐 우리는 자신의 이름, 집 주소, 관련된 전화번호, 생년월일, 가족 구성원, 그리고 긴급한 상황에서 해야 할 일 등 우리 자신의 안전과 관련된 기본적인 정보에 관하여 서로 의견을 나누고, 그것을 자연스럽게 말할 수 있도록 하는 연습을 할 것입니다. 이러한 연습은 결코 개인의 사생활에 개입할 의도가 있어서 그러는 것이 결코 아닙니다. 이러한 관련 항목들은 귀 자녀가 자신이 누구이고, 또 자신과 관련된 사람과 관련된 정보가 무엇인지를 구분할 수 있도록 하는 데 있어 매우 중요하기 때문에 이를 배울 필요성이 있어서 그렇습니다. 귀 댁의 자녀가 자신과 관련된 이들 정보에 관하여 말하고 대답하는 과정에서 우리는 자녀가 관련 정보를 얼마나 정확히 배우고 있는지 확인할 수 있기에 이 과정은 교사인 저에게도 많은 도움이 될 것입니다. 다음 페이지의 양식을 부모님께서 작성하여 보내주시면 매우 도움이 되겠습니다. 물론 부모님께서 가정 내에서 자녀들과 함께 이들 정보를 가지고 연습해 주시면 많은 도움이 될 수 있습니다.

부모님의 도움에 감사드립니다.

____

교사 드림

자녀 이름 :

부모(또는 보호자)의 이름 :   아버지(   ), 어머니(   )

형제자매 :

주소 :

전화번호 :

부모(또는 보호자) 근무처 :

근무처 전화번호 :

긴급 또는 의료적 요구 :

관련 기본정보

관련 기술 항목 연습장 1 : 학습 진행사항

+ 숙달
✔ 익히는 과정
− 익히지 못함

학생 이름	누구세요?	내가 사는 곳(주소)	여보세요, 집에 아무도 안 계세요?	생일 축하해!	나의 가족 구성원 말하기	나의 부모와 그들이 계신 곳	선생님 찾아가기	아픈 곳 말하기	긴급한 일 전하기!	나의 신체지수(키, 몸무게 등) 말하기	방과 후 활동	분실물과 습득물	비고

1.1 누구세요?

목표

누군가가 묻거나 또는 자기를 소개해야 할 적절한 상황에서, 자신의 이름을 말할 수 있다.

질문

교사 : 당신의 부모님이나 또는 다른 사람이 당신의 이름을 부르지요? 가족 들 중에는 저마다 특별한 이름을 가지고 있지요? 이처럼 각자의 이름을 가지는 것은 매우 중요합니다. 누군가가 특별한 이유로 인하여 명단을 작성할 필요가 있을 경우에 당신은 자신의 이름을 말해 줄 수 있습니까?

연습장 1.1 : 연습장에서 보는 바와 같이 당신이 누군가에게 자신의 이름을 말해야 하는 경우 네 가지를 볼 수 있을 것입니다. 내가 당신에게 지시문을 읽어 주면 이를 잘 들은 후, 곧바로 당신과 닮은 학생의 그림이 그려진 만화의 '말풍선' 안에 지시문에 따른 알맞은 사람의 이름을 적어 넣습니다.

답변

(예시 자료)

1. 예, 그 카드에는 (김철수)라고 적혀 있었습니다.
2. 나의 이름은 (순실) 입니다.
3. 내 성과 이름은 (이순실) 입니다.
4. 나는 (김영철)입니다.

보충 활동

1. 이름에 포함된 의미 : 여러 아이들의 이름이 적혀 있는 명단을 보면서 각 사람마다의 이름에 담긴 의미를 알 수 있습니다.
2. 이름 포스터 그리기 : 학생들은 각자의 그림이 가진 이름의 각 글자를 사용하여 색 포스터를 그립니다. 학생들은 자신들이 관심을 가진 물건의 형태를 글자로 채워서 만들었습니다(예를 들어, 스케이트보드, 비행기).

이름 ______________________________ 날짜 ______________

1.1 누구세요?

당신이 마치 왼쪽 그림의 주인공이라고 생각하고, 오른쪽 상황에 대하여 어떻게 대답을 할 것인지를 생각하여 말풍선 안에 적어 보세요.

1.2 내가 사는 곳

목표

누가 묻거나 또는 필요한 상황에서, 자신의 주소를 분명하게 말하거나 쓸 수 있다.

질문

교사 : 어떤 종류의 우편물이 당신의 집으로 배달이 됩니까? 그 우편배달부는 어떻게 모든 배달물의 배달 위치를 알게 됩니까? 당신이 무엇인가를 멀리 보내려고 한다면, 당신은 받는 사람의 어떤 정보를 알아야 합니까? 당신의 주소지는 곧 당신이 살고 있는 곳의 위치를 말합니다. 일반적으로 당신의 주소에는 집의 번지수, 거리, 시군구, 도 및 우편번호가 포함되어 있습니다. 당신은 주소에 포함된 이 모든 정보를 알고 있어야 합니다.

연습장 1.2 : 모든 사람이 자신의 상세 주소 정보를 아는 것은 매우 중요합니다. 이 연습장에는 학생들이 자신의 주소 정보 중 누락된 부분을 발견할 수 있도록 하는 데 도움을 줄 수 있는 내용이 들어 있습니다. 자신의 주소를 정확하게 작성하기 위해서는 아랫부분의 도움말 상자를 이용하면 됩니다. 이를 이용하여 우리는 주소의 상세정보 모두를 포함시켜 자신의 주소를 작성할 것입니다.

답변

1. 시도 – 서울특별시
2. 도시 – 양천구
3. 번지수 – 549
4. 거리 – 목동 중앙북로 8길
5. 우편번호 – 158-704

보충 활동

1. 자신의 주소를 찾아봅시다. 주사위를 던져 나타난 번호에서 요구하는 대로 자기 집 주소를 구성하고 있는 부분 내용을 찾아보고 말해봅시다 : 1 – 집 번지수, 2 – 거리, 3 – 도시, 4 – 시도, 5 – 우편번호, 6 – 주사위 다시 던지기.
2. 나의 집 : 학생들은 종이를 자르고 색칠을 하면서 집(아파트, 트레일러, 기타 주거형태를)을 만듭니다. 학생들은 친구의 집 주소지로 편지를 발송해 봅니다. 편지가 자신의 집 주소지로 배달되면 학생들은 배달된 편지를 학교로 가지고 와서 종이 모형으로 만든 집 옆에 그것을 전시합니다.

이름 ______________________________ 날짜 ______________

1.2 내가 사는 곳

다음 각 주소에는 잘못된 부분이 있습니다. 잘못된 부분을 빈칸에 바르게 적어 보세요.

1. 경기도 양천구 ______________
2. 노원구 목동 중앙북로 ______________
3. 금호베스트빌 708호 ______________
4. 8길 111 ______________
5. 우편번호 158 ______________

도움말 상자

1.	157-704 서울시 양천구 목동 549번지 금호베스트빌아파트 102동 708호	2.	07949 서울시 양천구 목동 중앙북로 8길 111 102-708(금호베스트빌아파트)

1.3 여보세요, 집에 아무도 안 계세요?

목표

물어보거나 또는 말해야 할 상황에서, 자신의 집(또는 휴대폰) 전화번호를 말할 수 있다.[1]

질문

교사 : 어젯밤에 나는 부산에 살고 있는 내 친구와 이야기를 나누었습니다. 내가 어떻게 그렇게 멀리 살고 있는 친구와 이야기를 할 수 있었던 걸까요?(전화로) 친구에게 전화를 걸기 위해서는 당신은 먼저 무엇을 알고 있어야 할까요? 자기 집이나 누군가의 휴대폰 전화번호를 알고 있는 일이 왜 중요할까요?

연습장 1.3 : 누군가가 당신의 집 또는 휴대폰의 전화번호를 알고 있어야 하는 이유에 대하여 생각해 보십시오. 이 연습장을 통하여 누군가가 당신과 전화통화를 할 필요성이 있는지의 여부를 결정할 것이며, 필요하다면 자기의 전화번호를 적어두어야 할 것입니다.

답변

1. 예　　2. 예(편지로 할 수도 있지만)　　3. 아니요　　4. 예(토론 가능)　　5. 아니요　　6. 예

보충 활동

1. 학급 전화번호부 : 부모나 학교관리자의 동의를 얻어 학급 구성원의 전화번호부/주소록을 만들었습니다. 여기에는 구성원의 생년월일, 애완동물, 좋아하는 활동 등과 같은 또 다른 정보들도 포함시키자고 제안할 수 있습니다.
2. 저에게 전화주십시오. 지난번에 부모님께 드린 알림장을 통하여 안내해 드린 대로 학급 내 친구들끼리 짝을 지어 준 일이 있습니다. 그 짝들과 정해진 저녁시간에 가정용 전화나 개인 휴대폰을 통하여 통화할 수 있도록 부탁드립니다. 학생들은 전화통화를 통하여 서로에게 궁금한 사항을 질문하고 답할 수 있도록 하고 다음 날 학교에서 전날의 통화내용에 관하여 토론을 하도록 합니다.

1 집에 전화가 없는 학생의 경우, 이로 인하여 당황해하지 않도록 해야 하고, 전화가 없는 이유를 추궁하지 않도록 해야 한다. 또한 학급 친구들과 짝이 지어지지 않은 학생들의 명단이 공개되지 않도록 한다. 이들 해당 학생들의 경우는 부모의 전화번호나 기타 비상연락망 전화번호를 이용하여 같은 학습활동을 할 수 있다(1.6절 참조). 이와 관련한 정보를 유연하게 받아들이면 모든 학급 구성원을 참여시킬 수 있다.

이름 ______________________ 날짜 ______________

1.3 여보세요, 집에 아무도 안 계세요?

다음과 같은 내용을 당신에게 전달하기 위해서는 누군가가 당신의 전화번호를 알고 있어야 할 필요가 있습니까? 다음 각 상황에 알맞게 '예'나 '아니요'로 답해 보세요.

1. 영식이는 비 때문에 축구연습이 취소되었음을 당신에게 알리려고 합니다.

2. 당신이 하와이 무료여행권을 받게 되었습니다. 그 여행에 관한 상세 정보는 여행대행사 여직원이 알고 있습니다.

3. 당신의 가장 친한 친구로부터 생일축하 카드가 우편으로 배달되었습니다.

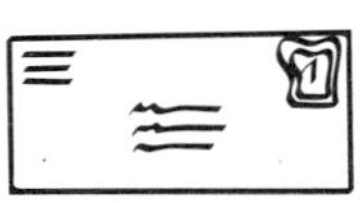

4. 프랑스에 계신 당신의 숙모가 당신이 행복한 생일을 맞이하기를 소망합니다.

5. 당신이 아파서 누워 있는 동안 이웃집에서 당신의 회복을 기원하는 꽃다발을 보내왔습니다.

6. 당신의 친구 중 한 명이 볼링을 하러 갈 시간을 당신에게 알리고 싶어 합니다.

1.4 생일 축하해!

목표

누군가가 묻거나 말해야 할 상황에서, 학생은 자신의 생년월일을 말할 수 있다.

질문

교사 : 당신은 이 노래를 알고 있습니까? (콧노래로 '생일 축하합니다(Happy Birthday)'를 부른다.) 생일에는 어떤 의미가 담겨 있습니까? 생일이 무엇입니까? 누군가가 당신의 생일을 묻는다면, 그것은 당신의 태어난 년, 월, 일을 알고 싶다는 뜻이 담겨 있습니다. 누군가가 당신의 출생연도를 파악하는 이유가 무엇일까요? (영화티켓, 식사요금 할인, 학년 배치 등)

연습장 1.4 : 여기에는 누군가가 당신과 관련된 특정 날짜를 알고 싶어 당신에게 몇 가지 질문하는 장면이 소개됩니다. 모든 사람이 당신의 생일을 알고 싶어 하는 것은 아닙니다. 누가 당신의 생일을 알고 싶어 하는 사람인지 구분해 보시기 바랍니다.

답변

1. 예　2. 아니요　3. 예　4. 아니요　5. 예

보충 활동

1. 이번 달 게임에 모두 참여하기 : 자신의 생일을 기억하고 있는지 알아보기 위한 게임으로, 지정한 특정 달에 자신의 생일이 포함되어 있는 학생들은 그 자리에 일어서서, 허리를 굽힌 상태에서 한 손으로 자신의 엄지 발가락 끝을 짚은 후 그대로 뱅뱅 도는 게임을 합니다. 무순으로 특정 달을 지목하되 진행 속도를 빠르게 전개합니다.
2. 생일 도우미 : 당신이 교실에서 도움을 줄 학생을 선택할 때, 모자에 쓰여 있는 학생의 이름을 부르는 대신 학생의 생일을 불러 선택합니다. (나는 1980년 10월 16일생 친구의 도움이 필요합니다.)

이름 ______________________ 날짜 ______________

1.4 생일 축하해!

이 연습장에 등장하는 사람들은 당신과 관련성이 있는 몇몇 날짜를 알고 싶어 합니다. 그들이 당신의 생년월일을 알고 싶어 할 경우는 생일케이크 그림을 그립니다. 그리고 빈칸에 특정 날짜를 입력해 주세요. 그들이 다른 날짜를 원하는 경우는 빈칸 그대로 둡니다.

1.

____

2.

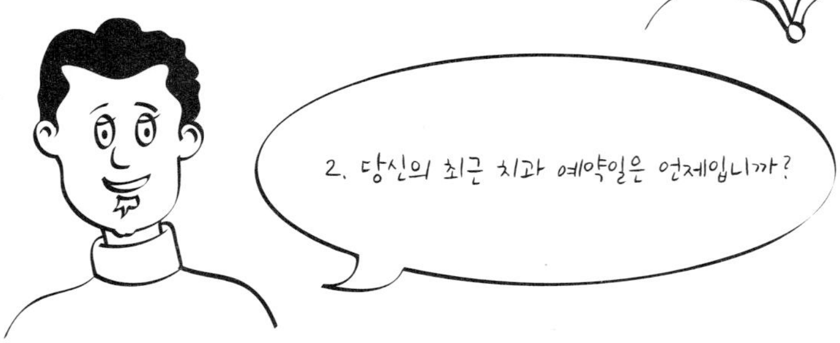

____

3.

____

4.

____

5.

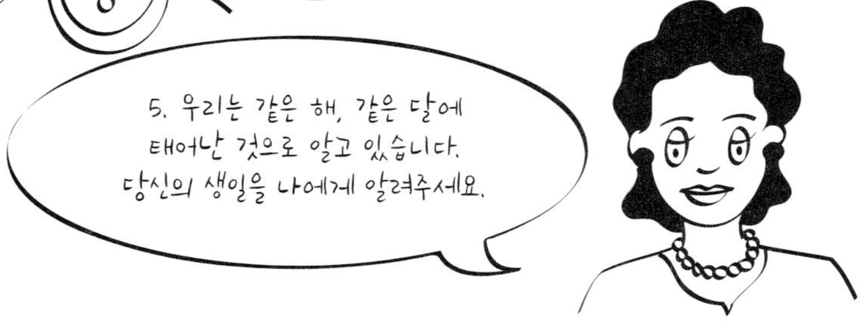

____

1.5 나의 가족 구성원 말하기

목표

누군가가 묻거나 말해야 할 상황에서, 자신의 가족 구성원을 말할 수 있다.

질문

교사 : 당신의 가족 수는 몇 명입니까? 어떤 사람이 당신의 가족 구성원이 아닙니까? 애완견이 당신의 가족 구성원입니까? 가족이란 무엇인지 그것을 설명하는 방법은 여러 가지가 있습니다. 가족이란 당신과 함께 살고 있는 사람, 서로를 배려하는 사람, 또는 서로를 보살피는 사람이 될 수 있습니다. 우리는 가족이란 어떤 특정한 방식으로 함께 생활하는 집단이라고 말할 수 있습니다. 당신이 자신의 가족에 대해 이야기한다면, 그 가족은 당신의 집에서 함께 생활하는 사람으로 인식하게 됩니다. 물론 당신의 집에서 함께 생활하지 않고 있는 가족도 있을 수 있습니다.

연습장 1.5 : 오늘 당신은 학생 각자와 자신의 가족을 서로 짝지어 줄 것입니다. 주어진 단서를 통하여 학생과 짝지어진 사람이 가족관계인지 생각해 봅시다. 학생과 가족이 제대로 짝지어진 경우는 서로에게 편지를 써 봅니다.

답변

1. 영희-D 2. 명수-B 3. 광수-E 4. 상희-A 5. 상규-C

보충 활동

1. 가족 초상화 : 학생들은 가족사진을 그림으로 그리거나 집에 있는 사진을 가져옵니다. 그들은 자신의 집에 함께 거주하는 사람들이 아닌 사람의 경우는 자연가족으로 표현할 수 있습니다. 여기에는 이혼한 부모와 자신의 집에 거주하지 않는 형제자매가 포함된 경우가 자연스러운 형태입니다. 여기서는 '가족'에 대한 느슨한 정의가 활용되는 경우입니다. 학생들이 서로의 가족을 소개하고 있습니다.
2. 가족 표창 : 가정의 달이 지정되어 있으므로 이때 가족 중에 최고의 형제자매, 가장 어린 형제자매, 가장 큰 키의 어머니, 가장 최신의 물건 등의 조건을 부여하여 상을 수여합니다.

이름 ______________________________ 날짜 ______________

1.5 나의 가족 구성원 말하기

여기에서 자신의 가족을 설명하는 학생들이 있습니다. 각 학생들은 자신의 가족 구성원과 짝짓기를 합니다. 학생들에 의해 짝지어진 그룹의 서로에게 편지를 작성합니다.

1.6 나의 부모와 그들이 계신 곳

목표

누군가가 묻거나 말해야 할 상황에서 자신의 부모 연락처를 제시할 수 있다.

질문

교사 : 학교에서 누군가가 다치거나 아플 때 이러한 상황을 당사자의 가족에게 연락해 본 경험이 있습니까? (예를 들면, 그들이 부모를 호출한다.) 만약 당신이 학교에서 사고를 당하게 된다면, 이로 인하여 당신에게 어떠한 후속적인 일들이 발생하게 될까요? 당신 부모에게는 어떻게 연락합니까?

연습장 1.6 : 누군가가 사고에 직면하는 경우, 그들은 자신들을 도와줄 수 있는 부모 또는 다른 누군가에게 연락을 해야 합니다. 그러나 일부 학생들은 누군가에게 연락을 취하는 데 필요한 충분한 정보를 가지고 있지 못한 경우가 있습니다. 그들이 가지고 있는 정보로는 부모 또는 보호자에게 연락을 취할 수 없습니다. 연락할 정보를 찾을 수 있는 경우에 해당하면 '예'라고 표시합니다. 또한 그들이 어떤 응급 사태 또는 매우 중요한 일에 직면하게 될 가상의 경우를 설정한 후, 그 상황 하에서 자신의 집에 있는 누군가에게 연락을 취해야 할 때, 어떻게 해야 하는지 그 방법에 대하여 토론해 봅시다.

답변

1. 아니요(병원의 위치를 알아야 할 이유) 2. 예 3. 예 4. 아니요(작업 일정을 알아야 할 이유)
5. 아니요(전화번호를 알아야 할 이유)

보충 활동

1. 대체 계획 : 비상 시 학생들이 개인적으로 자신의 부모에게 연락을 취해야 할 때, 어떠한 절차를 따라야 하는지 그 방법에 대하여 설명해야 합니다. 이러한 연락방법에 대한 정보는 학교 교무실에 비치된 비상연락망 카드에도 명시되어 있어야 합니다. 학생들은 비상 시 연락할 이웃, 친구, 또는 호출할 필요가 있는 상대방의 이름을 그 비상카드에 명시할 수 있어야 합니다.
2. 보건교사 : 학생들이 어떤 특이 질병을 가진 경우를 가정하여 이와 관련한 위급 상황을 해결하는 방법에 관한 역할놀이를 할 수 있으며(그들은 다양한 만성질환을 나타낼 수 있습니다), 다른 한편으로는 학생들 스스로 '보건교사'의 역할로서 명확하고 적절한 정보를 착오 없이 전달하는 역할훈련을 하는 것입니다.

이름 ______________________ 날짜 ______________

1.6 나의 부모와 그들이 계신 곳

다음의 경우에 해당하는 학생들은 그들의 부모와 연락할 필요가 있습니다. 학생들 중 일부는 자신들이 직면한 위급한 정보를 부모들에게 전달하는 방법을 모르고 있습니다. 학생들이 연락과 관련한 충분한 정보를 가진 예에 해당하면 빈칸에 '예'라고 표시하고 더 많은 정보를 가지고 있어야 하는 경우라면 빈칸에 '아니요'라고 표시합니다.

1.

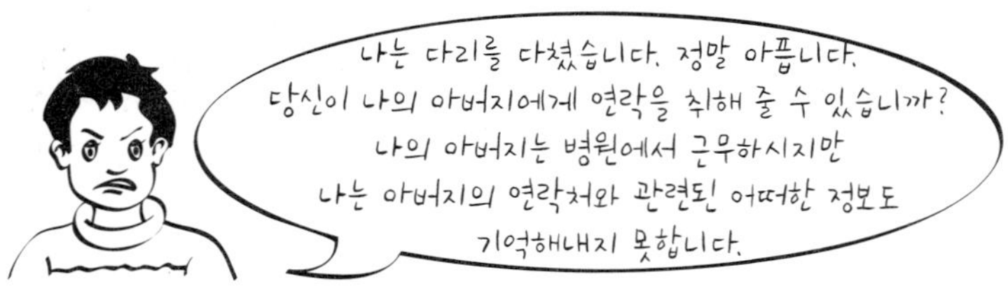

____

2.

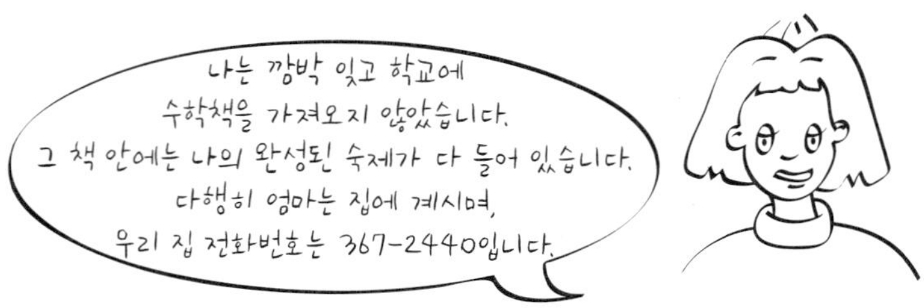

____

3.

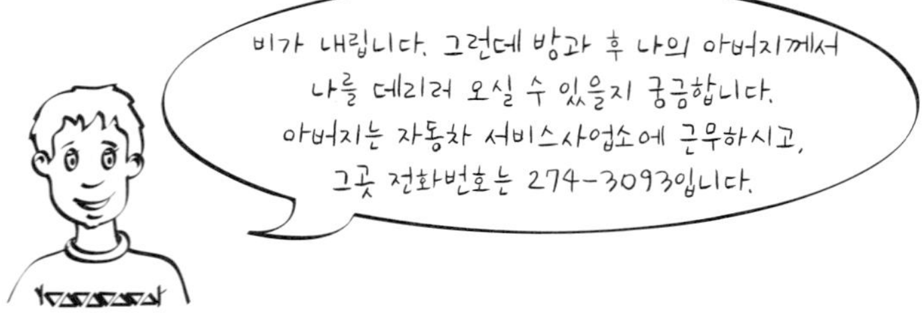

____

4.

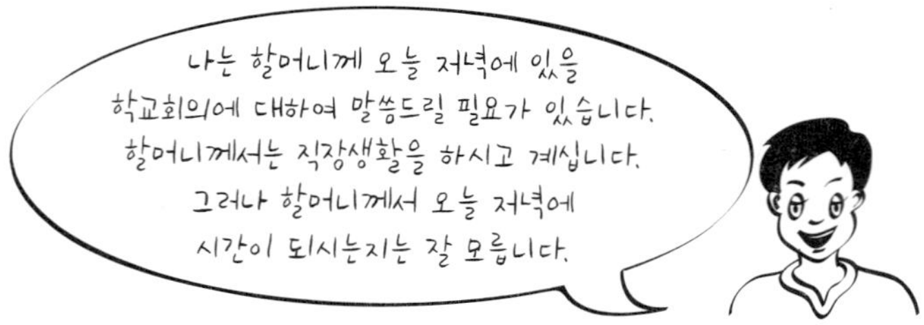

____

5.

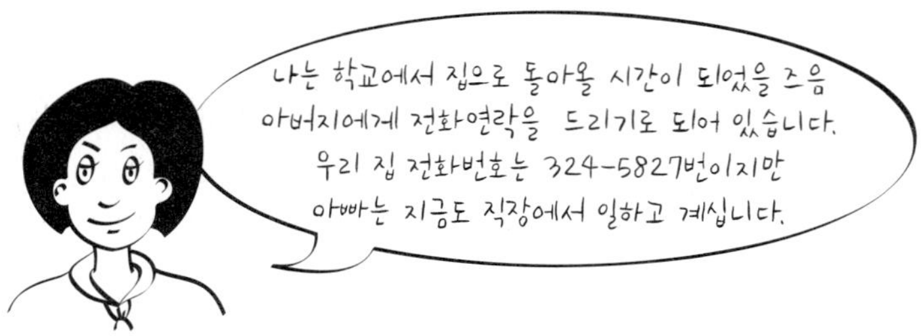

____

1.7 선생님 찾아가기

목표

누군가가 묻거나 말해야 할 상황에서, 학생은 자기 선생님의 이름, 학교의 학년과 반 또는 자신이 다니는 학교의 이름을 말할 수 있다.

질문

교사 : 오늘 하루 동안 실제 그런 것처럼 가정하고 생각합시다. 멀리서 친구가 학교로 당신을 만나기 위해 찾아왔습니다. 당신의 소재를 파악하기 위해서는 그 친구는 당신에 관한 어떤 정보를 가지고 있어야 합니까? 당신이 담임선생님의 이름을 알고 있다는 것이 왜 중요하다고 생각합니까? (그래야 친구가 당신이 몇 학년 몇 반에 있는지 알 수 있습니다.)

연습장 1.7 : 학생들은 자신의 담임선생님 이름과 그들이 몇 학년 몇 반에 속하는지 알 필요가 있습니다. 선생님의 이름은 그들이 속한 학급을 파악하는 단서로 사용됩니다. 빈칸에 답변을 작성합니다.

답변

1. 홍정옥 선생님 2. 심혜영 선생님 3. 정용환 선생님 4. 홍정옥 선생님 5. 홍정옥 선생님
6. 정용환 선생님 7. 심혜영 선생님 8. 심혜영 선생님 9. 정용환 선생님(어떤 가정이 여기에 있습니다)
10. 심혜영 선생님

보충 활동

1. 교사 명예전당 : 학교의 전 교사들의 사진현황판을 찾습니다. 특정 학생을 지정하여 각각의 교사들이 담당하는 학생들의 이름, 학년, 또는 학급을 찾아보도록 과제를 부과해 줍니다. 다양하고 재미있는 정보를 제공하기 위하여 포스터에 자료들을 배열합니다.
2. 방문자 : 교사는 특정 학생에게 선생님과의 5분 인터뷰 질문지를 만들라고 지시합니다. 교사는 학생들에게 학교수업과 활동에서의 재미있는 정보를 공유할 수 있었으면 좋겠다는 의사를 표현할 수 있습니다.

이름 ______________________ 날짜 ______________

1.7 선생님 찾아가기

다음은 4학년을 가르치는 정용환 선생님 학급의 학생입니다. 5학년을 가르치는 분은 홍정옥 선생님입니다. 6학년을 가르치는 분은 심혜영 선생님입니다. 선생님의 이름을 알면 교실을 제대로 찾는 데 도움이 됩니다. 자신이 담당하는 학생의 옆에 선생님의 이름을 적습니다.

정용환 선생님

홍정옥 선생님

심혜영 선생님

1. 명헌은 올해 5학년입니다. ______________________
2. 기수는 작년에 5학년이었습니다. ______________________
3. 영미는 남자 교사를 원합니다. ______________________
4. 현기의 지난 해 선생님이 정용환 선생님입니다. ______________________
5. 원희는 심혜영 선생님과 남자 교사를 원하지 않습니다. ______________________
6. 미숙은 올해 4학년을 다시 다녀야 합니다. ______________________
7. 정은은 기수와 같은 선생님입니다. ______________________
8. 용제는 학교에서 명헌보다 한 해 앞서 있습니다. ______________________
9. 진숙이의 담임은 결혼하지 않았습니다. 진숙이는 6학년이 아닙니다.

   ____
10. 효숙은 2년 전 4학년이었습니다. ______________________

1.8 아픈 곳 말하기

목표

누군가가 묻거나 말해야 할 상황에서, 학생은 자기가 필요한 약물 또는 치료적 도움이 무엇인지 말할 수 있다.

질문

교사 : 사람들은 자신의 건강 유지를 위하여 특별한 약물치료가 필요합니다. 누군가가 우리에게 특별한 약이 왜 필요한지 몇 가지 경우를 들어 설명해 줄 수 있습니까? (발작조절, 혈압 등) 약물치료는 의사가 당신에게 처방하는 약을 가리키는 중요한 단어입니다. 그것은 결코 나쁜 방법으로 약물복용을 하는 것을 의미하지 않습니다. 이것은 또 다른 도움을 필요로 하는 사람을 돕기 위함입니다. 누구에게, 어떤 약물이 필요한지 이를 설명해 주는 일은 중요할까요? (빠른 도움을 얻을 수 있습니다.) 즉각적인 의사의 치료를 필요로 하는 경우로 어떤 예를 들 수 있습니까? (코피, 발작) 안경이 누군가를, 어떻게 도울 수 있습니까?

연습장 1.8 : 여기에 학생들에게 특별히 필요한 의학적 도움에 관한 몇 가지 예시가 제시되었습니다. 제시된 상황을 읽고 각각의 경우에 가장 적절한 지원방법을 결정합니다. 가장 적합한 조처에 해당하는 것에 표기하세요. 그것을 중심으로 논의할 것입니다.

답변

1. d　　2. a　　3. c

보충 활동

1. 보건교사 방문 : 보건교사를 초대하여 몇 가지 기본적인 의료적 지원 상황(예 : 안경 착용, 간질, 또는 특별한 장애 등)을 설명하고 각각에 대한 처리방안을 설명하도록 합니다. 특히 따라야 할 중요한 약물복용이나 의료적 지원방안을 강조합니다.
2. 보고서 : 당뇨병이나 백혈병과 같은 특별한 질병을 가진 학생들을 지원하는 내용이 담긴 보고서를 학교나 지역 도서관에서 찾아보십시오. 학생들은 교실에서 질병과 관련된 책을 읽거나 그들에 대한 보고서를 작성할 수 있으며, 이것들과 관련하여 토론할 수 있습니다.

이름 ______________________ 날짜 ____________

1.8

아픈 곳 말하기

다음의 학생들은 의료적인 도움을 필요로 하고 있습니다. 각각의 학생에게 가장 적절한 도움이 무엇인지 해당 보기에 표시하세요.

1. 영숙이는 학교에서 코피를 자주 흘립니다. 그녀의 어머니는 그럴 때마다 코를 꽉 잡으라고 딸에게 말합니다. 그런 일이 발생했을 때 영숙이가 해야 할 바른 행동은 무엇입니까?

   a. 어머니에게 연락한 후 집으로 돌아갑니다.
   b. 담임선생님에게 알립니다.
   c. 여러 친구와 같이 빨리 화장실로 갑니다.
   d. 자신의 코를 꽉 쥡니다.

2. 명철이는 자신의 발작 증세 때문에 점심식사 후 매일 약을 복용해야 합니다. 그런데 어느 날 약병에 약이 없음을 알게 되었습니다. 이럴 때 그는 어떻게 해야 할까요?

   a. 보건교사가 집으로 전화하여 알려줍니다.
   b. 그가 발작하지 않기만을 희망합니다.
   c. 누군가 다른 사람의 약을 줍니다.
   d. 집으로 보냅니다.

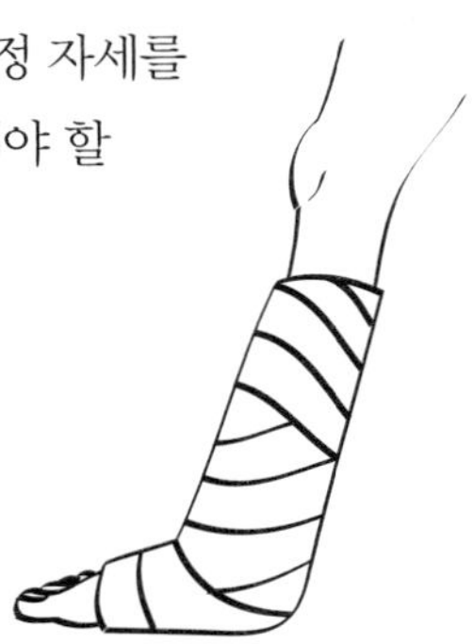

3. 문호는 다리수술을 했습니다. 그는 며칠 동안 매일 오후에는 다리를 높이 들어 올려 고정 자세를 취해야 합니다. 어느 날 오후에 그는 친구들과 밖에 나가서 놀고 싶었습니다. 그가 취해야 할 행동은 무엇입니까?

   a. 의사에게 오후에 밖에서 활동할 수 있는지 물어봅니다.
   b. 그를 치료한 의사는 그의 외출을 허락했습니다.
   c. 그는 다리를 들어 올린 채 일정 시간 유지해야 합니다.
   d. 그의 친구들은 교실 안에서 축구를 합니다.

1.9 긴급한 일 전하기!

목표

학생은 긴급한 상황을 인식하고 적절한 절차를 따라 행동할 수 있다.

질문

교사 : 구급차(앰블런스)는 무엇을 하는 차입니까? (긴급 상황, 사고에 도움이 됩니다.) 구급차의 침상에 누워 있는 사람은 누구입니까? 구급차에서 일하는 사람들은 어떠한 종류의 교육을 받아야 한다고 생각합니까? 긴급사태란 즉각적인 조처를 취해야 하는 상황을 의미합니다. 긴급한 사태에 해당하는 예를 몇 가지 말해 줄 수 있습니까? (사고, 화재 등) 긴급한 일의 내용을 정확하게 알지 못할 경우에는 그 상황을 도울 수 있는 사람을 호출하는 것이 가장 좋습니다. 당신이 긴급하게 호출할 수 있는 사람은 누구입니까? (성인, 경찰관, 소방관, 의사 등)

연습장 1.9 : 여기에서 소개하는 내용은 몇 가지 긴급 상황에 관한 것으로, 학생들은 이러한 상황에서 해야 할 일이 무엇인지 알고 있습니다. 각각의 경우에서 학생들은 최선의 방법을 결정합니다. 우리는 학생들의 방법에 대하여 논의해 볼 것입니다.

답변

1. A　　2. C　　3. B

보충 활동

1. 적십자 : 적십자 단체는 기본적인 응급처치 방법 및 응급 상황 대처방법을 이해하기 쉽도록 알리는 안내책자를 제작합니다. 학급 활동으로도 일반적인 긴급 상황을 몇 가지 제시한 후 이에 대한 해결책을 찾도록 합니다. 우리들은 기본적인 응급처치 요령에 관한 시청각 자료를 볼 수 있습니다. 학생들이 응급처치 방법을 익히는 데는 분명한 한계가 있습니다. (심폐소생술과 같은 응급처치 방법은 숙련된 사람에 의해 배우도록 해야 합니다.)
2. 형식이의 실수 : 학생들로 하여금 부주의한 나머지 여러 유형의 위험한 비상사태(도로 중앙으로 걷기, 성냥불 함부로 던지기 등)를 유발한 경우를 제시하도록 합니다. 안전의 영웅을 등장시켜 형식이를 지도하도록 합니다. 각각의 응급사태를 구분한 후, 그 상황에서 취해야 할 적절한 조처를 알도록 합니다.

이름 ______________________ 날짜 __________

1.9 긴급한 일 전하기!

다음은 즉각적인 조처를 취해야 하는 몇 가지 응급 상황이 제시되어 있습니다. 이 상황에서 가장 적절한 조처를 취한 학생은 누구인지 그 학생을 고르세요.

1. 상황 : 당신의 차고 안에 있는 휴지통에서 연기가 피어오르고 있습니다.(A)

2. 상황 : 낯선 개가 조그마한 소녀의 팔을 물었습니다.

3. 상황 : 친구가 놀다가 넘어져서 머리를 다쳐 피를 흘립니다.

1.10 나의 신체지수

목표

누군가가 묻거나 말해야 할 상황에서, 현재 자신의 신장과 체중을 말할 수 있다.

질문

교사 : 내 키가 몇 센티미터라고 생각하십니까? 내 체중이 몇 킬로그램이라고 생각하십니까? 글쎄요, 나는 당신이 나에게 나의 체중이 어느 정도인지 말해 주기를 기대하기보다는 내 체중을 측정하는 방법에 대하여 말해 주기를 기대합니다. 어떤 수단으로 신체지수를 잴 수 있을까요? (체중계 또는 신장계) 당신의 신장이 어느 정도인지를 아는 것이 왜 중요할까요? (옷 구입, 유원지에서 놀이기구 타기) 당신의 체중이 어느 정도인지 아는 것이 왜 중요할까요? (건강상태 체크, 외형이 꽉 낀다.) 당신의 신장은 센티미터로 나타납니다. 당신의 체중은 체중계의 단위 눈금으로 나타납니다.

연습장 1.10 : 이 연습장에는 네 명의 학생들에 대한 신장과 체중 지수가 나타나 있습니다. 때로는 유원지에서 놀이기구를 탈 때나 전람회에 입장을 할 때 당신의 신장과 체중의 제한을 두고 있습니다. 연습장에 표시되는 신체지수를 보고 놀이기구를 타거나 전람회에 입장할 수 있는 학생들의 명단을 작성합니다.

답변

1. 문수, 명철 2. 영숙, 나리 3. 없음 4. 영숙, 나리 5. 영숙, 문수, 나리

보충 활동

1. 나의 신장과 체중 : 학생을 보건실로 인솔한 후 학생의 신체지수를 측정합니다. 그들은 자신의 사진이나 그림에 신체지수를 적습니다. 측정한 신체지수의 변화를 보기 위하여 일정 기간을 반복하여 측정합니다.
2. 유원지에서의 하루 : 학생들이 자신의 신장과 체중을 알고 난 후 그들이 연습장에서 제시하고 있는 놀이기구나 전람회의 참여 여부를 알아낼 수 있습니다.

이름 ______________________________ 날짜 ______________

1.10 나의 신체지수

아래 학생들의 신장과 체중은 다음과 같다. 다음 조건에 맞는 활동을 할 수 있는 학생들의 이름을 빈칸에 적어 보세요.

1. 롤러코스터

이 놀이기구를 타기 위해서 학생의 키가 150cm 이상이어야 합니다.

____

2. 흔들그네 다리

체중이 40kg 이상인 경우에는 이 놀이기구를 탈 수 없습니다.

____

3. 재미있는 집

키가 120cm보다 작은 사람만 재미있는 집에 들어갈 수 있어요.

____

4. 시소 타기

체중이 36kg 이하인 사람들을 위한 놀이기구입니다.

____

5. 미로 통과

체중이 54kg 이상인 사람이 미로를 지나갈 경우에는 얻어맞을 것입니다.

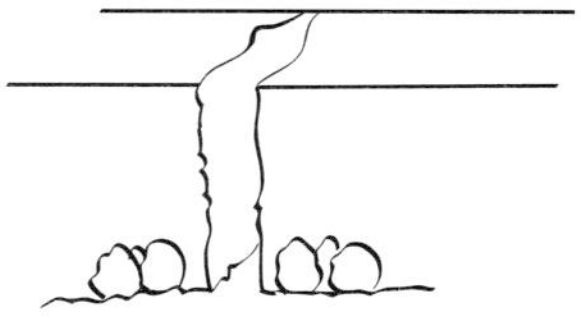

____

1.11 방과 후 활동

목표

누군가가 묻거나 말해야 할 상황에서, 나는 방과 후 활동을 위해 누가 태우러 오는지, 어떠한 치료를 받으러 가는지, 또는 어떤 교통수단을 이용하는지에 관한 정보제공을 할 수 있다.

질문

교사 : 학교 수업이 끝나면 학생들은 집에서 부모님들과 다양한 활동을 할 것으로 기대할 수 있다. 그러나 대다수의 학생들은 학교 수업이 끝난 후에 집으로 곧장 돌아가지 않습니다. 방과 후에 학생들이 주로 하는 일들은 무엇입니까? (친구 집 가기, 방과 후 교실 참가, 학교 돌봄 프로그램 참여, 스포츠 활동, 주전부리) 일부 학생들은 부모가 일을 하기 때문에 학교까지 와서 자녀를 데려갈 형편이 안 되는 경우에 해당합니다. 그렇다면 방과 후 학생들을 데려갈 수 있는 사람들은 어떤 사람일까요? (친척, 지정된 성인, 나이가 있는 형제)

연습장 1.11 : 다음의 학생들은 방과 후 자신들에게 어떤 일이 일어날지에 대한 명확한 정보를 제공하고 있습니다. 해당하는 좋은 보기에 표기하시오.

답변

1. ☑ 2. ☐ 3. ☐ 4. ☑ 5. ☐ 6. ☑

보충 활동

1. 짝꿍을 정하세요. 학생들이 짝을 지어 모였습니다. 학생들은 서로에게 방과 후 활동과 관련한 특정 질문을 교대로 하였습니다–당신은 오늘 저녁에 어떠한 교통수단으로 집에 돌아가게 됩니까? 당신은 연습이나 회의 후 남아 있어야 할 날짜는 언제입니까? 당신은 어떤 버스를 타려고 합니까?
2. 계획 변경 : 내가 재학 중인 학교는 부모가 늦게 도착하거나 프로그램이 취소될 경우 이에 따른 특별한 절차를 진행할 수 있습니다. 학생들은 부모가 늦게 도착하는 경우, 악천후 날씨, 버스노선의 변경 등과 같은 급박한 일이 발생할 경우를 대비하여 자신의 대체 계획에 대하여 잘 알고 있음이 틀림없습니다. 그러나 일부 학생들의 경우 예상치 못한 일상의 변화가 있는 경우 매우 당황스러워했습니다. 이러한 가능성에 대한 준비를 위해 향후 경비를 지불하게 될 것입니다.

이름 ______________________________ 날짜 ______________

1.11 방과 후 활동

다음의 학생들은 방과 후 자신들에게 어떤 일이 일어날지에 대한 명확한 정보를 제공하고 있습니까? 해당하는 좋은 보기 옆에 표시하세요.

1. 나의 아버지는 오늘 밤 늦게까지 일을 하십니다.
   그래서 나의 삼촌이 학교로 와서 나를 데리고 갈 것입니다.
   여기에 관련 메모가 있습니다. ☐

2. 나는 다른 버스를 타고 집으로 가도록 되어 있습니다.
   그러나 나는 그 버스가 어느 버스인지 알지 못합니다. ☐

3. 오늘밤 수습기자 채용 회의가 잡혀 있습니다.
   그런데 나는 그 회의에 참석하기로 했는지 안 했는지 잘 기억이 나지 않습니다. ☐

4. 나는 오늘밤 37번 버스를 타고 집으로 돌아가기로 하였습니다.
   나의 어머니는 이미 사무실로 출근하셨습니다. ☐

5. 나는 오늘밤 숙모집에 가고 싶습니다.
   나는 그녀와 같이 버스를 타고 갈 수 있을까요? ☐

6. 나의 가정방문 돌봄이는 농구경기를 관전한 후 나를 데리러 올 것입니다.
   그래서 나는 오늘밤 집으로 가는 버스를 타지 않아도 됩니다. ☐

1.12 분실물과 습득물

목표

학생은 분실된 물건을 돌려주거나 진열할 장소에 대한 계획을 수립할 수 있다.

질문

교사 : 누구든지 때때로 물건을 분실하곤 합니다. 당신이 분실한 물건은 무엇입니까? (숙제, 옷, 책, 카메라) 당신은 분실한 물건을 다시 찾았습니까? 어떻게 찾게 되었습니까? (분실물 광고전단을 붙인다. 사람들에게 분실물에 대하여 말한다. 잃어버리기까지의 단계를 되짚어 나간다.) 당신은 누군가에게 매우 중요한 물건을 습득해 본 경험이 있습니까? (약품, 숙제, 아이패드) 어떤 경험이 있습니까? 우리는 누군가가 중요한 물건을 분실했거나 습득했을 때, 어떻게 처리해야 하는지에 관하여 논의하려고 합니다.

연습장 1.12 : 다음의 학생들은 무엇인가를 분실했거나 습득했습니다. 이럴 경우 학생들은 어떻게 도움을 요청하거나 도움을 줄 것인지 그 방법에 대하여 작성합니다.

답변

1. 교사나 체육관 관리자에게 도움을 요청합니다.
2. 차 안에서 책을 습득한 사람이 있으면 알려 달라고 버스기사에게 부탁합니다.
3. 습득한 전화기를 관리사무실로 가져갑니다.
4. 자신의 스웨터를 본 사람이 있으면 알려달라고 친구들에게 부탁합니다.
5. 함께 점심 식사를 하는 사람들에게 분실한 물건에 대하여 이야기합니다.
6. 버스기사에게 습득한 가방을 맡깁니다.

보충 활동

1. '분실' 광고. 학생들이 어떤 특정 물건을 분실하였다고 가정을 합니다. 분실한 물건이 어떤 것인지 누구나 쉽게 알 수 있도록 하는 분실광고 문안을 작성합니다. 학생들은 분실한 물건의 형태에 대한 사진을 첨부할 수 있습니다. 분실한 물건의 특이사항을 쉽게 식별할 수 있도록 세부사항에 관심을 가지도록 작성합니다.
2. '내가 물건을 습득한 날…' 학생들은 자신들이 습득한 특별한 물건을 누군가가 찾아갈 수 있도록 하기 위한 짧은 글을 작성합니다. (말하는 개, 하늘을 나는 양탄자, 로봇) 그들은 습득하게 된 그날의 경위와 어떻게 찾아갈 수 있는지 그 방법에 관하여 작성합니다.

이름 ______________________ 날짜 ______________

1.12 분실물과 습득물

다음의 학생들은 무엇인가를 분실했거나 습득했기에 그것과 관련된 내용을 작성합니다. 각 학생은 무엇을 말할 것인지 또는 어떻게 도움을 받을 것인지 그에 관한 내용을 작성합니다.

1. 윤수는 체육관에서 농구경기를 하다가 관중석에 떨어져 있는 30달러가 든 지갑을 발견했습니다.

____

2. 수애는 자기가 읽던 책을 찾을 수가 없습니다.

____

3. 미경은 놀이터에서 휴대전화를 발견했습니다.

____

4. 동석은 방과 후 운동장 철봉대 위에 그의 삼성라이온스 유니폼을 벗어 놓고 놀았습니다. 집으로 가려고 철봉대 위를 바라보니 옷이 사라지고 없었습니다.

____

5. 창숙은 식당에서 친구들과 함께 점심을 먹는 동안 냅킨 위에 치아교정기를 올려놓았습니다. 사무실로 돌아와 한 시간가량이 지난 후에야 교정기를 놓고 온 것이 생각났습니다.

____

6. 노아는 버스 안에서 자신의 발에 뭔가가 걸리는 것을 느꼈습니다. 그것은 다름 아닌 약병과 의약품이 담긴 비닐봉투였습니다.

____

02 Chapter

전화기 사용 기술

부모에게 보내는 편지 제2호 : 전화기 사용 기술

학부모님께

우리가 이번에 다루어야 할 두 번째 생존기술은 전화 사용에 관한 것입니다. 통상적인 전화 걸기는 물론 전화를 통한 특별한 정보 찾기, 그리고 비상사태에서 전화 걸기가 포함됩니다. 우리는 전화 걸기와 관련한 전화기 조작하기(일반 가정전화기와 휴대전화기), 전화를 걸어서 알고자 하는 정보에 관하여 묻고 답하기, 가정용 전화번호와 사업용 전화번호 사용하기 등과 관련한 내용을 가지고 이야기를 나눌 것입니다.

이러한 전화기 사용하기와 관련한 내용으로 가정에서 자녀들을 지도하는 데 필요한 궁금한 사항이 있으시면 언제든지 요청하실 수 있습니다. 학생들은 전화사용법을 배움으로써 학급 동료들에게 전화를 통하여 학교생활과 관련한 정보를 전할 수도 있고 숙제와 관련한 정보를 물을 수도 있게 될 것입니다. 따라서 부모의 지도를 통하여 자녀가 전화기를 사용할 수 있도록 허용하여 주시기 바랍니다.

상당수의 아동들은 핸드폰을 소지하고 있습니다. 따라서 부모님들은 핸드폰을 사용할 때 지켜야 할 규칙을 반드시 숙지할 수 있도록 해 주시고 핸드폰에 관한 기본적인 조작법도 지도해 주시기를 부탁드립니다.

부모님들의 협조에 대하여 다시 한 번 감사의 말씀을 드립니다.

____

교사 드림

전화기 사용 기술

관련 기술 항목 연습장 2 : 학습 진행사항

+ 숙달
✔ 익히는 과정
– 익히지 못함

학생 이름	전화번호 누르기	휴대전화 사용하기	비상전화번호(112, 119, 114 등) 사용하기	비상전화 걸기	전화로 정보 얻기	전화로 정보 전하기	음성메시지 듣기	음성메시지 남기기	개인용 전화번호부 사용하기	상업용 전화번호부 사용하기	비고

2.1 전화번호 누르기

목표

전화기 번호판의 숫자나 단축번호를 정확하게 누를 수 있다.

질문

교사 : 집에 계신 부모님과 연락하기 위해서 선생님은 어떻게 하면 될까요? (전화기로 가서 번호판을 누른다.) 물론 저는 정확한 전화번호와 전화기 사용법을 알고 있어야 하겠죠. 요즘에는 다양한 종류의 전화들이 많이 있어요. 전화번호 숫자판을 누르는 전화기를 알지요? 전화번호가 들어 있는 동그란 판이 달려 있는 전화기를 알고 있는 사람 있나요? 가지고 다닐 수 있는 작은 크기의 휴대전화도 있어요. 이러한 전화기들은 종류에 따라 사용하는 방법이 조금씩 달라요. 전화기를 정확하게 사용하기 위해서는 여러 가지 전화기 사용법을 아는 것이 좋겠지요.

연습장 2.1 : 다음의 3페이지에 걸쳐 각기 다른 전화기 사용법에 대하여 소개하고 있어요 – 전화번호 숫자판 누름식 전화기, 회전식 다이얼 전화기, 휴대전화기. 각기 다른 전화기로 전화번호를 연결하는 연습을 해 보세요. 다음에 제시된 전화번호로 전화 걸기를 해 본 후 체크박스에 표시하세요.

답변

학생들이 전화 걸기를 서로 점검할 수 있도록 짝을 지어 할 수 있다.

보충 활동

1. 연속적으로 말 전하기 : 잘할 수 있을 것 같으면, 학생들의 전화번호부를 만들어보십시오. 특정 학생을 정하여 전할 메시지를 주고, 그 메시지를 순서대로 다음 학생들에게 연속적으로 전달하게 합니다. 내용은 "내일 학교에 녹색 옷을 입고 와라." 혹은 "내일 학교에 간식거리를 가져와라." 와 같은 단순한 내용들입니다.
2. 전화걸기 연습 : 부모님의 동의와 지도 아래, 학생들에게 집에서 필요한 곳에 전화를 거는 연습을 하도록 과제를 부여합니다. 전화를 거는 목적으로는 동물원 개장시간, 내일의 날씨 또는 이발비용 등 간단한 정보를 알기 위한 목적입니다.

이름 ____________________ 날짜 ____________________

2.1 전화번호 누르기

여기에서는 버튼식 전화기를, 다음 페이지에서는 다이얼식 전화기와 휴대폰 전화기를 보여주고 있습니다. 각각의 그림으로 전화번호 누르기 연습을 한 후 전화기 번호판 그림 아래에 제시된 전화번호로 번호판 누르기를 연습한 후 제대로 했으면 옆 체크박스에 표시하세요.

1. 324-5827 ☐
2. 871-3992 ☐
3. 641-0044 ☐
4. 788-2387 ☐
5. 632-8114 ☐
6. 322-0388 ☐

2.1

(계속)

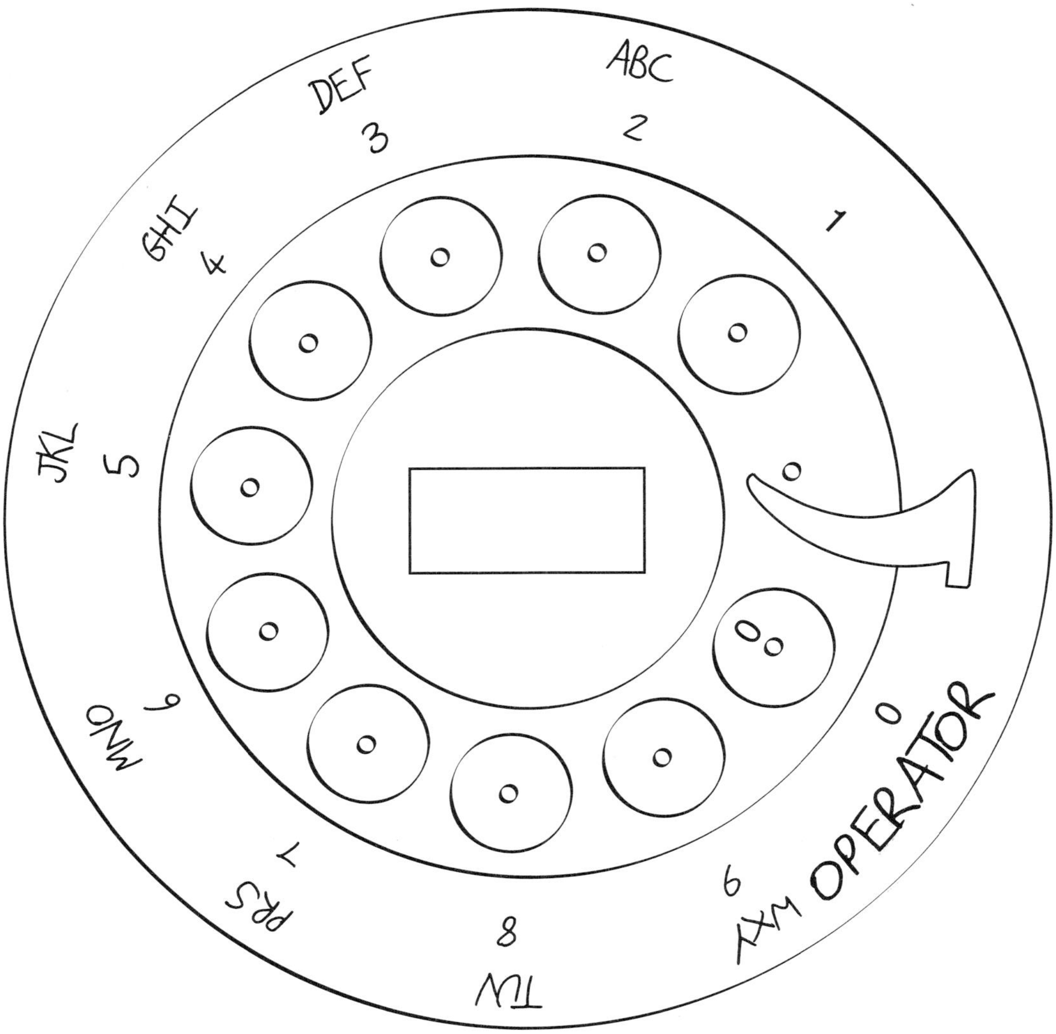

1. 324-5827 ☐
2. 871-3992 ☐
3. 641-0044 ☐
4. 788-2387 ☐
5. 632-8114 ☐
6. 322-0388 ☐

2.1

(계속)

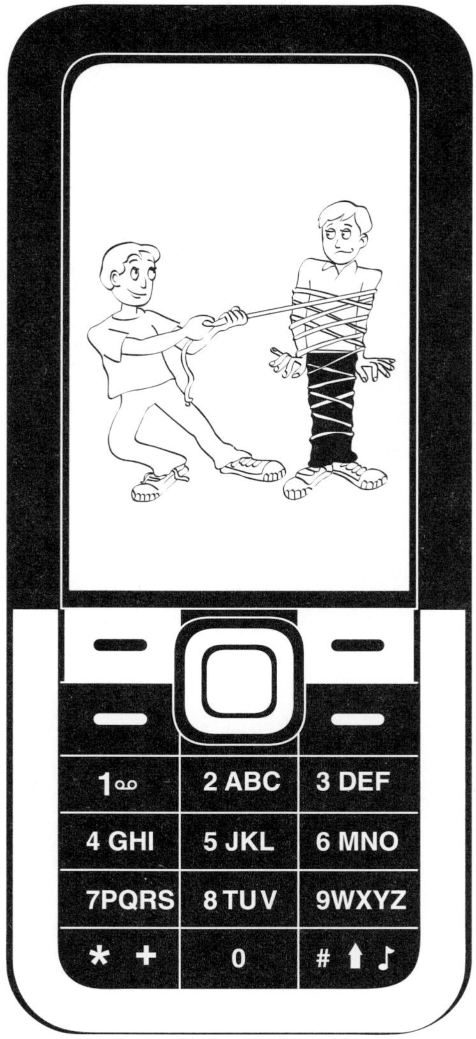

1. 324-5827 ☐
2. 871-3992 ☐
3. 641-0044 ☐
4. 788-2387 ☐
5. 632-8114 ☐
6. 322-0388 ☐

2.2 휴대전화 사용하기

목표

학생은 간단한 휴대전화 작동방법, 즉 전화기 전원을 켜고 끄기, 진동으로 전환하기, 그리고 수정하기 등의 지식을 보여줄 수 있을 것이다.

질문

교사 : 전화를 걸 때, 얼마나 자주 휴대전화를 사용합니까? 휴대전화는 일반전화와 어떻게 다른가요? (작고, 휴대가 편하고, 사진을 찍을 수 있고, 게임도 할 수 있다.) 자신의 휴대전화기가 없어도 가족의 휴대전화기를 사용할 수도 있어요. 휴대전화기의 종류에는 여러 가지가 있습니다. 따라서 여러분 가족의 휴대전화기 작동방법을 알고 있는지 확인해야 할 것입니다. 모든 휴대전화기에는 아주 기본적인 사용법 몇 개가 공통적으로 있습니다. 그래서 우리는 몇 개의 기본적인 사용법들에 대하여 알아볼 것입니다.

연습장 2.2 : 여기에는 간단한 휴대폰 작동법을 소개하고 있습니다. 다이얼, 진동, 그리고 수정하는 방법을 설명하고 있으니 잘 읽어 보세요. 그리고 빈칸에 답을 해 보세요.

답변

1. 휴대전화를 켜시오.
2. 실수한 것을 지우기 위해 수정키(CLR)를 사용하세요.
3. 통화키(SEND)를 누르시오.
4. 볼륨을 높이시오.
5. 볼륨을 낮추시오.
6. 휴대전화를 끄시오.

보충 활동

1. 연속적으로 말 전하기 : 잘할 수 있을 것 같으면, 학생들의 전화번호부를 만들어 보십시오. 특정 학생을 정하여 전달 메시지를 주고, 그 메시지를 순서대로 다음 학생들에게 연속적으로 전달하게 합니다. 내용은 "내일 학교에 녹색 옷을 입고 와라." 혹은 "내일 학교에 간식거리를 가져와라." 와 같은 단순한 내용들입니다.
2. 전화 걸기 연습 : 부모님의 동의와 지도 아래, 학생들에게 집에서 필요한 곳에 전화를 거는 연습을 하도록 과제를 부여합니다. 전화를 거는 목적으로는 동물원 개장시간, 내일의 날씨 또는 이발비용 등 간단한 정보를 알기 위한 목적입니다.

이름 ______________________ 날짜 ______________

2.2 휴대전화 사용하기

세상에서 가장 간단하게 사용할 수 있는 휴대전화가 여기 있습니다.

켜기/끄기 : 휴대전화를 켜려면 '켜기(ON)' 버튼을 약 3초 동안 누르세요. 휴대전화를 끄려면 '끄기(OFF)' 버튼을 약 3초 동안 누르세요.

전화 걸기 : 전화기를 켠 후, 전화를 걸 곳의 전화번호를 누른 후 '통화하기(SEND)'를 누르세요.

수정하기 : 전화번호를 누르다가 잘못 눌렀을 경우에는 '수정하기(CLR)'를 누르면 지울 수 있습니다.

소리(볼륨) : 휴대전화 종소리를 크게 하려면 '소리 키우기(LOUD)' 버튼을 가장 높은 수준까지 누르시면 되고, 작게 하려면 반대로 하시면 됩니다. 소리 없이 진동으로 하려면 '무음(SILENCE)'을 누르시면 됩니다.

1. 학교 수업이 끝난 후 어머니에게 전화를 걸려고 합니다. 당신이 해야 할 첫 번째 일은 무엇입니까?

   ____

2. 전화번호를 누르다가 잘못 눌렀을 경우, 어떻게 해야 합니까?

   ____

3. 전화번호를 다 입력했는데 전화가 걸리지 않습니다. 어떤 버튼을 반드시 눌러야 합니까?

   ____

4. 어머니께서 5분 후에 전화를 다시 거신다고 말씀하셨습니다. 그래서 전화 오는 소리를 반드시 들어야 합니다. 이를 위해서 당신은 볼륨 버튼을 반드시 어떻게 조작해 두어야 합니까?

   ____

5. 어머니의 전화를 받고 학교 교무실에서 어머니를 기다리고 있습니다. 교무실의 직원이 매우 바삐 움직이고 있습니다. 그분들에게 방해하지 않도록 하기 위해서는 볼륨 버튼을 반드시 어떻게 조작해 두어야 합니까?

   ____

6. 집에 돌아와 전화를 사용할 필요가 없게 되었습니다. 전화기를 어떻게 해야 합니까?

   ____

2.3 비상전화번호(112, 119, 114) 사용하기

목표

학생은 비상 상황에 따라 전화번호 112, 119, 114 등을 구분하여 사용해야 함을 알 수 있을 것이다.

질문

교사 : 어떤 특별한 상황에서 여러분을 도와줄 수 있는 몇 군데 특별한 곳의 전화번호가 있습니다. 예를 들어, 불이 나거나 자동차 사고와 같은 급한 상황이 발생했을 때 119로 전화를 해야 해요. 119는 필요한 도움을 줄 수 있도록 사람과 연결시켜 줄 것입니다. 사람이나 가게의 전화번호를 알려고 하면 114로 전화를 걸면 됩니다. 전화에 문제가 있거나 급한 일은 아니지만 알고 싶은 일이 있으면 0번을 눌러 교환원에게 연결을 부탁할 수 있습니다.

연습장 2.3 : 다음과 같은 위급한 상황에 놓이게 되면 119, 112, 114 또는 110번을 사용해야만 합니다.

답변

1. 119 2. 119 3. 110 4. 114 5. 119 6. 110

보충 활동

1. 비상 상황! 목록 카드에 위급 상황에 해당하는 예들을 써 봅시다. 위급 상황의 예 중에서 하나를 선택한 후, 119에 전화를 걸고 담당자에게 위급 상황에 대한 설명하는 방법을 연습하도록 합니다. 학생들로 하여금 상황을 설명할 때는 침착하게 천천히 상대방이 요청하는 대로 전화를 건 사람의 이름과 주소를 알려 주어 정보가 정확하게 전달되도록 해야 함을 상기시킵니다.
2. 이것을 알려 주세요. 부모의 지도 아래, 특별한 것에 대한 정보와 전화번호를 알기 위해서 114로 전화를 거는 것을 학생들이 연습하도록 합니다. 부모와 학생이 연습할 수 있는 내용을 예시문(죽전로에 사는 신현기 씨의 전화번호를 알고 싶습니다. '예쁜 꽃 사랑 화원'의 전화번호를 찾고 있습니다. 제가 그 화원의 주소를 몰라서요.)으로 만들어 주는 것도 좋습니다.

이름 ______________________ 날짜 ____________

2.3 비상전화번호(112, 119, 114) 사용하기

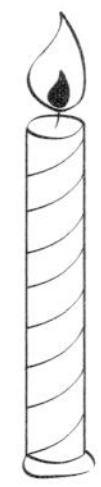

1. 주방에서 촛불을 켰습니다. 그런데 갑자기 종이 타월에 불이 옮겨 붙었습니다. 부모님도 집에 안 계신 상황에서 불은 옆으로 번지기 시작했습니다.

2. 늦은 밤에 밖에서 누군가가 집 안으로 들어오려는 소리가 들렸습니다. 아버지께서 도움을 요청하는 전화를 걸라고 말씀하셨습니다.

3. 전화번호를 여러 번 눌렀지만 연결이 되지 않고 있습니다. 계속 걸었는데도 여전히 통화가 되지 않습니다.

4. 친한 친구가 다른 곳으로 이사를 갔습니다. 그런데 그 친구에게 전화를 걸고 싶습니다. 내가 알고 있는 유일한 정보는 그 친구가 충무로에 산다는 것뿐입니다.

5. 개를 데리고 산책을 하고 있었습니다. 그런데 길에서 크게 부딪히는 소리가 들려왔습니다. 두 대의 자동차가 교차로에서 정면으로 충돌을 한 것입니다. 누가 다쳤는지 알 수는 없었지만 자동차 상태는 심각해 보였습니다.

6. 폭풍이 있었습니다. 그래서 그런지 집 전화기에서 잡음이 심하게 들립니다. 이 전화기를 수리해야 하는 것인지 그대로 두어야 하는 것인지 궁금합니다.

2.4 비상전화 걸기

목표

비상 상황에서 어떠한 정보를 전달해야 하는지 학생들은 알 수 있을 것이다.

질문

교사 : 우리가 지난번에 위급한 상황들이 어떤 때인지 이야기했던 내용을 기억해 보세요. 무슨 예들이 있을까요? (화재, 사고, 중독) 당신은 무조건 교환원에게 전화를 거는 대신, 그러한 위급 상황에서 누구에게 요청을 하여 구체적인 도움을 받으시겠습니까? (소방서, 경찰서, 독극물 관리소) 위급 시 전국에서는 119 전화를 사용합니다. 우리가 그 번호로 전화를 건다면 어떤 반응이 이어질까요? (교환원이 당신에게 도움을 줄 사람과 전화번호를 연결해 준다.) 당신은 전화를 받은 사람에게 위급 상황을 어떻게 설명할 것입니까? 전화를 받은 사람이 반드시 알아야 할 내용은 무엇입니까? (전화 건 사람의 이름과 사건의 내용, 주소, 전화번호)

연습장 2.4 : 아래에는 몇 가지 위급 상황과 관련된 곳의 전화번호 예입니다. 전화를 건 사람이 누군가와 연락이 되었습니다. 메시지를 보시고 거기에서 빠진 것이 무엇인지 알아보세요. 전화를 건 사람이 도움을 받으려면 정확한 정보가 더 필요합니다. 더 필요한 정보를 빈칸에 적으세요. 예시문 안에는 몇 가지 빠진 부분들이 있습니다.

답변

1. 이름과 장소와 전화번호
2. 전화번호
3. 전화번호
4. 장소와 전화번호
5. 이름, 장소, 전화번호
6. 이름, 사건, 장소, 전화번호

보충 활동

1. 도와주세요! 몇 가지 응급 상황들을 설정한 후 각각의 응급 상황별로 학생들을 임의로 배치해 주십시오. 누군가에게 도움을 요청하기 위한 완전한 정보를 전달하는 것을 연습하도록 합니다.
2. 위급 상황에서 돕는 분들 : 가능하다면 경찰관이나 응급의학전문가(EMT)를 교실로 초청하십시오. 그분들과 함께 응급 시 전화로 정확한 정보를 전달하는 일이 얼마나 중요한지를 논의하십시오. 위급한 상황에서 전화 통화와 바람직한 전달을 통하여 귀중한 생명을 구한 사건들의 예를 들려주도록 요청합니다.

질문

교사 : 위급한 상황에서 전화를 걸어야 했던 사례들을 소개합시다. 여러분이 경험한 사례들을 이야기해 보세요.

이름 ______________________ 날짜 __________

2.4 비상전화 걸기

여기에는 학생들이 위급한 상황에서 전화로 도움을 요청하는 장면이 소개되어 있습니다. 그러나 여기에는 문제점이 드러나고 있습니다. 각각의 전화통화 내용에서 중요한 내용이 빠진 것이 있습니까? 그 빠진 부분을 빈칸에 적어 보세요.

사건 이름 장소 전화번호

1. 도와주세요! 도와주세요! 도와주세요! 집에 불이 났습니다! 지금 바로 와주세요! 제 이름은 김명수예요! 무서워요!

   ____

2. 제 이름은 최동철입니다. 죽전로 152번지에 살고 있어요. 제 집 앞에서 자동차 사고가 났습니다.

   ____

3. 경찰서지요? 동네를 뛰어다니며 짖어대는 개가 있어요. 제 이름은 박문수이고, 목동 중앙북로 8길에 살고 있어요.

   ____

4. 병원에 있는 사람과 이야기해야 합니다. 할머니가 쓰러지셨는데 다치신 것 같아요. 제 이름은 정주안입니다. 빨리요!

   ____

5. 의사선생님? 제 여동생이 무언가를 삼킨 것 같아요. 얼굴이 창백해졌어요. 어떻게 해야 하죠?

   ____

6. 소방서죠? 도와주세요!

   ____

2.5 전화로 정보 얻기

목표

학생들은 필요한 구체적인 상황에 대한 정보를 얻기 위해 적절한 자원을 사용할 수 있을 것이다.

질문

교사 : 앞으로 날씨가 어떻게 변화될지 알고 싶다면, 전화를 통하여 그 정보를 어떻게 알 수 있을까요? 교환원에게 전화를 걸까요? (그러시지 말고, 사전 녹음 서비스를 이용하세요.) 다른 도시로 이사를 간 친구의 전화번호를 알고 싶다면 어떠한 방법을 이용하지요? 통신 회사에서는 교환원에게 묻지 않고도 전화번호를 알려 주는 서비스를 제공하고 있습니다. (어떠한 방법을 이용할 것인지를 결정함에 있어 먼저 여러분 거주지의 지역 통신회사를 조사해 보세요.) 정보를 얻기 위한 또 다른 도움의 전화번호는 어떤 것이 있을까요?

연습장 2.5 : 다음에는 특정 정보를 알아야만 하는 몇 가지 상황이 제시되어 있습니다. 정보를 필요로 하는 상황과 그 상황에 맞는 정보를 제공해 줄 자원을 바르게 연결하여 빈칸에 적으세요.

답변

1. e   2. d   3. f   4. b   5. g   6. h   7. a   8. c

보충 활동

1. 알고 싶어요. 알고 싶은 정보 목록 세 가지를 학생들에게 작성하도록 합니다. (학습지와 유사한). 서로의 정보 목록을 친구들끼리 교환하도록 한 후, 자기가 가진 목록에 대한 적절한 정보를 얻기 위하여 주변 상황들을 조사하도록 합니다.
2. 이제 알아요. 첫 번째 활동에 이어서 학생들이 찾아낸 정보제공 자원들 중 한 군데에 실제로 전화를 걸어보도록 합니다.

이름 ______________________ 날짜 ____________

2.5 전화로 정보 얻기

학생들은 전화를 이용하여 몇 가지 정보를 알고 싶어 합니다. 각 학생들이 알고 싶어 하는 정보를 제공할 수 있는 적절한 곳을 빈칸에 적어 보세요.

1. 순철이는 오늘 오후의 날씨 상태를 알고 싶어 합니다. ________
2. 병호는 다른 도시로 이사 간 친구의 전화번호를 알고 싶습니다. ________
3. 경근이는 토요일의 동물원 개장시간을 알고 싶습니다. ________
4. 명자는 피자를 주문하고 싶습니다. ________
5. 석우는 자기가 좋아하는 음악을 라디오방송국에 신청하고 싶습니다. ________
6. 동수는 자신이 주문한 자전거가 도착했는지 여부를 알고 싶습니다. ________
7. 혜준이는 그녀가 가장 좋아하는 작가의 최신 추리소설이 도서관에 있는지 알고 싶습니다. ________
8. 민아와 수정이는 극장에서 공포영화를 보고 싶어 하지만 상영시간을 알지 못합니다. ________

a. 마포도서관
b. 미스터피자 가게
c. CGV 극장
d. 전화번호 안내 서비스
e. 지역 날씨
f. 서울대공원 동물원
g. KBS 라디오 방송국
h. 동대문운동장 스포츠 매장

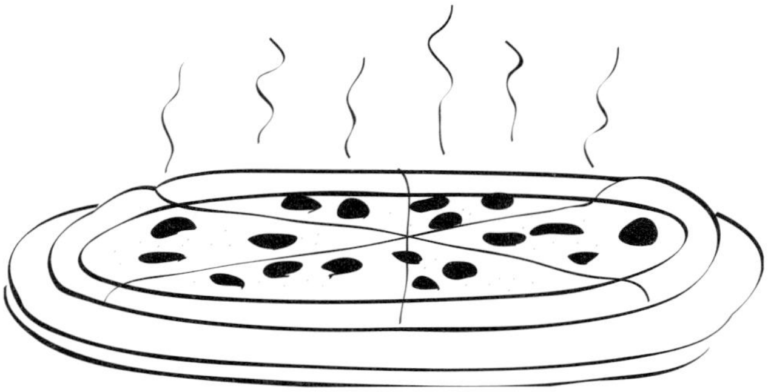

2.6 전화로 정보 전하기

목표

학생은 전화를 건 사람에게 적절하고 정확한 정보를 제공할 수 있을 것이다.

질문

교사 : 전화벨이 울린 후, 수화기를 받아든 당신은 처음으로 어떤 말을 하시나요? ('여보세요'라고 말한다.) 그다음에는 무엇을 하시나요? (전화를 건 사람의 용건을 알아본다.) 그 사람들이 여러분 또는 여러분의 집에 전화를 건 이유가 무엇일까요? (누군가와 이야기하려고, 필요한 것이 있는지 물어보려고, 기타 등등) 보통 사람들은 전화를 건 구체적인 이유가 있다-그들은 무엇인가 알고 싶거나 말하길 원한다. 누군가 당신에게 무엇인가 알아내기를 원한다면, 여러분은 어떻게 그 사람에게 도움을 줄 수 있습니까? (그들이 알기 원하는 것을 이야기한다.) 낯선 사람에게 어느 정도나 이야기를 해야 할까요? 그들에게 혼자 집에 있다고 사실을 말할 건가요? 왜? 정보를 전달하는 공손한 방법이 있을까요? 사용할 수 있는 단어는 무엇인가요? (제발)

연습장 2.6 : 이 연습장에서는 전화로 정보를 전달하는 학생들의 모습을 보여줍니다. 각 상황에서 한 학생은 다른 학생보다 정보를 더 잘 전달하고 있습니다. 적절하게 정보를 전달하고 있는 학생에게 동그라미를 표시해 보세요.

답변

1. B　2. A　3. A　4. B　5. B　6. B　7. A

보충 활동

1. 전화 왔어요! 학생들로 하여금 방과 후 집으로 걸려오는 전화번호와 용건을 기록하도록 합니다. 전화를 걸어온 사람들의 반응을 비교해 봅니다. 어떤 유형의 정보를 가장 많이 요청하는지 구분해 봅니다.
2. 상냥하게 전화 응대하기 : 상냥하거나 퉁명스럽게 전화 응대를 하는 연습을 해 보도록 합니다. 친절한 목소리로 전화 응대를 하는 것의 중요성에 대하여 논의하도록 합니다. (좋은 인상)

이름 ______________________ 날짜 ____________

2.6 전화로 정보 전하기

다음의 학생들은 걸려온 전화에 응답을 하고 있습니다. 전화를 건 사람들은 무엇인가를 알고 싶어 합니다. 누가 전화를 걸어온 사람에게 가장 적절한 정보를 제공했는지 그 사람에게 동그라미 표시를 하세요.

2.7 음성메시지 듣기

목표

학생은 잘 모르는 사람으로부터 걸려온 전화의 간단한 메시지를 들은 후, 그 내용을 정확히 말할 수 있거나 기록해 둘 수 있을 것이다.

질문

교사 : 누군가가 집으로 전화를 걸어 부모님이나 형제들 중에서 누군가를 바꿔달라고 했으나 그들이 집에 없습니다. 그럴 때 보통 어떤 일이 벌어질까요? 여러분이 누군가로부터 온 중요한 전화 내용을 부모님께 전달하지 못한 사실을 부모님께서 아시면 화를 내실까요? 전화메시지 내용을 적어 놓는 일은 어떤 도움이 될까요? 전화 기록은 전화를 건 사람의 이름과 그 사람과의 통화내용에 관하여 간단히 기록해 놓은 것입니다. 통화내용을 항상 적어 놓을 필요는 없지만, 적어 놓은 내용은 어떤 도움이 될까요? (잊지 않을 수 있고 덜 혼란스러울 수 있다.) 전화 통화 기록 메시지에는 어떤 내용이 포함되어야 할까요? (전화를 걸어 온 사람, 그 사람의 전화번호, 전화 통화내용)

연습장 2.7 : 통화내용을 기록해 놓을 필요가 있는 몇 개의 전화 메시지가 있습니다. 빈칸에 통화내용 중 중요하다고 생각되는 부분을 적어 보세요. 누가 전화를 걸어 왔는지, 그 사람의 전화번호는 무엇인지, 그리고 메시지의 중요한 부분이 포함되어야 함을 기억하세요(모든 단어가 아닌).

답변

1. 아빠, 김 교수님께서 평소 아빠와 만나시던 시간대에 만나시겠데요.
2. 누나, 영숙이 누나한테 전화 왔었어. 다시 전화한대.
3. 엄마, 미숙이 아줌마가 877-2004로 전화해 주시래요.
4. 형, 철수 형이 저녁 9시 30분에 다시 전화한대.
5. 숙모, 오늘밤 채널 10번 뉴스를 꼭 보세요.
6. 우체국에서 5시 전에 물건을 찾아가라고 전화 왔었어요.

보충 활동

1. 정보가 더 필요해요. 일반적으로 통용되는 전화 통화 기록을 준비하도록 합니다. 거기에는 전화를 건 사람의 이름, 전화 건 사람의 전화번호와 같은 특정 정보를 삭제합니다. 학생들이 삭제된 정보를 찾아 완성할 수 있도록 질문을 합니다.
2. 메시지 연습장 : 메시지 연습장을 구하거나 직접 작성하도록 합니다. 그 연습장 안에는 어떠한 정보가 들어가야 하는지 논의하도록 합니다. 학생들이 메시지 연습장을 사용하도록 한 후, 학교로 가지고 와서 그것을 가지고 논의할 수 있도록 합니다(지극히 개인의 사생활이 포함되어 있지만 않으면).

이름 ______________________ 날짜 ____________

2.7 음성메시지 듣기

여기에는 전화통화 내용을 누군가에게 전달해 주기를 원하는 통화 장면이 제시되어 있습니다. 어떤 내용을 적어두어야 빠진 것 없이 전달할 수 있을까요? 오른쪽의 빈칸에 적어 보세요.

1. 나는 김 교수야.
아빠께 내가 평소 시간대로 만날 거라고 전해주겠니?
고마워. 안녕.

2. 난 영숙이 누나야.
너의 누나에게 내가 다시 전화할게.

3. 미숙이 아줌마야.
어머니께 877-2004로 전화 부탁한다고 전해줄래.

4. 난 철수 형이야.
내가 전화기가 없으니까
9시 30분에 내가 다시 너의 형에게 전화할게.

5. 너의 숙모에게 오늘밤 채널 10번의
뉴스를 꼭 보라고 이야기해 주겠니?

6. 우체국입니다. 5시 전까지 물건을 찾아가셔야 합니다.

2.8 음성메시지 남기기

목표

학생은 전화를 건 후 자동응답기에 용건을 적절하게 남길 수 있을 것이다.

질문

교사 : 대부분의 사람들은 낮 시간에는 집에 있지를 않아 중요한 전화를 받지 못합니다. 또는 어떤 사람들은 오랫동안 집을 떠나 있어서 전화를 받을 사람이 없습니다. 이런 사람들은 어떻게 할까요? (자동응답기를 준비합니다.) 자동응답기는 어떻게 작동할까요? (자동응답기로 메시지를 녹음합니다. 사람들에게 메시지를 녹음하도록 합니다.) 전화를 건 사람이 메시지를 남기기 원한다면 어떻게 해야 할까요? (삐 소리 후 이야기한다.) 메시지에는 무슨 말을 남겨야 할까요? (긴 대화가 아닌 요점만)

연습장 2.8 : 여기에는 여러분에게 보내는 자동응답기 메시지 몇 가지가 제시되어 있습니다. 이것을 듣고 어떻게 응답해야 할까요? 자동응답기 옆 빈칸에 적어 보세요.

답변

1. 안녕하세요, 제 이름은 ( )입니다. 제 전화번호는 ( )입니다.
2. 제 이름은 ( )입니다. 오늘은 ( )월( )일이고 지금은 ( )시입니다. 전화주세요!.
3. 제 이름은 ( )입니다. 당신이 돌아오는 시간이 언제인지 알고 싶습니다.
4. 제 이름은 ( )입니다. 나는 ( )와 통화하고 싶습니다. 당신에게 ( )에 대한 메시지 내용을 알려드리고자 합니다.

보충 활동

1. 녹음된 대화 : 여러분이 전화 자동응답기를 가지고 있거나 또는 자동응답기를 가지고 있으면서 자동응답기 활용을 위한 활동 참여에 반대하지 않는 사람을 알고 있다면, 학생들이 자동응답기에 녹음을 한 후 그것을 듣도록 합니다. 가능하다면 학생들이 메시지를 남겨보도록 합니다.
2. 즐거운 녹음 : 몇몇 사람들의 녹음 메시지는 매우 창의적입니다. 학생들을 위해 창의적인 녹음 테이프를 찾아보십시오. 학생들이 자동응답기에 그들만의 자동응답 메시지를 만들어 보도록 합니다.

이름 ______________________ 날짜 ____________

2.8 음성메시지 남기기

여기에는 자동응답기에 녹음된 몇 개의 통화메시지가 제시되어 있습니다. 녹음된 통화 메시지에 어떻게 답변해야 할까요? 빈칸에 적어 보세요.

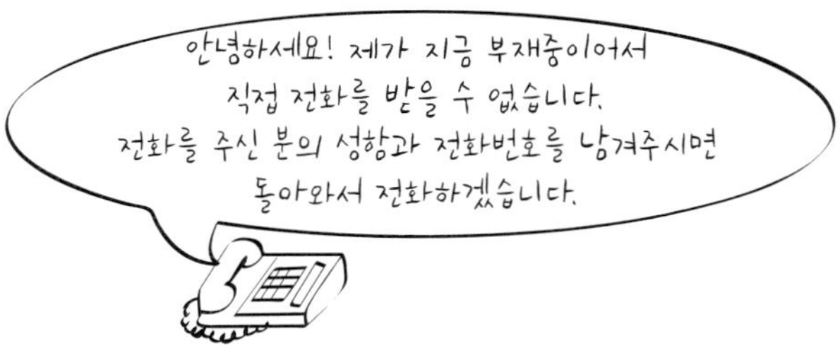

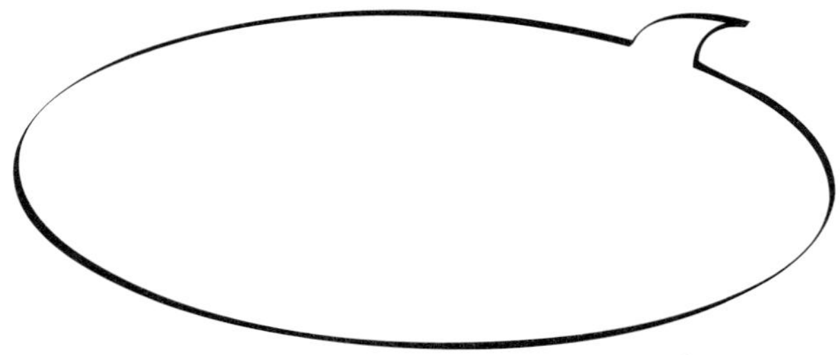

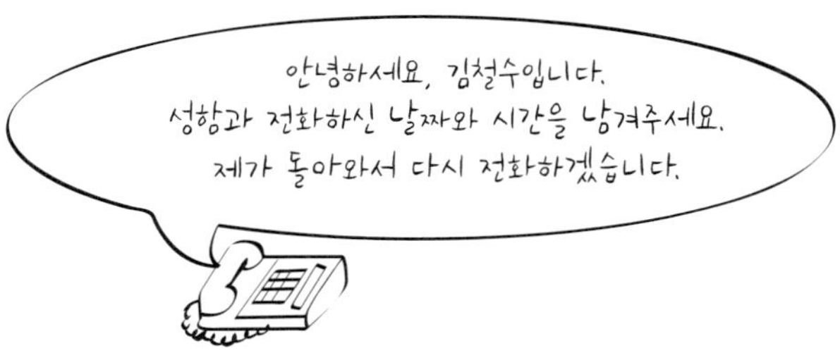

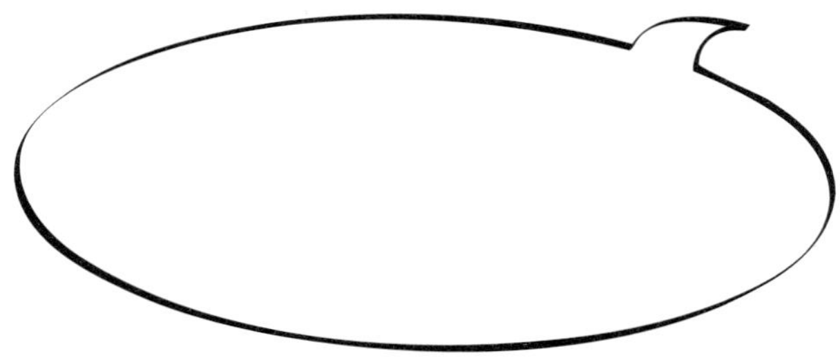

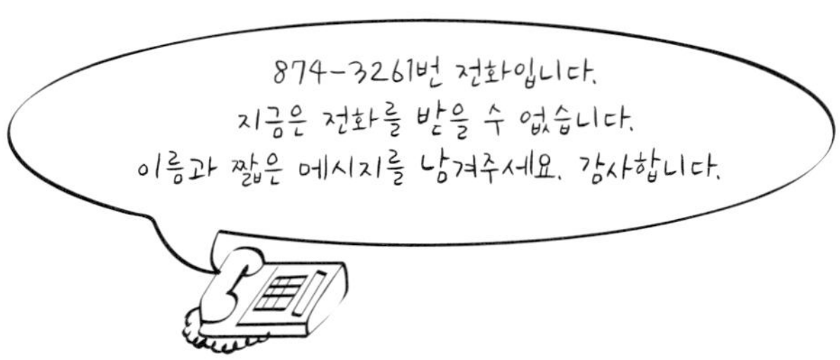

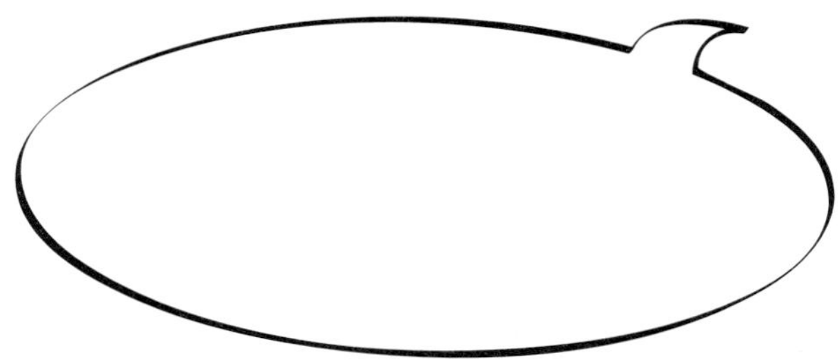

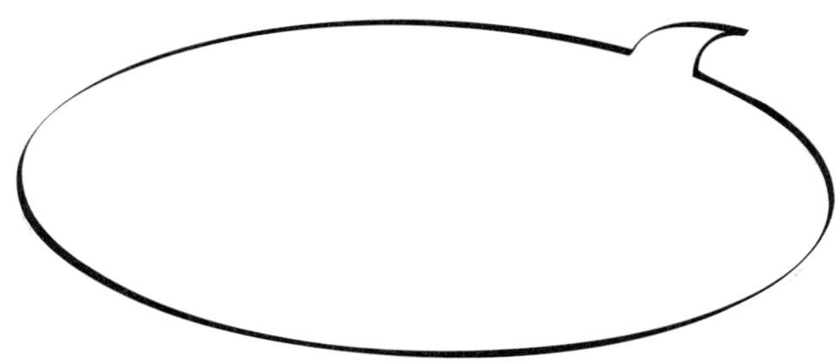

2.9 개인용 전화번호부 사용하기

목표

학생은 전화번호부의 개인전화번호부에서 전화번호를 확인하고 중요한 개인 번호를 찾을 있을 것이다.

질문

교사 : 오늘밤 우리 반 학생들 개개인에게 전화를 하려고 한다면, 내가 모든 학생들의 전화번호를 기억해야 할까요? 기억하는 것이 어렵다면 그 이유는 무엇일까요? (너무 많아서) 여러분의 전화번호를 찾기 위해서 무엇을 어떻게 해야 할까요? (학교 주소록, 전화번호부를 본다.) 잘 알지 못하는 사람들의 전화번호를 찾기 위해서는 무엇을 어떻게 해야 할까요? (전화번호부) 전화번호부에는 전화번호들이 책 여기저기에 흩어져 있나요? 그것들을 어떻게 분류할까요? (알파벳순으로) 그렇게 분류하는 이유는 무엇일까요? (쉽게 찾도록, 체계적이다.) 여러분들 중에서 전화번호부 안에 자기들의 전화번호가 들어가 있다는 사실을 알고 있는 사람이 있나요? 여러분은 전화번호부 안에서 자신의 전화번호를 어떻게 찾으실 것입니까? 전화번호부에는 단지 가족들만 실려 있나요? (아니요.) 다른 전화번호로는 어떤 것들이 있나요? (학교, 회사, 가게 전화번호) 개인전화번호부 안에는 일반적으로 지역 내 사람들의 명단과 그들의 전화번호, 그리고 그들의 주소가 있습니다.

연습장 2.9 : (선생님들의 이름, 시장, 지역사회의 유명인사, 학급 급우 등에서 학생들에게 의미 있게 기억되는 8명의 이름을 미리 결정하세요.) 오늘 나는 몇몇 사람들의 전화번호와 주소를 찾는 일을 할 거예요. 여러분이 이러한 정보를 찾기 위해서는 전화번호부를 사용해야 합니다. 어디에서부터 찾아야 하는지 알도록 도와주는 전화번호부 상단의 분류단위 글자들을 사용해야 함을 기억하세요. (이러한 활동을 더욱 용이하도록 하기 위해 학생들에게 짝을 지어 활동하거나, 전화번호부의 일부분을 사용하도록 하며 연속적인 몇몇 개의 페이지를 복사해도 좋습니다.)

답변

(여러분이 선정한 이름들을 사용하여 미리 답을 준비하세요.)

보충 활동

1. 개인전화번호부 찾기 경쟁 : 당신이 구할 수 있는 전화번호 관련 자원을 효과적으로 활용하여 지역전화번호부의 다양한 사본을 만드십시오. 학생들을 두 팀으로 나누고 당신이 불러주는 사람의 이름을 빨리 찾기 위해 서로 (한 번에 두 팀씩) 경쟁하도록 하세요.
2. 개인전화번호부 주소 : 학생들은 전화번호부에 있는 전화번호뿐만 아니라 주소도 있음을 알게 될 것입니다. 학생들이 같은 동네 또는 아파트에 살고 있는 두세 명의 이웃들을 전화번호부에서 확인하여 찾도록 하십시오. 학생들은 같은 동네 이웃들이 전화번호부에 기재되어 있다는 것을 발견할 것입니다.

이름 ______________________ 날짜 ____________

2.9 개인용 전화번호부 사용하기

여러분이 전화번호부에서 찾으려는 몇 사람의 이름을 확인할 수 있도록 선생님께서 도와줄 것입니다. 전화번호부에서 이름을 찾은 후 전화번호, 주소, 또는 전화번호부에서 찾은 후 해당 페이지를 적어 보세요.

	전화번호	주소	페이지
이름 1			
이름 2			
이름 3			
이름 4			
이름 5			
이름 6			
이름 7			

2.10 상업용 전화번호부 사용하기

목표

일반적인 서비스 또는 사업장을 찾도록 요구했을 때, 학생들은 상업용 전화번호부에서 제시한 내용에 부합하는 광고를 정확하게 찾고 이를 확인할 수 있을 것이다.

질문

교사 : 개인용 전화번호부 외에 우리가 살펴볼 필요가 있는 또 다른 전화번호부의 부분이 있어요. 어떤 것일까요? (상업용 전화번호부) 거기엔 어떤 종류의 정보들이 들어 있나요? (사업장) 상업용 전화번호부는 지역사회 내 사업장의 전화번호와 관련 정보가 들어 있습니다. 그러나 회사의 이름은 알파벳 순서대로 정렬되어 있지 않습니다. 그것은 사업의 유형에 따라 정렬되어 있습니다. 지역 사업장의 몇몇 예들을 소개해 줄 수 있는 것은 무엇이 있을까요? (목록판) 예를 들어, 내가 모든 정비센터를 알려면 여기에는 무엇이 포함되어야 할까요? (몇 개의 지역 수리소 목록) 내가 냉장고를 살 수 있는 장소를 알기 원했다면, 어떤 사업장들이 포함되어 있었을까요? (관련 업체에 대한 몇 개의 목록) 상업용 전화번호부를 사용하기 위해서는 먼저 우리가 무엇을 찾을 것인지를 결정해야 합니다. 우리가 찾고자 하는 모든 것을 선택 가능하도록 하기 위해서는 상업용 전화번호부를 사용하세요. 다음의 사항을 기억하세요. 여러분은 먼저 핵심 단어를 찾은 후에, 그것을 취급하는 다양한 영업장의 이름을 알파벳 순서를 사용하여 찾을 수 있습니다.

연습장 2.10 : 누군가에게는 상업용 전화번호부를 사용할 필요가 있는 상황이 있습니다. 첫 번째 할 일은 핵심단어를 찾은 후, 그 영업을 하는 회사를 찾기 위한 관련 부분을 아는 것입니다.
연습장의 예들 중에서 가장 적합한 것을 찾아보십시오.

답변

1. 보석상　2. 여관　3. 레스토랑　4. 냉장고 수리공　5. 동물보호소　6. 교회
7. 치과의사　8. 악기점

보충 활동

1. 이름을 말하세요. 연습장에 소개된 각각의 상황을 보고, 핵심단어를 활용하여 상업용 전화번호부에서 서비스를 제공할 하나의 사업장을 찾도록 합니다.
2. 크리스마스(축제일) 목록 : 학생들이 갖고 싶은 크리스마스 선물 목록을 미리 작성하도록 합니다. 그런 다음 각 선물의 핵심단어(장난감, 자건거, 캠핑장비)를 결정하고 그 선물을 살 수 있는 사업장을 상업용 전화번호부에서 찾도록 진행합니다.

이름 ______________________ 날짜 ______________

2.10 상업용 전화번호부 사용하기

상업용 전화번호부를 사용하기 위해서 찾고자 하는 사업장이나 서비스센터를 찾는 데 도움이 되는 핵심단어 한 두 개 정도를 생각해 보십시오. 다음의 각 상황을 읽고, 그들이 필요한 사업장을 찾는 데 가장 도움이 되는 단어들을 찾아보세요.

1. 박영옥 여사는 새로운 다이아몬드 목걸이를 원한다. 그녀는 그것을 사기 위한 장소를 알고 싶어 합니다.	인쇄소	보석상	사진관
2. 김영식 부장은 출장을 가서 하룻밤을 자야 합니다. 그가 머무를 장소를 찾고자 합니다.	세탁소	전화기상점	여관
3. 영업부 직원들은 회식장소를 찾고자 합니다.	레스토랑	꽃집	방송국
4. 두섭이네 집에 있는 냉장고가 고장이 났습니다.	냉장고 수리공	피자	장작
5. 재희는 새 애완용 강아지를 분양받고 싶어 합니다.	동물보호소	집	학교
6. 용철이네 가족은 얼마 전에 이사를 왔습니다. 그래서 새로운 예배장소를 찾고 있습니다.	호텔	어린이집	교회
7. 영립이는 아이스하키를 하다가 선수들끼리 충돌하여 이가 부러졌습니다.	의사	볼링장	치과의사
8. 태훈이는 자신의 기타를 연주하다 새 기타 줄이 필요하게 되었습니다.	잔디 깎는 사람	악기점	자물쇠 수리공

03

Chapter

화폐 사용 기술

부모에게 보내는 편지 제3호 : 화폐 사용 기술

학부모님께

우리가 다음으로 진행할 수업의 주된 내용은 돈(화폐)에 관한 것입니다. 돈을 세고, 이를 사용하여 물건을 사고, 그리고 돈을 저축하는 것을 중점적으로 배우게 될 것입니다. 귀댁의 자녀가 누군가로부터 용돈을 받아 본 경험이 없어 돈에 대하여 잘 모르고 있었다면 이 수업을 통해 쓸 돈을 벌기 위해서는 집 주변에서 일할 수 있는 일자리, 즉 직업에 관해서 말할 수 있는 좋은 기회를 갖게 될 것입니다. 한편 돈을 아끼는 것이 곧 돈을 버는 것이라는 말이 틀린 말만은 아닙니다. 귀댁의 자녀는 자신의 예금통장을 개설하기 위하여 은행을 방문할 만큼 성장하였습니다. 이러한 과정은 수업의 목표, 즉 돈을 절약하는 목표를 달성하는 데 매우 고무적이다. 스케이트보드이든 유명 브랜드의 청바지든 자신이 정말 갖고 싶은 것을 갖기 위해서는 저축해야 한다는 것을 목표로 삼은 것은 '저축'에 관한 수업의 목표를 달성하도록 하는 데 중요한 동기가 됩니다.

한편 자녀들이 부모의 잔돈을 세어서 그것을 당신에게 건네주도록 해 보십시오. 그 잔돈이 자녀가 막대사탕이나 그들이 좋아하는 그밖의 물건을 살 만큼의 돈이 되는지 확인해 보십시오. 이렇게 하는 것은 부모 혼자서 하는 것보다 벌거로울 수 있음에도 불구하고, 그렇게 하는 것은 자녀들이 실제 상황에서 알고 있는 내용을 연습해 볼 수 있도록 하는 최고의 기회가 될 것입니다.

다음에 또 뵙도록 하겠습니다.

____

교사 드림

화폐 사용 기술

관련 기술 항목 연습장 3 : 학습 진행사항

+ 숙달
✔ 익히는 과정
− 익히지 못함

학생 이름	동전과 지폐	동전 세기	물건의 가치 인식	안전한 곳에 화폐 보관하기	저축하기	돈 벌기	돈 쓰기	할인판매와 절약	어림 계산하기	비고

3.1 동전과 지폐

목표

학생들이 실제의 돈 또는 인쇄된 돈으로 동전과 지폐를 구분할 것이다.

질문

교사 : 정말 사고 싶은 것을 가게에서 발견했어요. 이것을 사기 위해서는 무엇이 필요할까요? (돈, 카드) 사람들은 왜 돈을 쓸까요? (물건을 사기 위해) 돈은 물건을 사기 위한 지불수단입니다. 돈의 단위를 알고 있나요? (페니-1센트, 쿼터-25센트, 니켈-5센트, 다임-10센트, 반 달러-50센트) 금속으로 만든 돈을 동전이라 하고, 종이로 만든 돈을 지폐라고 합니다.

연습장 3.1 : 이 연습장에서 동전과 지폐를 구별하는 연습을 할 수 있습니다. 그림을 보고 화폐의 이름을 적절히 빈칸에 적어 보세요.

답변

1. f　2. c　3. j　4. g　5. h　6. b　7. i　8. a　9. d　10. e

보충 활동

1. 동전 그림카드 : 한쪽 면에는 동전의 그림이 있고, 반대 면에는 화폐 이름이 인쇄된 카드세트를 준비합니다. 두 명씩 짝을 지어 시합을 하는데, 예를 들어 10~15개까지 동전을 빠짐 없이 쌓아 올리는 시합을 하도록 합니다.
2. 내가 생각하기에는 : 학생들로 하여금 진짜 동전(또는 지폐)을 관찰하고 만져보게 한 다음, 각각의 동전을 어떻게 기억할 수 있는지 이에 대하여 생각하도록 하는 것입니다. 기억을 위하여 학생들은 동전에 새겨진 사람이 바라보는 방향, 그 사람의 머리 모양, 동전 색깔, 그리고 다임(10센트)과 쿼터(25센트)의 가장자리 테두리에 패인 홈 등 모든 단서를 찾을 것입니다.

이름 ______________________________ 날짜 ______________

3.1 동전과 지폐

왼쪽에 있는 동전과 지폐의 무리에 대하여 오른쪽에 기술을 하고 있습니다. 빈칸에 알맞은 그림의 번호를 적어 보세요.

1. 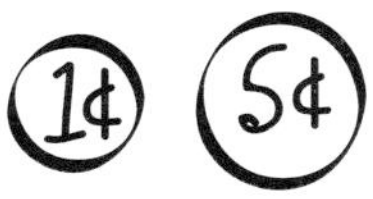

2. 

3. 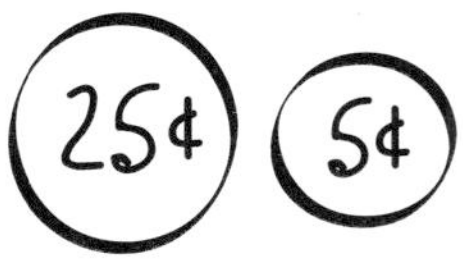

4. 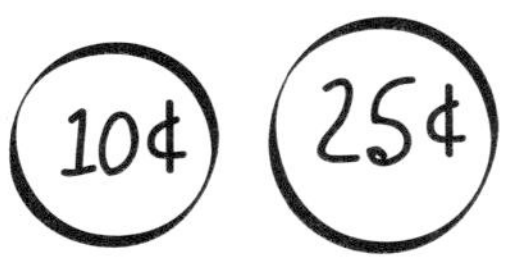

5. 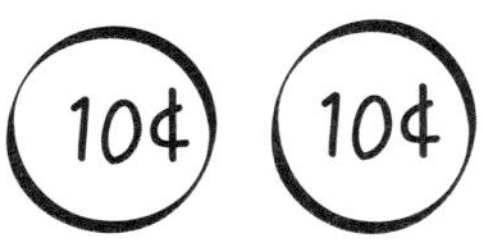

6. 

7. 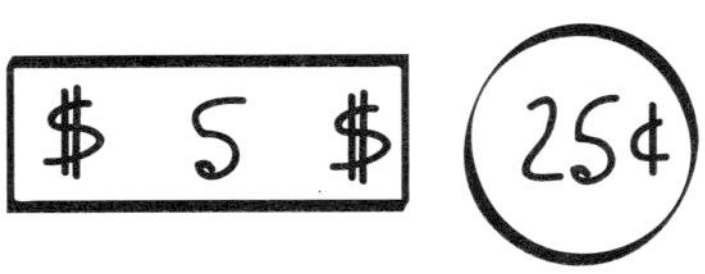

8. 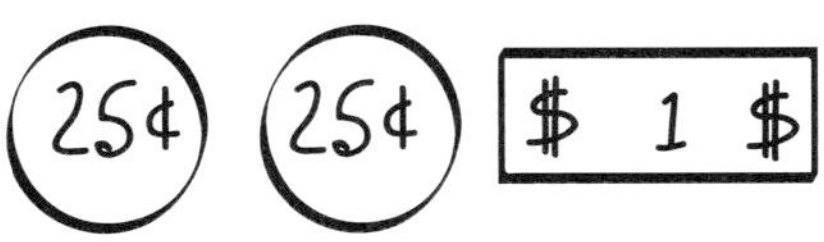

9. 

10.
11. 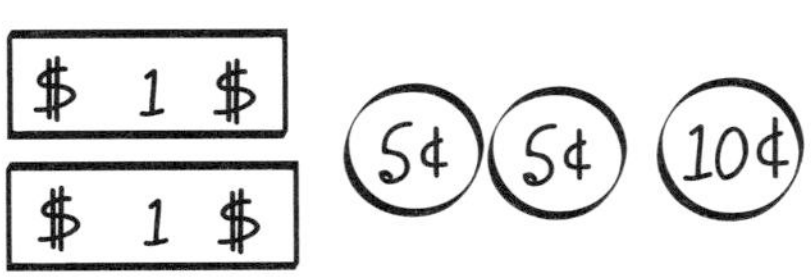

a. 2개의 쿼터와 1달러 지폐 ________

b. 1달러 지폐 ________

c. 1개의 페니와 1개의 다임 ________

d. 1달러 지폐와 2개의 다임 ________

e. 1달러 지폐 2장과 2개의 니켈과 1개의 다임 ________

f. 1개의 페니와 1개의 니켈 ________

g. 1개의 다임과 1개의 쿼터 ________

h. 2개의 다임 ________

i. 5달러 지폐와 1쿼터 ________

j. 1개의 쿼터와 1개의 니켈 ________

3.2 동전 세기

목표

학생들은 주어진 동전을 보고, 그 돈의 합계를 정확하게 산정할 것이다.

질문

교사 : 동전을 세는 방법을 알아봅시다. 내가 동전으로 10센트를 가지려면 어떤 방법들이 있을까요? 1개의 다임, 2개의 니켈, 1개의 니켈과 5개의 페니, 10개의 페니를 갖는 방법이 있습니다. 2개의 니켈과 3개의 페니는 모두 얼마입니까? (13센트) 어떻게 계산했습니까?

연습장 3.2 : 이 연습장에는 동전이 제시되어 있습니다. 이 동전의 합이 모두 얼마인지 계산하는 연습을 해 봅시다. 계산한 것은 반드시 단위를 붙여야 하는데, 그 이유는 동전의 합이 1달러보다 작기 때문입니다. 1달러보다 작은 돈의 단위는 센트라고 합니다. 동전을 빨리 세는 비법이 있을 것입니다. 여러분이 가지고 있는 그 비법을 말해 보세요.

답변

a. 12센트 b. 30센트 c. 27센트 d. 41센트 e. 60센트
f. 37센트 g. 46센트 h. 40센트 i. 35센트 j. 51센트

보충 활동

1. 연속적으로 동전 세기 : 학생들을 몇 개의 팀으로 나눈 후, 팀별로 동전을 나누어 줍니다. 1달러 미만의 동전합계를 말하거나 칠판에 씁니다. '시작' 신호에 따라 각 팀의 선수가 나와 동전을 센 후 그 합을 적습니다. 이긴 팀이 점수를 얻습니다. 점수의 총점과 참가 선수를 바꾸어 가며 게임을 계속해 나갑니다.
2. 손에 든 동전 : 항아리나 컵에 다양한 종류의 동전을 넣습니다. 각 팀의 선수는 그릇 안에 손을 넣어 무작위로 동전 4개를 집습니다. 4개 동전의 합이 큰 선수가 이기는 것입니다. 동전을 그릇 안에 다시 넣어 섞은 다음 다른 선수가 시합합니다.

이름 ______________________ 날짜 ______________

3.2 동전 세기

여기에는 동전의 모둠 그림이 있습니다. 각 집단의 동전 합을 계산하여 빈칸에 적어 보세요.

_______ 1. 5¢ 5¢ 1¢ 1¢

_______ 2. 25¢ 5¢

_______ 3. 10¢ 10¢ 5¢ 1¢ 1¢

_______ 4. 25¢ 10¢ 5¢ 1¢

_______ 5. 25¢ 25¢ 10¢

_______ 6. 25¢ 10¢ 1¢ 1¢

_______ 7. 25¢ 10¢ 5¢ 5¢ 1¢

_______ 8. 10¢ 10¢ 10¢ 10¢

_______ 9. 25¢ 5¢ 5¢

_______ 10. 10¢ 10¢ 10¢ 10¢ 5¢ 5¢ 1¢

3.3 물건의 가치 인식

목표

학생은 주어진 물건의 이름이나 물건의 그림을 보고 가장 적절한 가격을 달러나 센트로 매길 수 있을 것이다.

질문

교사 : 만약 당신에게 100달러가 있다면, 그 돈으로 계산기를 살 수 있을까요? 신형 차를 살 수 있을까요? 단돈 1달러로 무엇을 살 수 있을까요? 다임(10센트)으로는 무엇을 살 수 있을까요? 이 물건은 저 물건보다 비쌀까요? 새 청바지 한 벌의 값은 얼마라고 생각하세요? 연필의 값은? 우리는 어떤 물건의 값으로 얼마를 지불해야 하는지 어떻게 알 수 있을까요? (광고 등을 통하여 그 물건에 대해 익숙하기 때문에)

연습장 3.3 : 오늘은 당신이 탐정이 되는 날입니다. 당신의 역할은 주어진 물건의 값을 알아내는 것입니다. 이를 위하여 도움이 되는 어떤 자료를 활용할 수 있습니다. 신문, 잡지, 가게의 시장조사 등 도움이 되는 자료를 사용하여 각자의 물건 값을 정산한 후, 누가 가장 비싼 또는 싼 것을 찾아냈는지를 알아봅시다. 어디에서 그 값(cost)을 찾아내었는지를 기록합니다. 이러한 과정이 가격을 결정하는 데 영향을 미칠 수 있습니다.

답변

(여러분이 활동하는 분야에 따라 값이 서로 다를 것이다.)

보충 활동

1. 물건의 주문 : 한번 물건의 중앙가 또는 평균가를 정해 본 후, 가장 싼 것부터 가장 비싼 것까지 차례대로 목록화합니다.
2. 내가 100달러를 가졌다면 : 학생들에게 100달러만 제공한 후 이를 초과하지 않고 전부 사용해야 함을 알려줍니다. 제시된 물건의 목록에서 적어도 다섯 가지는 사야만 한다고 말한 후 무엇을 살 물건으로 찾아냈는지 살펴봅니다. 그들은 물건의 가격, 총 비용을 기록해야만 합니다.

이름 ______________________ 날짜 __________

3.3 물건의 가치 인식

다음에 제시된 물건의 값을 찾아내세요. 당신은 신문이나 잡지, 또는 가게의 방문, 또는 도움을 줄 사람을 활용해도 괜찮습니다. 당신이 제시한 값과 다른 사람이 제시한 값을 비교해 보세요.

다음에 제시된 물건의 값을 찾아내세요.

1. 스포츠카

2. 바나나

3. 티셔츠

4. 보급용 책

5. 연필

6. 막대사탕

7. 비누

8. 아이스크림 반통

9. 거실용 소파

10. 보호소에서 온 강아지

3.4 안전한 곳에 화폐 보관하기

목표

돈을 안전하게 보관할 수 있는 장소가 어디인지 구분할 수 있을 것이다.

질문

교사 : 거스름돈을 가지고 있다면, 이를 어디에 보관하면 좋을까요? (지갑, 호주머니, 서류가방) 거스름돈을 손에 들고 있으면 안 되는 이유는 무엇일까요? (가지고 있기가 어려워서) 구멍이 난 호주머니에 돈을 넣고 다니면 안 되는 이유는 무엇일까요? (돈을 잃어버리니까) 많은 돈을 가지고 있다면 이를 가장 안전하게 보관할 장소는 어디일까요? (은행) 돈을 집 안에 보관하는 것보다 은행에 보관하는 것이 안전한 이유는 무엇일까요? 은행을 털 수 없기 때문입니까? (아직까지는 안전하고 또 보험으로 보장이 되기 때문에) 은행에 보관한 돈을 다시 찾을 수 있다는 사실을 어떻게 알 수 있을까요?(수표로 받거나 공과금 계산이 가능) 은행 이외에 돈을 안전하게 보관할 수 있는 또 다른 장소를 말해 보세요.

연습장 3.4 : 다음에는 학생들이 자신의 돈을 보관하는 장소의 예가 소개되고 있습니다. 여러분이 생각하기에, 이들 중 어떤 장소가 보다 더 안전하고 덜 안전한지 판단해 보세요. 왜 그 장소를 안전하다고 생각했는지 그 이유를 말해 보세요. 장소에 대한 예를 읽고 빈칸에 '안전함' 또는 '불안함'으로 구분하여 적어 보세요.

답변

1. 불안함 2. 안전함 3. 불안함(아마도) 4. 불안함 5. 안점함
6. 안점함 7. 불안함 8. 안전함 9. 안전함 10. 안전함

보충 활동

1. 강화 계획 : 학교에서의 여러 활동에 대한 재미와 경험을 더하기 위한 강화물로 종이 돈이나 칩을 사용하도록 합니다. 학생들이 모은 강화물로 무엇을 하는지를 살펴봅니다.
2. 은행 찾기 : 전화번호부 상업용 부분이나 다른 지역사회 정보를 통해서 학생들이 거주하는 지역에 어떠한 은행이 있는지를 찾아 이를 목록화하도록 합니다. 은행의 목록에는 이용자들을 위한 저축이나 대출, 그 밖의 관련 업무를 제공하는 모든 기관을 포함합니다.

이름 ______________________ 날짜 __________

3.4 안전한 곳에 화폐 보관하기

학생들이 각자 돈을 조금씩 가지고 있습니다. 이들은 자신의 돈을 안전한 장소에 보관한 경우도 있고 그렇지 않은 경우도 있습니다. 다음의 보기를 읽고 안전한 장소(안전함)라고 생각하는 경우와 그렇지 못한 경우(불안함)를 빈 칸에 적어 보세요.

1. 창원이는 자신의 돈을 학교 책상 안에 보관하였습니다. 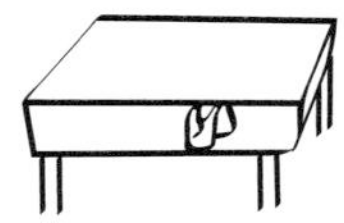 __________

2. 수지는 아빠에게서 받은 돈을 집 안에 있는 돼지저금통에 넣었습니다.  __________

3. 혜경이는 자신의 지폐를 자기의 책갈피에 감추었습니다. 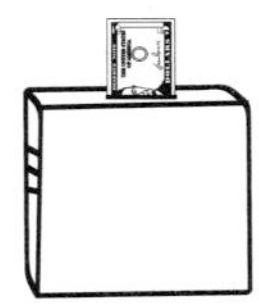 __________

4. 병수는 우유 값으로 내야 할 돈을 구멍이 뚫린 바지 뒷주머니에 넣었습니다. 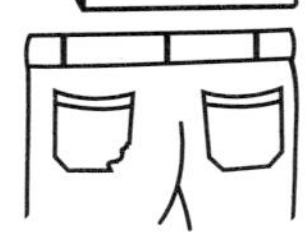 __________

5. 명숙이는 자신의 가방 안에 들어 있는 작은 동전주머니에 돈을 보관하였습니다.  __________

6. 숙희는 자신의 돈을 집 옆에 있는 은행에 예금하였습니다. 

____

7. 광수는 자신의 돈을 동생에게 주며 보관해 달라고 부탁하였습니다.  __________

8. 정숙이는 자신의 돈을 지갑에 보관하였습니다.  __________

9. 갑철이는 자신의 돈을 엄마에게 주며 엄마가 은행에 가실 때 자신의 통장에 예금해달라고 하였습니다. 

____

10. 종석이는 자물쇠가 달려 있는 조그만 금고에 돈을 보관하였습니다. 

____

3.5 저축하기

목표

학생들은 자신의 돈에 이자가 붙는 과정을 설명할 수 있을 것이다.

질문

교사 : 내가 가령 당신에게 만 원을 빌렸다고 한다면 돌려줄 때는 얼마를 주어야 한다고 생각하나요? 만 원보다 많은 돈을 돌려주어야 한다고 생각하나요? (돈을 빌려준 대가를 지불하라.) 우리는 돈을 보관할 안전한 장소로 은행을 이야기했습니다. 은행에 예금계좌를 개설하는 것이 안전한 방법의 하나입니다. 은행에 예금을 하면 그 돈에 대한 특별한 관리 기록이 남게 됩니다. 하지만 예금이 안전한 것 말고 또 다른 좋은 이유가 있습니다. 그 이유를 아는 사람 있습니까? (이자) 은행은 여러분의 돈을 빌린 것에 대한 이자를 지급할 것입니다. 그 이자는 예금한 돈과는 별개의 돈(extra money)이며, 이자의 액수는 여러분의 통장에 들어 있는 예금의 액수에 따라 달라집니다.

연습장 3.5 : 사랑이는 크리스마스 전까지 10만 원을 저축하려고 합니다. 다음의 연습장에는 그녀가 갖고 있는 예금에 대한 이자가 붙는 과정을 포함해서 돈이 어떻게 모이는지를 보여주고 있습니다. 각 문제를 해결해 가면서 사랑이가 크리스마스 전에 최종으로 얼마를 모을지 계산해 보십시오.

답변

1. 25,000원	2. 37,000원	3. 39,000원	4. 51,000원
5. 81,000원	6. 86,000원	7. 96,000원	8. 102,000원

보충 활동

1. 이자율 : 신문에 실린 은행광고의 예금이자율을 보고 각 은행이 보통예금 이자율이 어느 정도 되는지 학생들이 알아보도록 합니다. 예금이자율이 무엇인지 알아보고, 단리 백분율이 어떤 차이를 가져오는지 알아보도록 합니다.
2. 강화물로서의 이자 : 교실에서 강화물을 이용했으면, 학생들이 모은 강화물에 대한 이자를 지급하도록 합니다. 이자를 지급할 날짜는 고정하도록 합니다.

이름 ________________________________ 날짜 ______________

3.5 저축하기

사랑이는 집 근처에 있는 은행에 예금계좌를 개설하였습니다. 다음의 문제를 풀어가면서, 사랑이가 크리스마스 전까지 얼마나 많은 돈을 저축하게 될지 계산해 보세요. 그녀가 목표로 하는 금액 100,000원에 도달할 수 있을까요?

1. 사랑이의 숙모님께서 생일 축하금으로 25,000원을 주셨습니다. 그녀는 즉각적으로 은행에서 예금계좌를 만들었습니다. 그녀의 저축 총액은 얼마일까요? ______________

2. 며칠이 지난 어느 날 그녀는 이웃에 사시는 삼촌으로부터 5,000원을, 사촌으로부터 7,000원을 용돈으로 받았어요. 그녀의 저축 총액은 얼마일까요? ______________

3. 사랑이는 은행으로부터 이자 2,000원이 입금되었다는 연락을 받았습니다. 그녀의 저축 총액은 얼마일까요? ______________

4. 사랑이는 어린 사촌 여동생을 돌봐주는 조건으로 시간당 2,000원을 받기로 하고 총 6시간을 돌봐주었습니다. 이때 받은 돈을 전부 예금하였습니다. 그녀의 저축 총액은 얼마일까요? ______________

5. 사랑이는 자기가 타던 자전거를 35,000원에 팔아 이중 5,000원으로 사탕과 만화책을 샀습니다. 물론 나머지는 모두 저축을 하였습니다. 그녀의 저축 총액은 얼마일까요? ______________

6. 사랑이는 은행으로부터 한 달 저축 이자 5,000원이 입금되었다는 연락을 받았습니다. 그녀의 저축 총액은 얼마일까요? ______________

7. 사랑이의 아빠는 그녀의 저축액이 지금 현재 적어도 75,000원 가까이 되면 10,000원을 기부하기로 약속을 한 바 있습니다. 그녀의 저축 총액은 얼마일까요? ______________

8. 사랑이는 은행이자로 6,000원이 더 들어왔습니다. 그것은 크리스마스 전 마지막 이자였다면, 사랑이의 저축액은 목표액 100,000원에 도달하였습니까? ______________

3.6 돈 벌기

목표

학생들은 적어도 어른들이 돈을 벌 수 있는 방법 세 가지와 학생들이 돈을 벌 수 있는 방법 세 가지에 대한 목록화를 할 수 있을 것이다.

질문

교사 : 예금계좌를 만들어서 저축예금 이자를 번다고 가정해 본다면 먼저 예금할 돈이 좀 있어야 합니다. 어떻게 그 돈을 마련할 수 있을까요? (누군가로부터 돈을 받을 수도 있고, 돈을 주울 수도 있고, 일을 할 수도 있고, 누구인가 투자를 할 수도 있다.) 대부분의 사람들은 무엇인가를 해서 돈을 벌어서 그것을 갖게 됩니다. 돈을 번다는 것은 일을 하거나 누군가에게 서비스를 제공하고 그 대가로 돈을 받는 것을 말합니다. 여러분의 나이 또래에서도 돈을 벌 수 있을까요? 때때로 사람들은 누구에겐가 서비스를 제공하고 그 대가로 돈을 벌어 들입니다. 이웃 사람을 위해 여러분이 할 수 있는 서비스 제공은 어떤 것들이 있을까요? (자동차 세차, 잔디 깎기, 낙엽 쓸기, 아기 봐주기)

연습장 3.6 : 이 연습장에는 어른이나 학생들이 돈을 벌기 위해 제공하는 서비스의 유형이 제시되어 있습니다. 여러분이 생각하기에 어른만이 할 수 있는 일에는 '어른', 학생들도 할 수 있는 일에는 '학생'이라고 빈칸에 쓰세요. (물론 어른들도 할 수 있는 일이지만, 주로 학생 나이 또래들이 돈을 벌기 위해 하는 일에는 학생이라고 쓰세요.)

답변

1. 학생 2. 어른 3. 학생 4. 학생 5. 어른
6. 어른 7. 학생 8. 어른 9. 학생 10. 학생

보충 활동

1. 당신이 할 수 있는 일 : 전화번호부의 상업용 전화번호 부문을 찾아 자기가 할 수 있는 일을 10개 이내로 찾아 나열해 봅니다. 그중에서 가장 잘할 수 있는 서비스 항목을 직업명으로 제시해 봅니다(예 : 차 수리 – 기능공, 제초 – 정원사).
2. 직업명 목록표 : 돈을 벌 가능성이 높은 직업명을 목록으로 만들도록 합니다. 학생들이 이들 목록 중에서 자신에게 가장 적합한 직업명을 손가락으로 가리키도록 합니다. 또한 이들 직업은 시간당 어느 정도의 임금을 받을 가치가 있는지 평가할 수도 있습니다. 개를 돌봐주는 일이 아기를 돌봐주는 일에 비해 임금을 더 받아야 합니까? 레모네이드 판매를 하기에 가장 좋은 시기는 언제입니까?

이름 ______________________ 날짜 __________

3.6 돈 벌기

다음에는 돈을 벌기 위한 서비스 유형이 제시되어 있습니다. 예시문을 읽고 주로 어른들이 하는 일일 경우에는 '어른', 또래 학생이 하는 일에는 '학생'이라고 빈칸에 적어 보세요.

1. 옆집의 잔디를 깎아 줍니다.

2. 자동차 엔진을 수리합니다.

3. 방과 후에 매일 강아지를 산책시킵니다.

4. 이웃에 사는 아이를 돌봅니다.

5. 이층집의 지붕을 새로 고칩니다.

6. 부러진 팔에 깁스를 합니다.

7. 신문배달을 합니다.

8. 학교버스를 운전합니다.

9. 낙엽을 긁어모읍니다.

10. 여름에 앞마당에서 레모네이드를 팝니다.

3.7 돈 쓰기

목표

학생은 계획된 금액의 돈을 적절하게 쓰는 방법 또는 구입할 물건 목록을 최소한 세 가지 제시할 수 있을 것이다.

질문

교사 : 한동안 돈을 저축한 다음에는 그것을 쓰려는 결정도 할 수 있습니다. 무엇을 하는 것으로 돈을 쓸 수 있을까요? (휴가, 옷) 일단 어렵게 번 돈을 쓸 경우에는 쓰기 전에 무엇을 해야 한다고 생각하십니까? (내가 정말 원하는 일인가, 전적으로 나에게 필요한 것인가, 내가 가지고 있는 돈으로 할 수 있는 것인가 등) 돈을 쓸 목록을 작성해 봅시다. (가지고 있는 것, 필요한 것, 원하는 것)

연습장 3.7 : 일정한 금액의 돈을 쓰려는 학생 다섯 명에게 조언을 하게 될 것입니다. 각 상황을 읽고 어떤 조언을 해 주어야 할지 생각해 보십시오. 정답은 없지만 각 상황에 대해 그러한 조언을 해 준 이유를 빈칸에 제시할 수 있어야 합니다.

답변

(설명은 각기 다를 수 있다.)

1. 예 – 물건 구입의 즐거움을 맛보려고
2. 예 – 그녀가 많이 사지 않으면 다른 누군가가 그것을 사갈 것 같아서
3. 아니요 – 그는 먼저 자전거를 수리해야 했다.
4. 예 – 그녀는 정말 고양이를 사랑한다.
5. 아니요 – 그는 15,000원에 자동차를 살 수 없다.

보충 활동

1. 나의 돈이 어디로 갔을까요. 일주일 동안 무엇을 하는 데 돈을 가장 많이 소비했는지 이를 추적해 보도록 합니다. 어떠한 물건을 구입했으며, 가장 큰 돈을 사용한 것은 무엇이었는지 학생들의 답변을 비교해 봅니다. 여학생이 남학생보다 돈을 더 많이 썼습니까?
2. 쇼핑 비교하기 : 학생들로 하여금 특정 물건의 가격이 매장마다 각기 다른지 조사해 보도록 합니다. (인기 있는 DVD 또는 CD, 유명 청바지 또는 신발) 어떤 매장의 것이 가장 비싼가요?

이름 ______________________ 날짜 ____________

3.7 돈 쓰기

다음의 학생들은 약간의 돈을 사용하길 원하고 있습니다. 이들이 각각의 물건을 사는 데 얼마를 사용했는지, 어떤 욕구가 가장 강했는지, 그리고 얼마나 잘못된 구매를 했는지를 파악해 보십시오. 여러분은 각 상황에서 그 학생이 반드시 돈을 써야만 했는지 생각해 보고 그래야만 했다고 생각하면 '예'에, 그럴 필요가 없었다고 생각하면 '아니요'에 표기를 한 후, 그렇게 판단하게 된 이유를 빈칸에 적어 보세오.

1. 양수는 20,000원이 있습니다. 그는 컴퓨터에 푹 빠져 있는데, 컴퓨터 관련 제품에 대한 할인 소식을 접하게 되었습니다. 당신은 양수가 컴퓨터용 디스크를 사야만 한다고 생각합니까?

   예 **아니요**

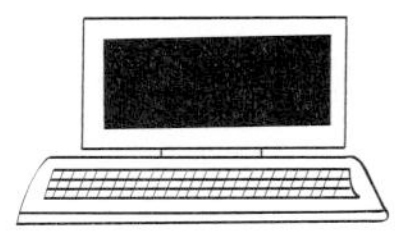

2. 크리스마스가 곧 돌아옵니다. 재숙이는 어머니를 위해 10,000원을 주고 향수를 샀고, 자신을 위해 문방구류를 5,000원어치 샀습니다. 그녀는 어머니가 자기의 선물을 매우 기뻐하실 것으로 생각하고 있습니다. 그녀는 사용하려는 돈 50,000원을 가지고 있습니다. 당신은 재숙이가 꼭 그렇게 해야 한다고 생각합니까?

   예 **아니요**

3. 용건이는 30,000원이 있습니다. 그는 25,000원짜리 새로운 축구공을 사고 싶고, 10,000원으로 자전거 타이어를 교체하고 싶습니다. 하지만 이 두 가지 모두를 할 수는 없습니다. 당신이 생각하기에 용건이가 꼭 축구공을 사야 한다고 생각하십니까?

   예 **아니요**

4. 미경이는 60,000원이 있습니다. 그녀의 고양이는 수술이 필요한데 수술비용은 약 50,000원이 들 것입니다. 그녀는 고양이를 이웃집으로 보내 그곳에서 키우도록 할 수도 있고 진료소로 데리고 가서 수술을 시킬 수도 있습니다. 그녀는 고양이를 위해 돈을 쓸 필요가 있습니까?

   예 **아니요**

5. 주안이는 150,000원이 있습니다. 그는 신형 자동차를 사고 싶다는 생각을 하고 있습니다. 그는 자동차를 좋아하지만 다른 물건들을 더 좋아합니다. 그는 자동차를 사는 데 그 돈을 사용해야만 합니까?

   예 **아니요**

3.8 할인판매와 절약

목표

학생은 할인받은 가격으로 물건 값을 정확히 계산할 수 있을 것이다.

질문

교사 : 세일 기간 중에 물건을 산다는 것의 의미는 무엇입니까? (정가보다 싸다.) 세일 중에 살 수 있는 물건은 어떤 것입니까? (책, 옷, 장난감) 가끔 '할인판매'라는 표시를 볼 수 있을 것입니다. 이 말은 일정 비율만큼 싸게 판매한다는 것을 의미합니다. 예를 들어 50% 할인이라는 말은 반값에 판다는 말입니다. 10,000원의 절반은 얼마인가요? (5,000원) 왜 할인판매를 실시하는 것일까요? (당신으로 하여금 물건 구입 욕구를 일으키기 위해서, 팔리지 않는 물건, 즉 재고를 처리하기 위해) 이러한 방법을 이용하는 일은 필요한 물건을 살 때 돈을 절약할 수 있는 좋은 방법입니다.

연습장 3.8 : 할인판매 상황을 읽어 보십시오. 빈칸에 묻는 말의 답을 적어 보세요.

답변

1. 4,000원　2. 영화 6편　3. 5,000원　4. 22개의 막대사탕　5. 15,000원　6. 70,000원

보충 활동

1. 대폭 세일! 신문에 실린 세일 광고를 보고 사고 싶은 물건을 찾아보도록 합니다. 학생들로 하여금 서로 짝을 짓도록 한 후, 사고 싶은 물건에 대한 세일 장면을 문장제 문제로 만들도록 합니다. 각자의 문장제 문제를 서로 교환하도록 합니다.
2. 미친 세일에 갑시다! 학생 각자가 100,000원을 가지고 있다고 가정한 후, 상황 1과 같은 세일 광고를 이용해서 사고 싶은 물건의 목록을 작성한 후 가진 돈의 범위 안에서 사도록 합니다. 학생들이 물건을 사고 있을 때 남은 시간이 10분밖에 남지 않았다고 선언함으로써 학생들이 세일에 열광하도록 할 수도 있습니다.

이름 ______________________________ 날짜 ______________

3.8 할인판매와 절약

다음의 할인판매 상황을 읽고 묻는 말에 대한 답을 빈칸에 적어 보세요.

1. 명숙이는 셔츠를 8,000원에 샀습니다. 두 번째 셔츠는 처음 값의 절반에 샀습니다. 명숙이는 두 번째 셔츠 값으로 얼마를 지불했습니까? ____________

2. 장호는 대폭 할인판매를 하는 비디오 가게에 갔습니다. 그곳에서 영화를 한 편에 5,000원, 3편에 10,000원으로 살 수 있습니다. 그가 그곳에서 20,000원을 썼다면 영화 몇 편을 샀을까요? ____________

3. 은미는 서점에 갔습니다. 그곳에서는 50% 세일을 하고 있었습니다. 그곳에서 정가 10,000원인 인어공주에 관한 책을 발견했습니다. 그녀는 이 책을 얼마에 구입했습니까? ____________

4. 규혁이는 막대사탕을 사려고 가게에 갔는데 그곳에서는 개당 1,000원에 세일을 하고 있었습니다. 그런데 10개를 사면 1개를 공짜로 준다는 문구가 적혀 있었습니다. 그는 20,000어치 막대사탕을 샀습니다. 구혁이는 막대사탕 몇 개를 가지고 있습니까? ____________

5. 영자는 어떤 청바지를 30,000원에 구입했습니다. 그런데 지퍼가 고장이 난 것을 발견하고 가게에 반품을 했습니다. 그 가게 종업원이 영자에게 제안하기를 지퍼가 고장 났지만 원한다면 그 청바지를 50% 가격에 팔겠다고 했습니다. 영자는 청바지 가격으로 얼마를 지불했을까요? ____________

6. 용철이는 정가 80,000원짜리 농구화를 사고 싶었습니다. 그런데 주말에 10,000원 할인가에 판매한다는 것을 알았습니다. 용철이는 주말에 이 농구화를 얼마에 살 수 있었을까요? ____________

3.9 어림 계산하기

목표

학생은 평범한 물건의 가격에 대한 어림 답을 정확히 선택할 수 있을 것이다.

질문

교사 : 내 신발의 가격은 얼마일 거라고 생각하십니까? 내가 신발값으로 500,000원을 줬을 거라고 생각하십니까? (그렇지 않을 것입니다.) 아마도 30,000원을 줬을 거라고 생각하십니까? (예) 당신은 왜 500,000원이 아닌 30,000원을 줬을 것으로 짐작하셨습니까? (신발값으로 500,000원은 너무 과하다고 보았고, 그 신발이 그다지 멋지지도 않았기 때문입니다.) 때때로 어림짐작은 물건 값을 결정하는 데 도움이 됩니다. 어림짐작이란 정확한 수치가 아닌 근접한 수치를 추측하고 평가하는 활동을 의미합니다. 자동차의 가격이 얼마쯤 할까요? 100,000원 또는 10,000,000원(웬만한 자동차는 10,000,000원 정도 합니다.) 우리는 일반적인 상품에 대한 적절한 가격을 산정하기 위해 적극적으로 짐작하거나 어림 계산 활동을 하려고 합니다. 꼭 정확해야 할 필요는 없습니다!

연습장 3.9 : 각 상황을 읽고 가장 어림값에 해당하는 것에 표시하세요.

답변

1. a　2. b　3. a　4. b　5. b　6. c

보충 활동

1. 가격을 짐작해 보세요. 여러 가지 일상적인 물건의 사진을 수집한 후, 그 사진의 뒷면에 실제 판매가가 적혀 있는 목록카드를 붙입니다. 학생들에게 각각 사진의 물건 값이 가게에서는 얼마 정도 될 것인지를 정해 보도록 합니다. 학생들을 두 팀으로 나누어 "가격은 정확합니다."라는 놀이를 진행할 수 있습니다.
2. 얼마면 살 수 있을까요. 학생들에게 50,000원 또는 100,000원씩을 준 것으로 가정한 후, 그 돈으로 살 수 있는 한 가지 물건을 알아보기 위해 할인 광고지를 찾아보도록 합니다. 학생들은 50,000원으로는 의자, 전문 도서, 청바지, TV 쇼에서 보여주는 계절 특선 상품 등을 살 수 있음을 알게 될 것입니다. 학생들에게 또 다른 금액을 제공하고 활동을 시킬 수도 있습니다.

이름 ______________________ 날짜 ______________

3.9 어림 계산하기

다음의 각 상황을 읽고 적절한 답에 표시하세요.

1. 만화책

   a. 2,000원 b. 20,000원 c. 2,002,000원

2. 백팩

   a. 3,000원 b. 15,000원 c. 100,000원

3. 아이스크림 콘

   a. 2,000원 b. 10,000원 c. 40,000원

4. 자전거

   a. 10,000원 b. 100,000원 c. 500,000원

5. 청바지

   a. 2,000원 b. 30,000원 c. 900,000원

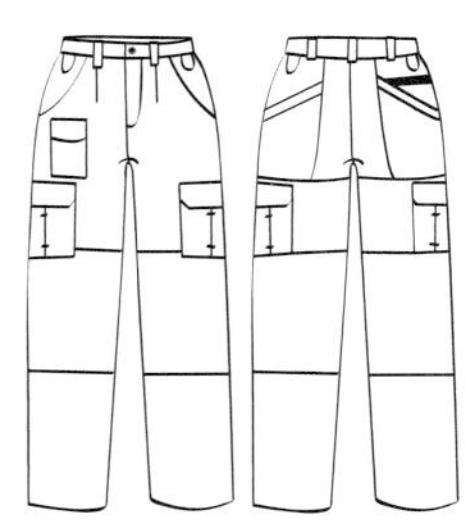

6. 트렘폴린

   a. 10,000원 b. 50,000원 c. 150,000원

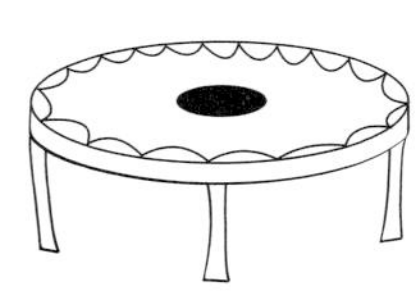

04 Chapter 시간관리 기술

부모에게 보내는 편지 제4호 : 시간관리 기술

학부모님께

다음의 활동은 1년이 월별, 주별, 일별로 나뉘어 구성되어 있다는 시간과 관련된 기본 개념과 어떠한 행사를 앞두고 미리 계획 세우기, 그리고 시계와 달력을 활용하여 시간을 측정하는 것을 익숙하게 하는 내용으로 구성되어 있습니다. 따라서 부모님들께서는 다음에서 제시하는 방법대로 가정에서 자녀를 지도해 주시면 도움이 되겠습니다.

1. 부엌에 달력을 붙여주세요. 매일 아침 등교 전에 달력에 미리 적어놓은 일정표를 보고 오늘 일정을 확인해 주세요.
2. 자녀에게 평범한 시계(디지털시계가 좋다)를 사주세요. 자녀에게 현재의 시각을 자주 물어보세요.
3. 매일 일상적으로 반복되는 일(기상, 등교준비, 저녁식사 시간, TV 시청)과 관련지어 지녀가 부모에게 자신의 현재 위치와 시간을 말하게 하세요. 그들이 벌인 일과 연관된 시간은 자녀들이 시간개념을 이해하는 데 매우 도움이 될 것입니다.
4. 그해의 달력에 가족과 관련된 생일, 기념일, 방학, 휴가일정 등을 기록해 두세요. 그 달의 달력에 기록된 내용을 보고 매달 무슨 일이 있는지 자녀들이 외우도록 하세요.
5. 자녀의 사진을 집안의 눈에 띄는 곳에 붙여 두세요. 아이의 체중, 키 등 외모의 변화를 일일이 기록해 두세요. 시간이 지남에 따라 변화되는 모습을 아이들에게 보여 주세요.
6. 자녀들과 함께 야외에서 경험한 내용들을 계절별로 구분된 노트에 기록해 두세요. 그 노트를 보면서 돌아오는 계절에는 어떠한 일들이 예상될 수 있는지 서로 이야기해 보세요.

시간은 매우 빠르게 지나갑니다. 자녀와 함께 즐거운 시간을 보내세요.

다음에 또 뵙겠습니다.

____

교사 드림

시관관리 기술

관련 기술 항목 연습장 4 : 학습 진행사항

+ 숙달
✔ 익히는 과정
– 익히지 못함

학생 이름	일별과 월별	오늘	달력 사용	시계 사용	계절	사전 계획	언제 무슨 일이 발생할까?	여러 가지 일 중 제일 먼저 할 일	15분 과업	목표시간 설정	비고

4.1 일별과 월별

목표

요청에 의해, 학생들이 일주일의 각 날들과 1년의 각 달을 순서대로 말할 수 있을 것이다.

질문

교사 : 오늘이 학교에 등교하는 날이라는 것을 어떻게 알았습니까? 당신은 일요일에는 왜 학교에 등교하지 않습니까? 오늘이 7월 중순이라면 당신은 학교에 있을까요? (여름학교 또는 연중무휴 학교라면) 오늘이 수요일이라면, 주말까지 가장 많은 날들이 남았습니까? 만일 지금이 1월이라면 연말까지 가장 많은 날들이 남았습니까? 할로윈데이까지는 아직 많은 날들이 남았습니까? 도와주세요! 우리에게는 많은 날과 달들을 조직해야 하니까요! 당신이 나에게 일주일의 요일에 대해 말해 주시겠어요! "그래서 내가 월, 화, 수, 목, 금, 토, 일요일이라고 말해 줬어요." 당신이 나에게 1년의 매달 이름에 대해 말해 주시겠어요! "예, 1월, 2월, 3월, 4월, 5월, 6월, 7월, 8월, 9월, 10월, 11월, 12월이라고 말해 줬어요."

연습장 4.1 : 앞으로 우리 교실에서 해보려고 하는 것을 다음의 학생들이 게임으로 하고 있습니다. 이들 학생들은 각각 요일별과 달별로 구분된 표지판을 들고 있습니다. 학생들은 상자 안에 있는 번호판(1~7 또는 1~12)을 뽑아 해당 표지판에 그 번호판을 붙여야 합니다.

답변

6-2-5-1-4-3-7
5-8-1-3-9-12 그리고 4-2-11-7-6-10

보충 활동

1. 연결 : 연습장에서와 같이 학생들의 이름표를 요일별과 달별로 표시합니다. 선생님께서 "시작!" 하고 지시를 하면 학생들은 요일별 또는 달별 순서대로 줄을 서야 합니다. 제한 시간을 부여하여 빨리 수행할 수 있는지를 보도록 합니다.
2. 전과 후 : 같은 카드를 활용하되, 불러주는 요일별 또는 달별의 앞날의 요일과 뒷날의 요일 또는 앞달의 이름 또는 뒷달의 이름을 말하게 합니다. 학생들에게 구슬주머니를 주고 같은 게임을 하되, 시간을 단축하도록 합니다.

이름 ______________________ 날짜 ______________

4.1 일별과 월별

다음의 학생들은 요일별 게임과 달별 게임을 하고 있다. 두 그룹을 번호별로 배열해 봅시다.

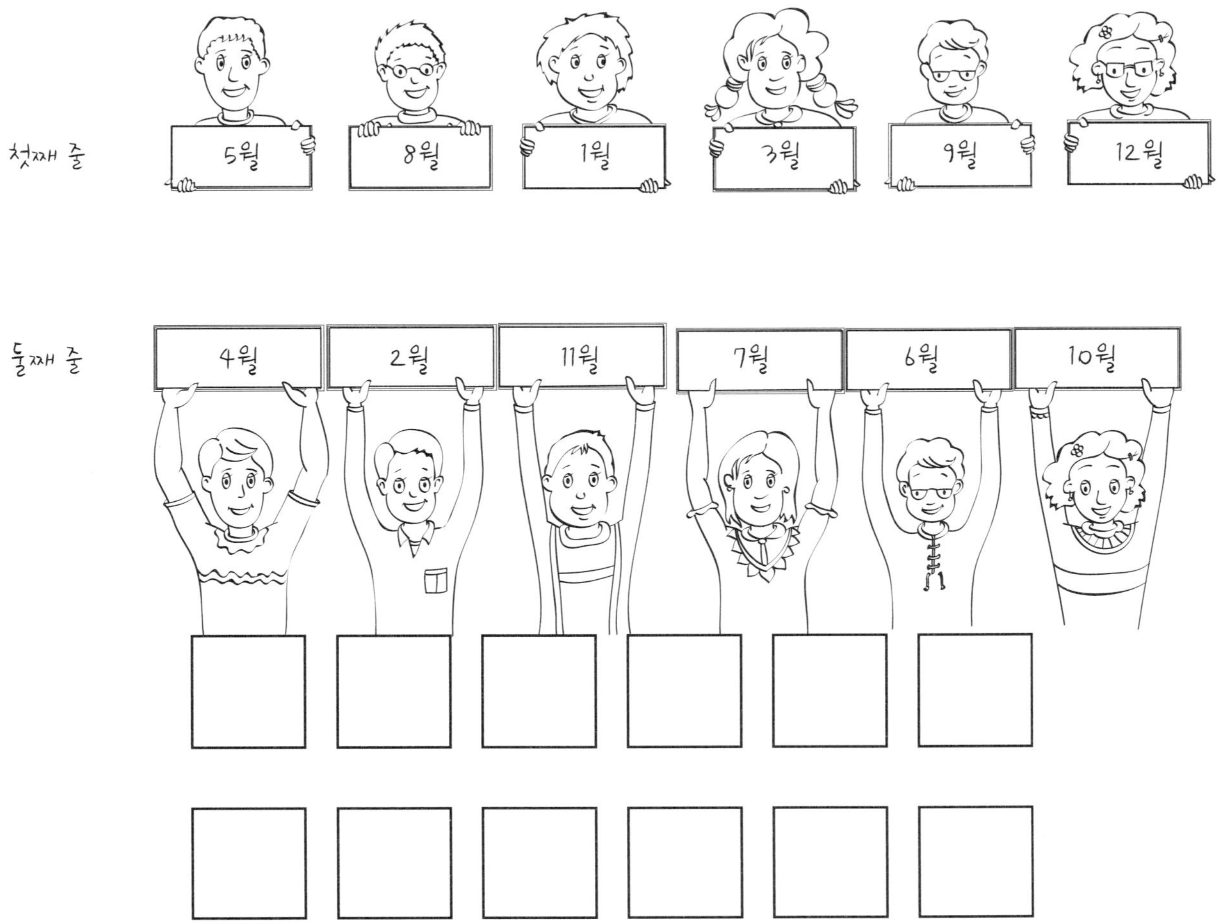

4.2 오늘

목표

학생들은 오늘 현재를 기준으로 연도, 날짜, 달, 요일에 대해 알 수 있을 것이다.

질문

교사 : 오늘은 무슨 요일이지요? 이를 어떻게 알았지요? 만약에 선생님이 너에게 오늘이 며칠이니 하고 물으면 어떻게 대답할 거예요? 요일과 날짜는 어떻게 다른가요? (일주일에 속한 요일과 달리 부르는 세 가지 부분–달, 날짜, 연도) 오늘부터 5일 전은 며칠이지요? 내가 어떤 날짜를 물을 때 대답하는 말끝에 '~일(예 : 16일, 20일)'이 들어가게 말하면 돼요. 날짜를 물었을 때 세 부분으로 말하되 먼저 연도, 다음에 달, 그리고 마지막에 날을 말하면 돼요.

연습장 4.2 : 이 연습장에서는 선생님은 학생들에게 요일 또는 날짜에 대해 묻고 있습니다. 각 학생이 답한 것 중에서 옳은 답에 표시해 보세요. 당신은 요일 또는 날짜에 대해 실제적으로 알지 못하고 있습니다. 왜냐하면 우리는 그 일이 언제 발생했는지 모르기 때문입니다. 그렇지만 각 상황에서 필요로 하는 정보 모두를 잘 찾아보세요. 실제로 어떤 달, 어떤 요일인지에 너무 집착할 필요는 없어요. 맥락 속에서 바로 알 수 있을 테니까요.

답변

1. 두 번째　2. 첫 번째　3. 두 번째　4. 두 번째
5. 두 번째　6. 두 번째　7. 첫 번째　8. 두 번째

보충 활동

1. 오늘 무슨 요일입니까? 학생들로 하여금 매일 아침마다 그날의 날짜와 요일을 낭독하도록 합니다. 이를 위해 하루 동안 빈번하게 그날의 날짜에 대해 질문합니다.
2. 날짜 찾기 : 학생들은 여기저기에서 날짜가 사용되고 있음을 알 수 있습니다. 예를 들어, 도서관 대출 만기일, 신문, 병원 예약 등. 당신은 숫자를 사용하여 특정 달을 소개할 수 있습니다(예 : 10/16/53 1953년 10월 16일).

이름 ______________________ 날짜 ____________

4.2 오늘

선생님은 학생들에게 요일과 날짜에 대하여 질문을 할 것입니다. 각 상황에 맞게 정확하게 답한 학생이 누구인지 그 학생에게 표시하세요.

4.3 달력 사용

목표

학생에게 특별한 날(기념일)과 날짜를 알려준 후, 그들은 달력에 그날을 표시할 수 있을 것이다.

질문

교사 : 오늘이 무슨 요일인지 누가 말해 볼래요? 오늘이 며칠인지 누가 말해 볼래요? 학생은 이를 어떻게 알았어요? (누군가 듣고, 날짜가 기록된 종이 또는 달력을 봄) 누군가가 알 수 있도록 요일은 물론 날짜들을 규칙적으로 배열해 놓은 것을 무엇이라고 하지요? 달력이요. 달력은 모든 날들과 이것들이 모여진 달(월)과 연도로 구성되어 있어요. 1년은 몇 개월로 구성되어 있지요? (12개월이요.) 보통 달력은 1년의 모든 요일을 보여 주고 있습니다. 달력은 365일을 보통 1개월 단위로 볼 수 있도록 되어 있습니다.

연습장 4.3 : 달력을 사용하여 연습장의 질문에 답을 할 수 있을 것입니다. 다음 질문을 읽고 답을 적어 보세요.

답변

1. 7월 2. 31일 3. 2015년 4. 7월 17일 5. 금요일 6. 월요일 7. 목요일 8. 2일
9. 13일 10. 5번 11. 4번 12. 6월 13. 8월 4. 7월 8일 15. 2015년 8월 15일 16. 일요일

보충 활동

1. 달력 퍼즐 : 달력의 한 장을 잘라내어 퍼즐 형태로 만듭니다. 그것을 복사하여 학생들에게 한 장씩 나누어 줍니다. 질문의 단서(내용)와 관련된 날을 달력에 표시합니다(날짜, 요일 등).
2. 학생 질문 : 학생들에게 달력의 어느 달 한 장을 나눠 주고 연습장의 질문과 비슷한 질문 다섯 가지를 만들어 보도록 한다. 각자의 달력을 친구들과 바꿉니다. 그 달력에 비추어 볼 때, 학생들의 질문은 정확합니까? (학생들은 친구의 질문에 답을 해야 합니다.)

이름 ______________________________ 날짜 ______________

4.3 달력 사용

달력을 참조하여 아래의 질문에 답하세요.

1. 다음 달력은 몇 월 달력인가요? ______________
2. 이번 달은 며칠까지 있나요? ______________
3. 이 달력은 몇 년도 달력인가요? ______________
4. 제헌절은 언제인가요? ______________
5. 제헌절은 무슨 요일인가요? ______________
6. 7월 27일은 무슨 요일인가요? ______________
7. 7월 16일은 무슨 요일인가요? ______________
8. 첫 번째 목요일은 몇 일인가요? ______________
9. 두 번째 월요일은 몇 일인가요? ______________
10. 이번 달에는 수요일이 몇 번 있나요? ______________
11. 이번 달에는 화요일이 몇 번 있나요? ______________
12. 이번 달의 이전 달은 몇 월인가요? ______________
13. 이번 달의 다음 달은 몇 월인가요? ______________
14. 정보보호의 날은 몇 일인가요? ______________
15. 광복절은 몇 일인가요? ______________
16. 광복절 다음 날은 무슨 요일인가요? ______________

7 2016 JULY

S	M	T	W	T	F	S
					1	2
3	4	5	6	7	8	9
10	11	12	13	14	15	16
17	18	19	20	21	22	23
24	25	26	27	28	29	30
31						

8 2016 AUGUST

S	M	T	W	T	F	S
	1	2	3	4	5	6
7	8	9	10	11	12	13
14	15	16	17	18	19	20
21	22	23	24	25	26	27
28	29	30	31			

4.4 시계 사용

목표

학생에게 시계(일반 아날로그시계 또는 디지털시계)를 준다. 학생들은 정확한 시각을 구분할 수 있을 것이다.

질문

교사 : (현재 시간을 알린다.) 선생님은 어떻게 현재 시각을 알았을까요?
(시계를 본다.) 현재 시간을 아는 것이 왜 중요한가요?
(일에 빠져 약속 시간을 잊지 마세요.) 당신은 오늘 아침 몇 시에 일어났습니까? 학교는 몇 시에 끝나지요? 오늘밤 8시에 TV에서 어떤 프로그램이 방영되나요? 당신이 중요하게 여기는 시간은 무엇입니까?

연습장 4.4 : 연습장에는 앞으로 있을 몇 가지 일들이 제시되어 있습니다. 그 일은 몇 시에 일어났는지 오른쪽 시계와 일치하는 시간을 가리키는 것에 표시해 보세요.

답변

1. 왼쪽 2. 왼쪽 3. 왼쪽 4. 오른쪽 5. 오른쪽
6. 왼쪽 7. 오른쪽 8. 오른쪽 9. 왼쪽 10. 오른쪽

보충 활동

1. 그때가 몇 시였지요? 연습장에 제시된 문제의 시간을 제대로 표기한 시계를 통하여 시간 읽기 연습을 합니다. 연습장에 틀리게 표기한 시간을 상황과 일치하도록 고치도록 합니다. 그리고 뒷면에 정확한 시간이 기록된 다양한 종류의 플래시 카드를 사용할 수 있습니다.
2. 나의 시간 카드 : 학생들은 저마다 자신의 삶에서 아주 중요하게 여기는 몇 가지 시간들이 있습니다. 예컨대, 학생들은 버스 시간, 특별 스포츠 이벤트 시간, 텔레비전 프로그램 등이 그러한 시간들입니다. 이러한 중요한 일들은 저마다의 시간 카드에 기록을 하게 됩니다만, 시간 계획이 없는 학생들에게는 시계가 단지 시간을 확인하는 데 쓰일 뿐이다.

이름 ______________________________ 날짜 ______________

4.4 시계사용

왼쪽의 내용과 일치하는 시간을 정확하게 묘사하고 있는 오른쪽의 시계를 찾아 표시해 보세요.

1. 당신은 8시 반에 TV로 중계하는 축구 경기를 보고 싶어 합니다.

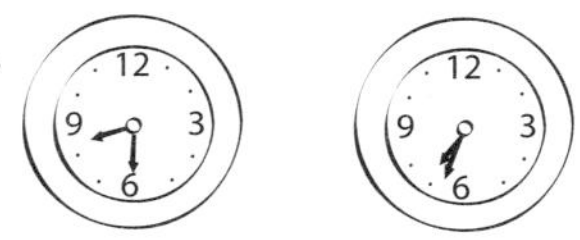

2. 버스는 7시 25분에 당신을 태우러 올 것입니다.

3. 당신의 가장 친한 친구가 4시 15분 조금 지나 올 것입니다.

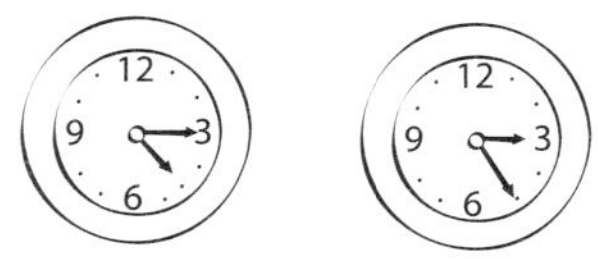

4. 당신의 어머니께서 3시 30분에 당신을 부르러 사무실에서 오실 것입니다.

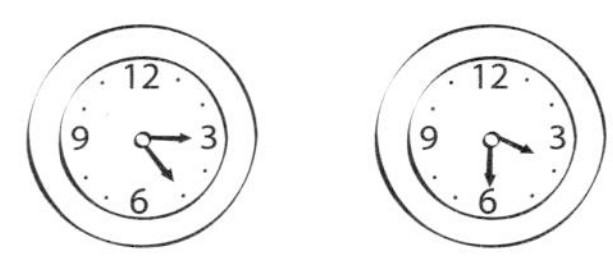

5. 당신의 누나가 5시 5분에 당신을 데리러 양육대리인 집으로 올 것입니다.

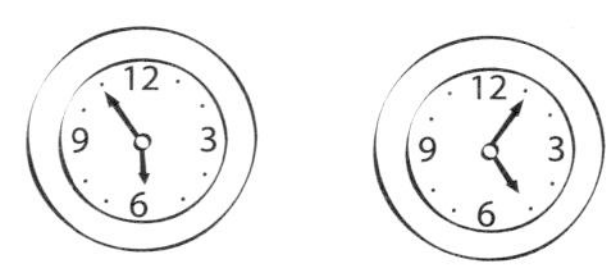

6. 당신의 개는 6시에 수의사와 진료예약이 되어 있습니다.

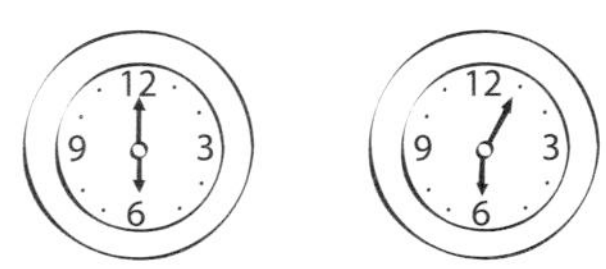

7. 5시 45분에 집에서 저녁식사를 할 것 같습니다.

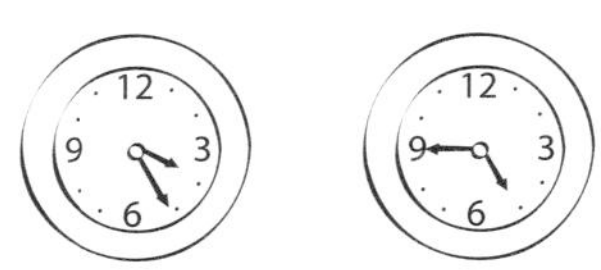

8. 당신이 7시 35분에 집을 떠난다면, 당신은 정시에 학교에 도착할 것입니다.

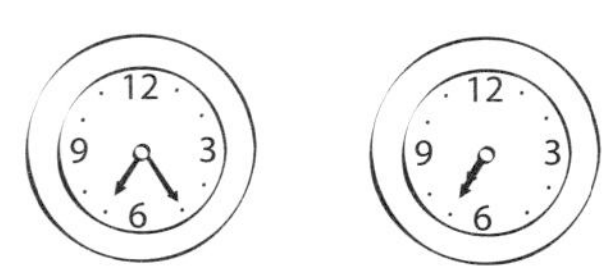

9. 햄버거 가게에 4시 30분까지 도착한다면 친구들을 만날 수 있을 겁니다. 그러니 늦지 마세요!

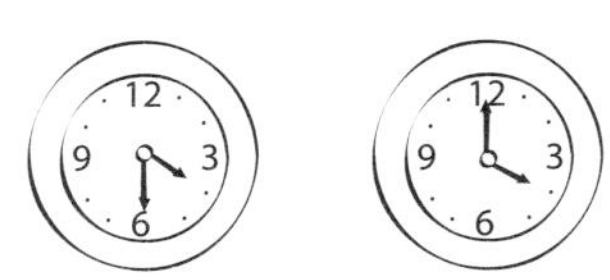

10. 당신의 대출도서 납기일이 오늘입니다. 도서관은 오늘 1시까지니 빨리 서둘러 가세요!

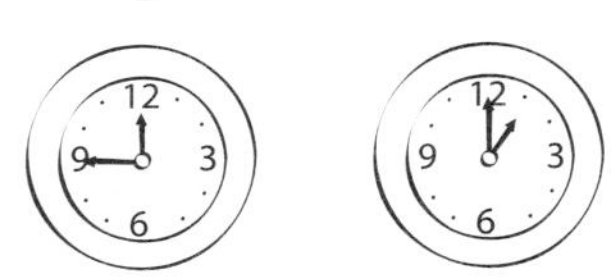

4.5 계절

목표

학생들은 사계절을 구분할 수 있고, 각 계절의 특성을 설명할 수 있을 것이다.

질문

교사 : 밖에 눈이 와요! 농담이에요(어쩌면, 정말 눈이 올 수도 있지만). 오늘 눈이 올 수 있을까요? 만약 온도와 날씨가 오랫동안 일정한 상태로 유지된다면 당신은 4계절의 반복적인 특성을 발견할 수 있을 거예요. 이것을 계절이라고 불러요. 사계절을 어떻게 부를까요? 사계절은 봄, 여름, 가을, 겨울이에요. 봄에 바깥 날씨는 어떨까요? 다른 계절은 또 어떨까요?

연습장 4.5 : 다음의 연습장에는 사계절 각각의 특성과 반복 양식을 보여 주고 있습니다. 계절의 이름 밑에 기술된 항목을 읽다 보면 그 계절을 느낄 수 있고 또 그 계절에 적합한 활동을 할 수 있을 것입니다.

답변

(답은 각기 다를 것이다.)

봄 : (봄비로 인하여) 우산을 사용하기에 적합한 시기일 수 있고, 대지가 다소 촉촉해지며, 꽃을 심을 수 있고, 연을 날릴 수 있으며, 바람도 조금씩 부는 계절

여름 : 매우 더워서 집안보다는 집 밖에서 활동하기에 적합한 시간이며, 선크림을 사용하고, 잔디밭의 잔디를 깎고, 수영하기 좋은 계절

가을 : 바람이 불고 낙엽이 떨어지는 계절

겨울 : 매우 춥고, 벙어리장갑을 끼고, 눈싸움을 하고, 눈 치우는 계절

보충 활동

1. 매달마다 : 학생들은 각 계절에 포함된 각 달의 날씨와 계절의 변화와 기온의 반복형태 그리고 매달 수행되는 전형적인 일(축제 포함)에 따라 분류하는 것에 대해 고려해 볼 수 있습니다. 당신은 계절별 주제(봄의 나른함, 겨울의 재밋거리)를 떠올릴 수 있고, 그 주제를 가지고 그림을 그리거나 계절의 특별한 상황에 부합하는 삽화를 사용하는 것으로 계절을 구분하고 싶어 할 수도 있습니다.
2. 나뭇잎의 변화 : 계절의 변화에 따라 학생들은 나뭇잎의 변화(실제 나뭇잎을 사용하거나 종이로 제작할 수 있다)를 크게 오린 나무(긴 나무줄기를 가진 몸통)에 붙이는 것으로 장식을 합니다. 겨울에는 나뭇잎이 떨어져 없고 가지 위에 눈으로 뒤덮입니다. 색 도화지에 계절의 변화에 따른 나뭇잎 모양을 잘라낼 수 있습니다. 모든 학생들은 '교실 나무'에 자신의 손바닥 자국(나뭇잎 대용)을 남기고 싶어 할 것입니다. (당신은 나무에 다람쥐, 연, 사과 등의 장식물을 추가할 수 있습니다.)

이름 ______________________ 날짜 ____________

4.5 계절

여기에는 각 계절의 날씨 상태와 계절 내에서 일어나는 일들에 대한 목록이 있습니다. 물론 이러한 특징은 지역에 따라 조금씩 다를 수 있습니다. 따라서 이 목록을 변경하거나 추가할 수도 있습니다.

매우 더운	야외에서 놀기 좋은	수영복을 입는
매우 추운	수영하기 좋은	선크림을 사용하는
바람이 부는	우산이 필요한	낙엽이 떨어지는
매우 습한	벙어리장갑을 끼는	눈싸움 하는

봄	여름
가을	**겨울**

4.6 사전 계획

목표

달력에 실제의 일 또는 가상의 일을 제시한 후, 학생들은 그 일에 대한 수행계획을 예상하여, 합리적인 순서에 따라 달력에 표시할 수 있을 것이다.

질문

교사 : 다음 주에 가고 싶은 곳 몇 군데에 대한 여행 계획을 들어보시겠어요? 월요일에는 알래스카를 가려고 하고, 화요일에는 치과진료 예약이 되어 있어요. 수요일은 편도선 수술을 받을 거예요. 목요일에는 대통령과의 만남 약속이 있는데 국무위원들과 그들의 교육 프로그램에 대하여 논의를 할 거예요. 당신이 생각하기에 이 일주일 계획이 괜찮다고 생각하는지요? 무엇이 문제라고 생각하는지요? (너무 짧은 시간으로 국가를 이동하는 일과 수술의 복잡성) 물론 이 내용이 진짜 계획이 아닌 가상의 계획이기는 하지만, 만약 변경시켜야 할 상황에 대한 제안을 한다면 무엇을 해 주겠어요? (계획 변경을 위한 충분한 시간을 가지세요.) 당신이 어떤 일을 계획했을 때, 그 계획이 다른 일에 영향을 미치는지의 여부에 대해 심사숙고해야 합니다.

연습장 4.6 : 때때로 당신은 자신의 미래에 대한 계획을 세우게 되는데, 그 이유는 시간은 항상 흐르기 때문입니다. 학생들은 계획을 세웁니다. 계획 수립은 당신이 생각하는 가장 적합한 시간 활용 계획에 대한 답을 구하는 데 도움이 됩니다. 우리는 계획 과정에서 무엇이 잘못될 수 있는지 이에 대하여 토의를 할 것이다. (물론 잘못된 계획이 없길 희망하지만)

답변

1. 반려견을 데리고 나가는 일 2. 토요일 또는 일요일 3. 겨울철 4. 머리 자르기
5. 새한이의 파티 전날인 목요일 6. 금요일 밤

보충 활동

1. 무엇이 잘못된 것일까요? 연습장에는 그들이 선택한 일들이 무엇 때문에 실행 불가능하게 될 가능성이 있는지에 대한 토의를 할 수 있도록 상황이 제시되어 있습니다. 예를 들어, 4번의 상황을 보면 아마도 대한이는 그가 희망하는 스타일리스트에게 머리손질을 맡기기 위해서는 일주일 정도 기다려야 할 것 같습니다. 5번의 상황을 보면 만세네 집은 너무 더러워져서 그들은 월요일에는 청소를 시작해야 할 것 같습니다. 며칠을 더 넘기면 집은 아주 엉망진창이 될 것임을 명심해야 합니다.
2. 그 일을 하는 데 어느 정도의 시간이 걸릴까요? 학생들은 일을 하는 데 보통 어느 정도의 시간이 걸리는지 추정해 볼 것입니다. 예를 들어 극장 가기, 치과 가기, 방 청소, 과제하기, 쓰레기 버리기, 모형 조립, 이 닦기 등. 학생들이 이러한 일을 실제로 수행하는 데 어느 정도의 시간(너무 많은 시간 또는 너무 적은 시간)을 할애하는지 이를 알면 놀랄 것입니다.

이름 ______________________ 날짜 ____________

4.6 사전 계획

다음의 학생들은 자신들의 계획을 수립하고 있습니다. 학생들이 사전 계획을 수립하면 무엇을 결정해야 할 때 도움이 될 것입니다. 이 상황에서 어떠한 계획을 수립해야 할 것인지 해당하는 것에 표시하세요.

1. 명희는 그녀의 사촌이 놀러오기 전에 자신의 방 청소를 하기로 했어요. 그녀는 개에게 먹이도 주고 산책도 시켜 주었습니다. 명희가 가장 먼저 한 것은?

2. 용호는 꼬박 하루 동안 큰 규모의 박물관 관람을 원했어요. 그의 아버지는 기꺼이 그와 함께 박물관 관람을 가시겠다고 말했지만 아버지가 일을 마친 후에는 시간이 충분치 않아 그들이 원하는 것들을 모두 볼 수가 없었어요. 당신 생각에 그들은 언제 박물관 관람 계획을 세우는 것이 좋았을까요?

3. 미숙이는 스키를 타고 싶어 합니다. 그런데 가끔 슬로프에 눈이 충분치 않아서 폐장을 하는 경우도 있습니다. 미숙이는 언제 스키를 타러 가는 것이 좋을까요?

4. 대한이는 머리를 자르고, 친구와 함께 야구장도 가고, 영화도 보기를 원합니다. 그런데 오늘은 매우 바쁜 날이라 한 가지밖에 할 수 없는 상황입니다. 그는 무엇부터 해야 할까요?

5. 새한이는 금요일 밤에 생일 파티를 했습니다. 새한이의 아버지는 토요일에 파티를 주최하였습니다. 그렇다면 집 청소는 언제 하는 것이 가장 좋을까요?

6. 미수는 이번 주의 하루를 친구와 함께 밤새도록 지낼 수 있습니다. 그는 가능한 많은 시간을 친구와 보내려고 합니다. 당신이 생각하기에 어떤 날을 선택하는 것이 좋을까요?

4.7 언제 무슨 일이 발생할까?

목표

학생들은 요일, 날짜, 시간, 월, 년, 또는 계절 등을 가지고 적절하고 정확하게 '시간'에 관한 질문에 답할 것이다.

질문

교사 : 오늘은 무슨 요일입니까? 몇 일입니까? 몇 시입니까? 어떤 계절입니까? 이러한 모든 질문은 시간에 대한 질문으로 무슨 일이 일어났는지 알고 싶을 때 던지는 질문입니다. 그들은 모두 오늘에 관한 질문을 하지만, 오늘이라는 것은 다양한 답을 가지고 있습니다. 오늘은 월요일이지만 10월이기도 합니다. 내가 무엇을 묻는지 정확히 들으면, 당신은 나의 질문에 어떻게 답해야 하는지 알 수 있습니다. 당신의 생일은 몇 월입니까? 당신의 생일은 무슨 계절인가요?

연습장 4.7 : 연습장에는 다양한 방법으로 시간을 보는 것에 대해 소개하고 있습니다. 각 질문을 주의 깊게 읽어 보면 당신은 적절한 답을 찾을 수 있을 것입니다. 각 상황에 맞는 답을 빈칸에 적어 보세요.

답변

1. 질문하는 날에 따라 다름
2. 질문하는 날에 따라 다름
3. 12월
4. 질문하는 날에 따라 다름
5. 여름(다른 계절도 답이 될 수 있음)
6. 질문하는 날에 따라 다름
7. 질문하는 날에 따라 다름
8. 질문하는 날에 따라 다름

보충 활동

1. 목표 : 우리는 학생들이 시간을 측정하는 방법을 통하여 시간 개념을 갖도록 하는 것을 돕기 위하여 좀 더 구체적으로 연, 월, 일, 날수 등이 담긴 몇 개의 동심원 포스터를 사용하려고 합니다.
2. 새로운 달의 축제행사 : 매월 첫째 날을 휴일로 만들어 봅니다. 학생들은 새로운 달의 첫날을 특별한 전통 또는 특별한 축제로 보내기를 원할 수도 있습니다.

이름 ______________________ 날짜 ______________

4.7 언제 무슨 일이 발생할까?

아래의 학생들 각자는 소소한 일들이 언제 있었는지 또는 있을지 알고 싶어 합니다. 질문을 주의 깊게 읽고 가장 적절한 답을 빈칸에 적어 보세요.

1. 민아

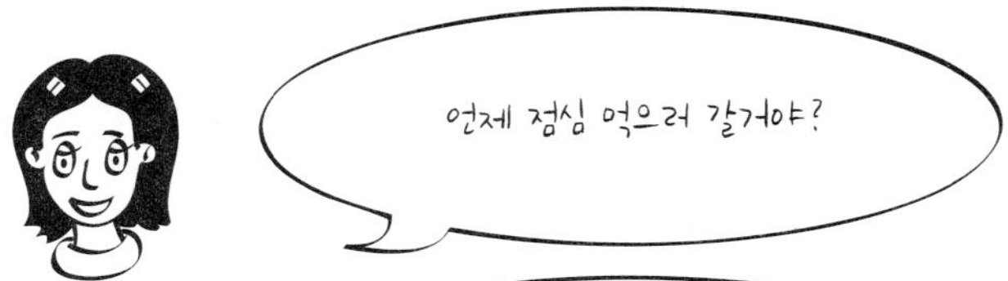

____

2. 병호

____

3. 경근

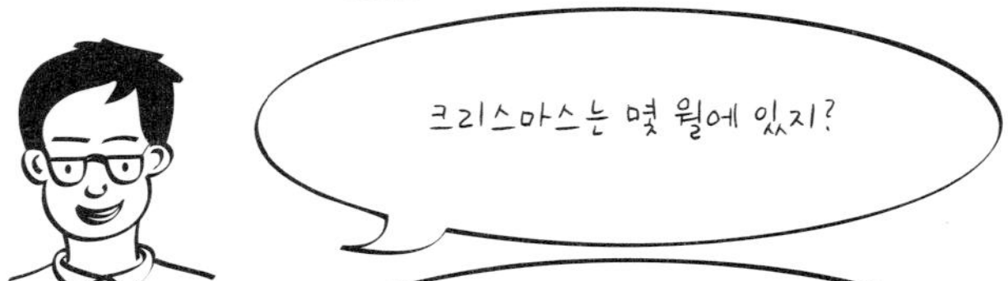

____

4. 은경

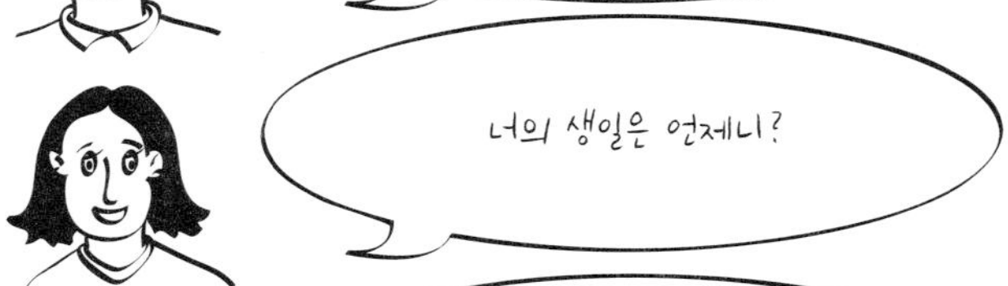

____

5. 영욱

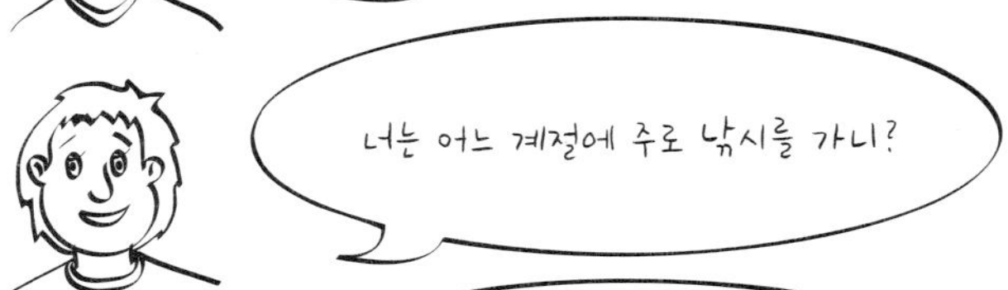

____

6. 은주

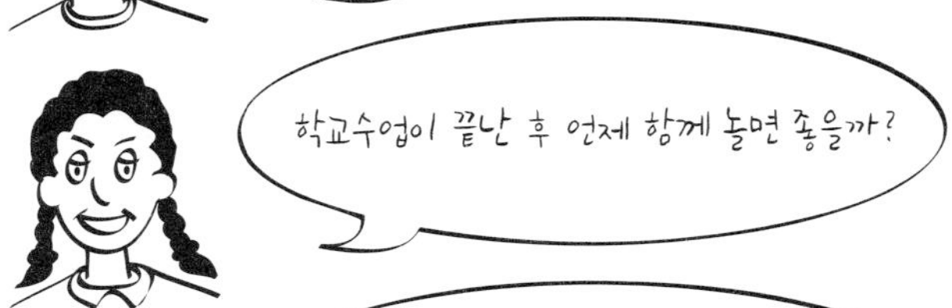

____

7. 미선

____

8. 재철

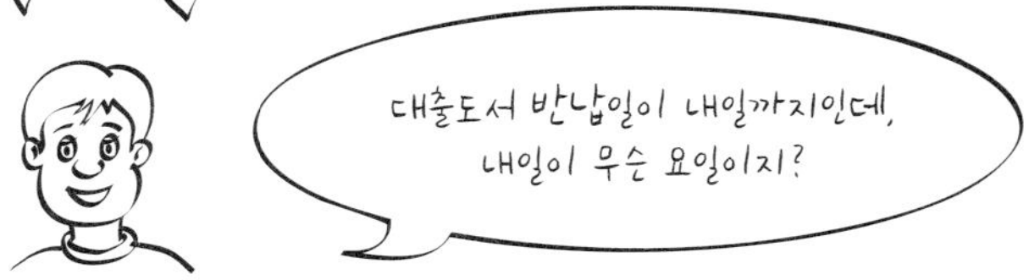

____

4.8 여러 가지 일 중 제일 먼저 할 일

목표

학생들은 여러 가지 일 또는 과제 중에서 우선적으로 해야 할 일을 구분할 수 있을 것이다.

질문

교사 : 어떤 일을 함에 있어 가장 먼저 해야 할 일을 찾아 이를 완수하는 것이 때로는 매우 어려울 수 있습니다. 예를 들어, 창고를 정리하는 일이 그렇습니다. 막상 청소를 시작하려면 곧 출근해야 할 시간이 됩니다. 그렇다면 언제 무엇부터 어떻게 하는 것이 창고를 정리하는 데 가장 좋을까요? (청소용품을 모두 모아서, 각 용도별로 분류하고, 바닥 청소용 등으로) 당신이 직장에서 창고정리를 해야 할 때 무엇을 가장 먼저 해야 할지를 결정한 후 그대로 해 보십시오.

연습장 4.8 : 다음 과제의 보기 중에서 가장 먼저 해야 할 것에 표시하세요.

답변

1. 책상 위에 숙제 꺼내 놓기
2. 바닥에 있는 모든 물건 들어 올리기
3. 갈아입을 옷을 미리 욕실에 가져오기

보충 활동

1. 한 과업 내의 여러 단계 : 학생들은 짝을 짓거나 작은 집단을 구성하여 한 과제를 작은 단계로 세분화하여 수행하고자 합니다. 하나의 커다란 과제를 완성하고자 각 집단들은 각 단계의 규모를 서로 비교합니다.
2. "나는 제일 처음으로…" 학생들이 과제 완성을 위한 작업에 참여할 경우, 그들은 시작하기 전에 "나는 제일 처음에…"라고 말로 자기가 가장 먼저 수행할 것이 무엇인지를 문장으로 표현합니다. 이는 학생들이 과제를 완벽하게 수행하기 위한 첫 과정입니다. 이러한 행위는 학생들이 과제수행의 주인의식을 갖도록 함은 물론, 어른들이 학생들에게 어떤 것을 하라고 지시할 때까지 기다릴 필요가 없습니다.

이름 ______________________ 날짜 __________

4.8 여러 가지 일 중 제일 먼저 할 일

다음의 각 과제에서 가장 먼저 해야 할 일을 골라 표시하세요.

1. 숙제하기
   - _____ 과제의 정답 확인
   - _____ 내일 등교준비로 숙제 가방에 넣기
   - _____ 강아지에게 먹이 주기
   - _____ 책상 위에 숙제 꺼내 놓기

2. 방 청소
   - _____ 빗자루로 쓸어야 할 곳 둘러보기
   - _____ 바닥에 있는 모든 물건 들어 올리기
   - _____ 침대 밑의 책을 찾아 읽기
   - _____ 친구들에게 전화하여 지금 놀 수 없다고 말하기

3. 목욕
   - _____ 욕조의 물 버리기
   - _____ 온몸에 비누칠하기
   - _____ 갈아입을 옷을 미리 욕실에 가져오기
   - _____ 장난감 보트 찾기

4.9 15분 과업

목표

학생들은 15분 동안 적어도 세 가지 과업을 할 수 있을 것이다.

질문

교사 : 15분은 얼마나 긴 시간에 해당할까요? 이 시간이면 당신이 좋아하는 텔레비전 오락 프로그램을 보기에 충분할까요? (아니요.) 이 시간이면 아이스크림 하나 먹기에는 충분한 시간이 될까요? (예.) 15분은 짧은 시간 같지만 많은 일을 할 수 있어요. 만약에 당신이 이 시간을 과제를 수행하는 데 잘 활용하지 못한다면 그 시간은 당신 곁을 떠나게 되는 것입니다. 사실 그 짧은 시간에 당신은 많은 일을 할 수 있을 것입니다.

연습장 4.9 : 짧은 시간 동안에 완수할 수 있는 일은 무엇일까요? 그에 해당하는 답에 표시해 보세요.

답변

(답은 다를 수 있지만)
2, 3, 4, 6, 8, 11, 12, 14

보충 활동

1. 제한시간 과제 : 부엌의 시간계측기(타이머)를 15분에 맞춥니다. 교실 내 과제(책상 청소, 연습장 과제 완료, 기타 등)를 지정한 후, 이 과제를 15분이 지나기 전에 완료해야 합니다. 과제를 수행하지 않은 채 주변 사람과 이야기를 하거나 주의가 산만해져서 과제를 수행하지 못하면 이들에게 어떻게 도움을 줄 수 있는지 토론해 봅시다.
2. 개인의 선택 : 학생들은 자신이 선택한 활동을 수행하기 위해 하루 중 자신에게 가장 편한 시간(오전, 점심, 휴식 전 등)에서 15분을 할당해야 합니다. 그들은 15분을 충분히 사용하여 과제를 완성해야지 15분 이내에 활동을 멈추어서는 안 된다는 것을 알려 줍니다. 즉 무언가 활동을 할 때는 전념해야 하며 완성했을 때 비로소 멈출 수 있습니다. 학생들이 여러 활동(조각 퍼즐, 조용히 읽기, 그리기 등) 중에서 선택할 수 있으면, 그들은 비로소 스스로 선택한 일을 수행할 수 있게 됩니다.

이름 ____________________ 날짜 ____________

4.9 15분 과업

15분이라는 짧은 시간 동안, 어떤 과제를 완수할 수 있는지 해당하는 것에 표시해 보세요.

1. 자기 방 페인트칠하기
2. 양치질하기
3. 개 산책시키기
4. 단어 암기하기
5. 도서 완독하기
6. 책의 줄거리 읽기
7. 버스 타고 학교 가기
8. 침대 조립하기
9. 교회 가기
10. 영화 보기
11. 설거지
12. 친구와 전화통화하기
13. 부모님과 장보기
14. 자기 방 진공청소하기
15. 식구들과 식사하기

5.3 어휘들 : 물건 관련

목표

촉구가 주어지면, 학생들은 물건을 묘사하는 단어를 읽거나 쓸 수 있을 것이다.

질문

교사 : 선생님이 어떤 물건의 한 범주를 알려 주려고 해요. 여러분들은 그 범주에 들어갈 만한 단어를 생각나는 대로 말해 보세요. (동물, 가구 등과 같은 범주) 여기에서 제시된 단어들을 여러분들이 읽고 쓰는 방법을 아는 것은 중요합니다. (다음의 물건 관련 목록들을 보세요.) 여기에 있는 단어들은 여러분들에게 중요하게 생각되었기 때문에 여러분들이 선택한 단어들은 중요합니다.

연습장 5.3 : 학생들이 갖고 싶어 하는 물건들이 제시되어 있어요. 그것들은 학생들이 갖고 싶어 하는 물건들에 대한 목록을 작성하는 데 도움이 됩니다.

답변

(답은 다양할 것이다.)

보충 활동

1. 스무고개(20개의 질문) : 학생들에게 일반적인 범주를 제공하고 그 범주에 해당하는 질문을 20개로 제한합니다. 학생들은 그 질문에 확신하는 답을 하려고 노력합니다. 자신들이 대답한 물건들의 이름을 읽고 쓰도록 그것을 칠판에 써 봅니다. 누군가가 질문에 가까운 답을 하면 그 추측한 답이 왜 좋은 추측 또는 맞는 답인지 아니면 그 반대인지를 서로 이야기해 봅니다.
2. '물고기' : 몇 가지 범주 안에 들어가는 단어카드를 만들어 봅니다. 게임에 참가하는 학생에게 무작위로 일곱 장의 카드를 나누어 줍니다. 게임 참가자가 한 범주에 포함하는 4개의 단어를 갖고 있게 되면 '퇴장'이라고 말하고 카드 목록에서 다시 새로운 카드를 뽑을 수 있습니다. 카드 목록에 카드가 다 없어질 때까지 가장 많은 종류의 카드를 가지고 있는 사람이 승리하는 것입니다. (학생들의 수준에 따라 사용하는 카드의 종류나 게임 참가자의 수, 학습할 단어의 수를 조절할 수 있습니다.)

물건관련 목록

가능한 답변은 다음과 같을 수 있다.

고양이, 개, 거북이; 색칠공부 책, 인형, 그림물감 세트; 바지, 옷, 치마; 목도리, 직접 만든 카드, 그림; 백팩, 연필, 공책; 스파게티

이름 ______________________ 날짜 __________

5.3 어휘들 : 물건 관련

다음의 설명에서 제시하는 물건의 범주 안에 들어가는 목록을 만들 수 있도록 학생들을 도와주세요.

5.4 교통 표지판

목표

상식적인 교통 표지판 목록을 제시한다. 학생들은 이 표지판을 읽고 용도를 설명할 수 있을 것이다.

질문

교사 : 여러분들이 동네에서 자전거를 타거나 걸어 다닐 때 보행에 도움을 주는 어떤 교통 표지판을 발견하게 되지요? 교통 표지판은 사람이나 교통수단들이 어디로 가야 하는지 그 방향을 알려 주는 표시입니다. 우리에게 이러한 표지판이 왜 필요할까요? (교통량이 많을 때, 사고를 피할 수 있는 있는 길을 안내하는 도움을 준다.)

연습장 5.4 : 여기에는 아주 일반적인 교통 표지판 10개가 글과 그림으로 소개되고 있다. 이들 중 몇 개는 당신이 자전거를 타거나 차 속에 있을 때 보았을 것이다. 그 밖의 것들도 보행 시 볼 수 있었을 것이다. 다음의 글과 그림으로 표시된 표지판을 보았을 때 반드시 수행해야 할 행동은 무엇인가요?

답변

1. i 2. c 3. d 4. e 5. j 6. a 7. h 8. f 9. g 10. b

보충 활동

1. 교통안전 산책 : 너희 거주 지역을 걸어 다니면서 어떤 교통 표지판을 흔히 볼 수 있는지 그것을 적어 보세요. 보행자와 자동차가 교통 표시판대로 교통준수를 하는지 관찰해 보세요.
2. 운전 코스 : 조그만 장난감 자동차를 이용하여 학생들이 만든 운전 코스의 교통 표지판의 지시에 따라 운전해 보도록 합니다. 여기에는 정지신호 표지, 일방통행 표지, 보행자 횡단보도, 그리고 지역에 따른 다양한 교통 표시 등이 포함한다.

교통표지판 목록

보행금지
정지
우회도로
철도건널목
학교 횡단보도
좌/우회전
보행자 통로
절대안정
자전거 통로
일방통행
휴식지점
통행금지
좌/우측 통행
양보
출입금지
S자 도로

386쪽 참조

이름 ____________________ 날짜 ____________

5.4 교통 표지판

교통 표지판과 그 표지판의 의미를 설명한 내용과 알맞게 짝지어 주세요. 빈칸에 맞는 의미의 기호를 적으세요.

표지판	그림	기호	의미
1. 자전거도로		______	완전 정지해야 합니다.
2. 좌회전		______	천천히 가세요. 교차로에서 누군가가 오면 먼저 가도록 하세요.
3. 보행금지		______	앞길은 좌측으로 가도록 되어 있어요.
4. 우회도로		______	라이트를 번쩍이면 교차로를 건너지 마세요. 기다려요.
5. 철도건널목		______	도로를 폐쇄했어요. 다른 길을 이용하세요.
6. 정지		______	도로가 한쪽으로 굽어지다가 다른 쪽으로 다시 굽어져요.
7. 일반 통행		______	조심하세요. 어린이가 학교에 등교하기 위해 길을 건너요.
8. S자 도로		______	한쪽 방향으로만 갈 수 있어요.
9. 학교 횡단보도		______	조심하세요. 자전거가 건널 수 있어요.
10. 양보	YIELD	______	조심하세요. 철길을 지나게 되니까요. 기차를 주시하세요.

5.5 안내 표지판

목표

일반적인 정보를 제공하면, 학생들은 자기가 활용할 각 상황을 읽고 설명할 수 있을 것이다.

질문

교사 : 동네에서 자전거를 안전하게 타고 먹고 싶은 것을 사러 간다고 합시다. 당신이 식당에 도착하여 그 식당의 문에 붙어 있는 어떤 사인을 보고 그 식당으로 들어가 식사를 할 수 있을지 또는 없을지 결정하게 되나요? (열었음/닫혔음, 영업시간) 문 안으로 어떻게 들어가나요? (미시오/당기시오) 당신은 손을 씻으려고 하면 어떤 표지판을 찾아야 하나요? (화장실) 오늘 여러분들에게 정보를 제공하는 각종 표지판에 대하여 생각을 했으면 합니다.

연습장 5.5 : 여기에는 학생이 직면할 수 있는 몇 가지 상황이 제시되어 있고, 그 상황 하에서 정보를 제공함으로써 도움을 줄 수 있는 표지판들이 있다. 학생은 그 상황 하에서 무엇인가 할 것인가를 결정하게 된다. 각 상황에서 적절한 결정인지 아닌지를 '예' 또는 '아니요'에 표시해 보세요.

답변

1. 예　2. 아니요　3. 아니요　4. 예　5. 아니요　6. 아니요　7. 예

보충 활동

1. 정보를 주는 포스터 : 운전자 교육용 책자에는 도로에서 사용되는 각종 정보와 교통 표지판 그림이 담겨 있다. 학생들은 팀별로 우리에게 도움을 주는 각종 표지를 그리기도 하고 확대하기도 하고 색칠을 하기도 한다. 이것을 교실의 벽면에 전시한 후 학생들이 그것들을 설명하게 한다.
2. 학교 안 걷기 : 학생들이 학교의 건물들을 주의 깊게 순회하며 각종 정보제공 표시들을 관찰하게 한다. 그 표지판의 설치 목적과 그 표지판의 함축된 정보에 관하여 의논하도록 합니다. 각종 표지들이 전달하려는 내용과 상호관련성 있게 만들어졌는지요? (금연, 장애인 접근로, 기타)

이름 ______________________ 날짜 ______________

5.5 안내 표지판

여기에는 학생이 직면할 수 있는 몇 가지 상황이 제시되어 있습니다. 그 상황 하에서 정보를 제공함으로써 도움을 줄 수 있는 표지판들이 있다. 학생은 그 상황 하에서 어떠한 행동을 할 것인가를 결정하게 됩니다. 각 상황이 적절한지의 여부를 '예' 또는 '아니요'에 표시해 보세요.

엘리베이터

1. 당신은 건물의 10층에 있는 병원 진료실로 가려고 한다. 위의 표지가 진료실로 가는 데 도움이 되나요?
   (예 아니요)

고장

2. 당신은 학교 수업이 끝난 후 어머니에게 데리러 오시라고 전화를 걸려고 합니다. 당신은 이 전화를 사용할 수 있나요?
   (예 아니요)

미시오

3. 당신은 비디오가게 안으로 들어가려고 합니다. 그런데 문이 열리지 않습니다. 당신은 가게 문을 밀었나요?
   (예 아니요)

자기 힘으로(셀프 서비스)

4. 당신은 카페에서 음료수와 샌드위치를 사려고 줄을 섰습니다. 당신은 계산대 뒤의 남자가 당신을 도와줄 때까지 기다렸는데 그 남자는 당신에게 눈길도 주지 않았습니다. 당신은 원하는 음식을 살 수 있을까요?
   (예 아니요)

무단침입 금지

5. 당신의 장난감 비행기가 담장 밑으로 들어가 멈춰 섰습니다. 그런데 거기에는 '무단침입 금지'라는 팻말이 붙어 있었습니다. 당신은 담을 넘어 들어가 비행기를 꺼내 올 수 있을까요?
   (예 아니요)

반드시 필요한 교환

6. 당신은 자판기에서 500원짜리 막대사탕을 사려고 합니다. 당신은 1,000원짜리 지폐를 가지고 있는데 그 자판기는 500원짜리 동전만 사용할 수 있습니다. 당신은 자판기에서 막대사탕을 살 수 있습니까?
   (예 아니요)

폐점

7. 당신은 상가 오락실에서 볼링게임을 하려고 했으나 오락실 문이 열리지 않았습니다. 당신은 반드시 다른 시간대에 오락실로 와야 할까요?
   (예 아니요)

5.6 안전 관련 어휘들

목표

일반적인 안전 관련 어휘 목록이 주어지면 학생들은 각각의 어휘를 읽고 그 용도를 설명할 수 있을 것이다.

질문

교사 : 여기에는 여러분들이 읽고 확실히 이해해야 할 어휘들이 있습니다. 그것은 안전에 관련된 단어들입니다. 이들 단어는 여러분을 안전하도록 하는 데 도움을 줄 수 있습니다. 아무나 안전에 대한 특정 어휘에 대하여 생각해 볼 수 있나요? (개 조심, 독극물) 언제 이런 단어들을 볼 수 있지요?

연습장 5.6 : 안전과 관련된 어휘가 주는 의미가 무엇인지 잘 살펴보세요. 다음의 어휘를 제대로 이해하지 못했을 때와 이해했을 때 어떤일이 발생하는지 자신의 생각을 빈칸에 적어 보세요.

답변

(답은 각기 다를 것이다.)

예 : 어떤 특정의 충격적인 장면을 목격할 수 있게 한다 – 교통사고, 화재장면에서의 고립, 시간 안에 화재진압의 어려움, 음식을 잘못 먹어서 발생한 질병, 개에게 물림, 손이나 옷에 페인트가 묻음, 화재신고를 제때에 하지 못함.

보충 활동

1. 안전과 일치시키기 게임 : 단단한 카드 두 장에 안전과 관련된 같은 단어를 한 단어씩 써서 여러 어휘 카드를 만든다. 카드를 뒤집은 후 바닥에 벌려 놓는다. 학생들이 교대로 한 번에 두 장씩의 카드를 뒤집는다. 그러다 같은 카드가 나오면 그 카드는 학생이 갖고 또 한 번 다른 카드를 뒤집는다. 카드를 제일 많이 갖고 있는 학생이 승리하게 된다.
2. 안전에 관한 색칠 공부 : 학생 각자에게 안전과 관련된 단어를 하나씩 주고 이 단어를 생각하며 한 번씩 써보게 한다. 그 어휘의 안전을 지키지 않았을 경우 어떤 일이 벌어질지를 상상하여 간단한 그림이나 만화로 그려보도록 한다. 모든 학생들의 작품을 모아서 안전을 주제로 한 색칠 공부 책을 만들어 본다.

이름 ______________________ 날짜 ______________

5.6 안전 관련 어휘들

여기에는 안전에 관한 몇 개의 어휘가 제시되어 있어요. 만약에 이들 안전에 관한 어휘의 의미를 읽지 않거나 이해하지 못했다면 어떤 일이 발생할 수 있을까요? 빈칸에 자신의 생각을 적어 보세요.

1. 위험-접근 금지 ______________________

2. 건너지 마시오. ______________________

3. 비상구 ______________________

4. 휴대용 소화기 ______________________

5. 독극물 ______________________

6. 개 조심 ______________________

7. 페인트 조심 ______________________

8. 화제경보기 ______________________

9. 가연성(인화물) ______________________

10. 출입금지 ______________________

11. 고온 ______________________

12. 계단주의 ______________________

5.7 읽을거리

목표

학생들은 적어도 5개의 읽을거리를 찾아낼 수 있을 것이다.

질문

교사 : 교실 주변을 둘러보세요. 여기에는 각기 다른 몇 가지 읽을거리가 있습니다. 어떤 것을 찾았나요? (책, 백과사전, 메모 보드, 게임기) 집에서 찾을 수 있는 읽을거리는 무엇이 있나요? 생각해 보세요. (시리얼 상자, 만화책, 신문) 학교로 가는 도중에 자동차 속이나 버스 속에서 찾을 수 있는 읽을거리는 어떤 것이 있나요? 생각해 보세요. 이런 것들을 예로 들 수 있지 않을까요? (게시판 또는 광고판, 버스표지판, 버스 전면의 광고) 이들 예시들은 우리가 늘 접하는 것들입니다.

연습장 5.7 : 여기에는 우리가 일상적으로 접하는 읽을거리 목록이 있습니다. 여기에 추가적인 읽을거리 몇 가지를 더 제시해 보세요.

답변

(답은 각기 다를 것이다.)

예 : 게임규칙 설명서, 생일축하 카드, 친구로부터 온 이메일, 선생님께서 써주신 검토의견

보충 활동

1. 5개 고르기 : 학생에게 하루나 이틀에 걸쳐 각기 다른 5개의 읽기자료를 찾아 읽도록 과제를 줍니다. 여기에는 책이나 신문, 또는 일상적인 읽을거리가 포함됩니다. 그러나 학생들로 하여금 주변을 탐색하여 새로운 읽을거리 자원을 찾아보도록 격려를 해 줍니다.
2. 일반적인 책의 형태가 아닌 책 읽을거리 : 책과 같은 전형적인 읽을거리 대신에 전혀 색다른 읽을거리에 대하여 학생들이 번갈아 가며 발표를 하도록 합니다. 예를 들면, 할머니로부터 물려 내려온 좋은 요리법 책, 재미있는 Shel Silverstein의 시, 자신이 가장 좋아하는 사탕을 만드는 요리법의 정보를 나눌 수 있습니다. 독자들로 하여금 자신들도 책을 통하여 정보를 얻었음을 알게 합니다.

이름 ______________________ 날짜 ______________

5.7 읽을거리

여기에는 사람들이 일상적으로 읽는 것들에 대한 목록이 있습니다. 이에 더하여 당신이 알고 있는 읽을거리 몇 개를 추가해 보세요.

도서관 책

쇼핑 목록

만화책

TV 채널 가이드

시리얼 박스 뒷면의 안내문

____

____

____

____

____

____

5.8 목적 달성을 위한 읽기

목표

학생들은 목적에 따라 적합한 읽기자료를 찾을 수 있을 것이다.

질문

교사 : 사람들은 어떤 때는 단순히 흥미를 위하여 읽지만, 다른 경우는 그날 수행해야 할 일에 대한 정보를 얻기 위해 읽기도 합니다. 당신이 생각하기에 사람들이 무엇인가 정보를 찾기 위해 읽는 매체는 어떤 것들이 있을까요? (신문, 잡지, 점성술) 사람들은 어떤 주제에 대해 배우기 위해 읽는다. 당신은 어떤 것에 관심을 갖고 배우기를 원하십니까? (난파선, 마술, 스포츠 연예인) 우리는 각기 다른 목적을 갖고 읽는 것에 대해 조사할 것입니다.

연습장 5.8 : 왼쪽의 것을 읽는 목적을 오른쪽에서 찾아 연결하세요.

답변

1. e 2. a 3. d 4. c 5. f 6. b

보충 활동

1. 보물찾기 : 읽기자료를 통하여 답을 찾아 낼 수 있는 질문 목록을 몇 가지 적어 보세요. 그 목록을 학생들이나 팀별로 나누어 주고 질문에 대한 답을 책이나 잡지, 카드, 그 밖의 읽을거리를 통하여 찾도록 합니다. 각 질문 목록에 대한 답을 제일 먼저 찾은 팀이 이기게 되는 것입니다.
2. 방법 : 한 학생당 최소한 한 면 이상에 자신이 계획한 어떤 일을 어떻게 수행하고/만들고/ 성사시킬지에 관해 설명하도록 한 후, 각 학생의 것을 모아 학급 책을 만들게 됩니다. 자신들의 할당 면을 흥미롭게 장식하고자 그림을 직접 그리거나 그림이나 사진들을 삽입하도록 격려합니다. 이 책자가 학생들 각자가 설정한 주제를 가지고 스스로 설명할 수 있도록 하기 위한 읽을거리의 예시가 됨을 설명해 줍니다.

이름 ____________________ 날짜 ____________________

5.8 목적 달성을 위한 읽기

왼쪽의 항목을 읽고 그 읽는 목적을 오른쪽에서 찾아 일치시키세요.

1. 신문의 날씨 정보 ___________
2. 유머책 ___________
3. 모형자동차의 조립 설명서 ___________
4. 그 작품을 위한 비품 목록 ___________
5. 일요일 방영 코믹물 ___________
6. 야구경기 기록표 ___________

a. 친구에게 재미있는 이야기를 해 주기 위해

b. 그 야구선수가 홈런을 몇 개 쳤는지 알기 위해

c. 그 가게에서 무엇을 샀는지 알기 위해

d. 모형자동차를 조립할 때 가장 먼저 무엇을 해야 하는지 알기 위해

e. 무엇을 입어야 하는지 알기 위해

f. 만화 주인공에 대한 후속 편을 읽기 위해

5.9 재미를 위한 읽기

목표

학생들이 흥밋거리로 읽을 몇몇 자료를 찾아낼 수 있을 것이다.

질문

교사 : 몇몇 사람들은 책을 사랑하는 사람들입니다. 책을 사랑하는 사람이란 무슨 뜻입니까? (그들은 책 읽기를 즐긴다.) 원하는 책을 읽을 수 있다면 당신은 어떤 종류의 책을 고르겠습니까? (미스터리, 해리포터 책) 단지 즐거움만을 위해 책을 읽는다면 어떤 종류들이 있습니까? (유머집, 시, 만화책)

연습장 5.9 : 재미를 위해 읽을 만한 책은 많이 있습니다. 학생들이 재미를 위해 읽을 만한 책을 선택할 수 있도록 도와줍니다. 당신이 선택한 것에 동그라미를 치세요.

답변

1. a 2. b 3. b 4. a 5. b

보충 활동

1. 읽기 코너 : 교실 한쪽에 읽기전용 장소를 만들어 학생들이 가지고 온 좋아하는 책을 읽을 수 있게 합니다. 여기에 포함되는 책으로는 일반적인 장정의 책들, 퍼즐, 학생들 스스로 구성한 이야기책들이 있다. 이 장소에 푹신한 간이의자와 과자들을 갖추도록 합니다.
2. 도서관 재방문 : 학교의 다양한 교실들이나 지역 도서관을 탐방하는 행사를 만들어 봅니다. 그곳에서 일하는 사람이나 자원봉사자들이 학생들에게 새로운 책, 잡지, 학생들이 관심을 가질 만한 다른 물건들을 보여 주도록 합니다. 책의 배치나 포스터, 그 밖의 홍보물들을 잘 살펴보세요.

이름 ________________ 날짜 ________

5.9 재미를 위한 읽기

재미를 위해 읽을 만한 책은 많이 있습니다. 학생들이 재미를 위해 읽을 만한 책을 선택할 수 있도록 도와줍니다. 당신이 선택한 것에 동그라미를 치세요.

1. 미숙이는 비밀스러운 이야기책을 좋아합니다. 어떤 책을 읽었을까요?

   a. 숨겨진 보물에 관한 책　　b. 펭귄에 관한 책

2. 종수는 단어 맞추기를 좋아합니다. 어떤 책을 읽었을까요?

   a. 유머집　　b. 십자말풀이 책

3. 지수는 동물원의 동물에 대해 배우고 싶어 합니다. 어떤 책을 읽었을까요?

   a. 동물원 개장 시간 안내서　　b. 동물백과사전

4. 영식이는 프로 미식축구팀의 쿼터백에 대한 경외심을 가지고 있습니다. 어떤 책을 읽었을까요?

   a. 쿼터백에 대한 신문 인터뷰 기사　　b. 축구에 관한 책

5. 봉구는 배트맨, 슈퍼맨, 그 밖의 영웅들에 관한 이야기를 즐겨 봅니다. 어떤 책을 읽었을까요?

   a. 개봉 예정인 동물영화 평론　　b. 영웅들에 관한 흥미로운 책

5.10 문서양식에 채워 넣기

목표

기본적인 정보를 요청하는 소정의 서식에 학생들은 자신들에 관한 정보를 간단명료하게 작성할 수 있을 것이다.

질문

교사 : 앞 시간에 우리는 상대방에게 자신의 이름, 주소, 그 밖의 중요한 정보를 제공하는 것에 대해 다룬 적이 있었습니다. 상대방에게 자신과 관련된 중요한 정보를 제공하는 것이 왜 중요하지요? (도움을 얻기 위해, 신중한 기록을 위해) 마찬가지로 그러한 정보를 읽고 쓰는 일이 왜 중요하다고 생각하나요? (이메일로 이들 정보를 보낼 때, 오류가 생겨 같은 일을 반복하지 않기 위해서) 이러한 서식을 작성해야만 하는 예를 적어 봅시다. (캠프에 참여하거나 무엇인가를 발송하거나 학교의 기록을 위해)

연습장 5.10 : 복권에 당첨된 경험이 있었나요? 당신에게 그러한 행운이 있을 수 있기에 그때를 준비하기 위해 오늘 당신이 소정의 양식을 작성하는 연습을 할 것입니다. 만일 당신이 알고 있는 정보의 일부분(주소의 번지수, 학교 주소)이 미덥지 않다면, 당신은 이에 대한 답을 찾기 위하여 무엇을 어떻게 할 것인지 생각해 본 적이 있나요? 당신은 정확한 정보를 찾기 위하여 어떻게 할 수 있는지 생각해 봅니다. (질문을 하거나, 전화번호부를 찾아보거나, 학교 비서에게 물어본다.) 깨끗하게 정리하는 것을 잊지 말아야 해요. 왜냐구요? (그래야 멀리 있는 사람이 정확한 주소로 상품을 보낼 수 있기 때문이다.)

답변

(답은 각기 다를 것이다.)

보충 활동

1. 서식과 기타 서식 : 학생들에게 주소나 그 밖의 정보를 써 넣도록 요구하는 양식들을 모아보자고 합니다. 학생들이 가져온 서식에는 유머집이나 시리얼 박스 등을 소포로 멀리 보낼 때 작성해야 하는 서식도 포함될 수 있습니다.
2. 경품식 판매 : 학생들이 작은 경품이 달려 있는 판매에 응모하기 위해 학급에서 만든 서식을 작성하게 됩니다. 이 서식에는 학생들이 생각하는 중요 정보가 포함되도록 합니다. 예를 들면 좋아하는 영화배우, 신발 크기, 애완동물의 수 등. 재미있게 만드세요!

이름 ______________________ 날짜 ______________

5.10 문서양식에 채워 넣기

당신에게 1억 원의 상금을 받을 기회가 왔어요. 당신이 아침에 먹은 시리얼 상자 안에 응모권이 들어 있어요. 그 응모권의 서식을 잘 작성하세요.

1. 이름 : ______________________

2. 주소 : ______________________
   (우편번호) (시도) (구)
   ____
   (동) (번지) (아파트)

3. 전화번호 : ______________________
   (집 전화) (핸드폰)

4. 생년월일 : ______________________

5. 부모 이름 : ______________________
   (아버지)
   ____
   (어머니)

6. 학교 주소 : ______________________

7. 내가 1억 원의 상금을 탄다면 무엇을 하겠는가 : ______________________

5.11 편지봉투에 주소지 쓰기

목표

적절한 정보를 제공해 주면, 학생들은 봉투에 정확한 주소를 쓸 수 있을 것이다.

질문

교사 : 누군가에게 편지를 보낼 때 필요한 정보는 무엇일까요? (이름, 주소, 우편번호) 당신이 집배원이라고 한다면 당신이 누군가에게 보내기 위하여 작성한 편지봉투의 주소정보에 대해 신경을 쓸 것으로 생각합니까? (봉투에 주소를 적는 기본 방식대로 작성을 하면 우편물을 정리하는 데 시간이 단축된다.) 당신이 편지를 보낼 수 있는 상대방은 누가 있나요? (가족 구성원, 생일을 맞는 사람, 초청하려는 친구)

연습장 5.11 : 연습용으로 준 편지봉투를 보세요. 주어진 주소정보를 이 봉투에 적는 것을 연습해 보세요.

답변

(답은 각기 다를 수 있다. 하지만 봉투에는 보내는 사람과 받는 사람의 주소가 각기 3줄로 표기되는 것은 같아야 한다.)

보충 활동

1. 나는 당신의 가장 열렬한 팬 : 학생 팬에게 답장을 할 만한 유명인사의 주소를 찾아보세요. 학생이 그 유명인사에게 편지를 쓰게 한 후 편지봉투에 주소를 작성하게 합니다. 그 편지를 유명인사에게 보낸 후 어떤 결과가 있는지 기다려 봅니다.
2. 자신에게 보내는 편지 : 자신에게 보내는 편지를 쓰고 봉투에 주소를 씁니다. 그 편지를 안전한 장소에 보관하되 가급적 눈에 띄지 않게 하여 기억에서 멀어지게 합니다(한 6개월 정도면 어떨까요?) 그 편지를 본인에게 보낸 후 학교에서 그 편지를 며칠 후쯤 받을 수 있는지 알아보도록 합니다. 그 6개월 기간이 흐른 후 편지의 내용이 어떻게 달라졌는지 의견을 나누어 봅시다.

이름 ______________________ 날짜 __________

5.11 편지봉투에 주소지 쓰기

연습용으로 준 편지봉투를 보세요. 주어진 주소정보를 아래의 봉투에 적는 연습을 해 보세요.

권 성 애
158-780
서울시 양천구 목동 549번지
금호베스트빌 아파트 102동 708호

신 현 기
446-717
경기도 용인시 기흥구 중동 958번지
어은목 마을 대원칸타빌 아파트 4104동 701호

1. 당신의 이름과 주소를 보낸 사람으로 하여 편지봉투에 적어 보세요.
   봉투에 받는 사람으로 경기도 용인시 기흥구 중동 958번지 어은목마을 대원칸타빌 아파트 4104동 701호에 사는 신현기의 주소를 적어 보세요.

2. 친구의 이름과 주소를 보낸 사람으로 하여 봉투에 주소를 적어 보세요. 선생님의 이름과 주소를 받는 사람으로 하여 봉투에 주소를 적어 보세요.

3. 학교 이름과 주소를 보낸 사람으로 하여 봉투에 주소를 적어 보세요. 부모님의 이름과 주소를 받는 사람으로 하여 봉투에 주소를 적어 보세요.

4. 당신의 이름과 주소를 보낸 사람으로 하여 봉투에 주소를 적어 보세요. 대통령께 편지를 보내보세요. 대통령이 계신 곳의 주소는 (우)110-820 서울특별시 종로구 청와대로 1 대통령비서실입니다.

5.12 편지 부치기

목표

학생들은 편지봉투에 정확한 주소를 쓰고 우표를 붙인 후 받을 사람에게 보낼 수 있을 것이다.

질문

교사 : 여러분 중에 1억 원의 복권에 당첨된 사람은 아직 없지요? 왜 못 받았죠? (응모 서식을 보내지 않았나요?) 다음에라도 선물을 받기 위해서 확실히 해야 할 것은 무엇인가요? (응모 서식을 보낸다.) 우리가 편지를 부치려고 하면 편지를 우체통에 그냥 넣기만 하면 되나요? 우리에게 부수적으로 요구되는 일은 무엇인가요? (우표 붙이기 등등) 편지를 발송하는 단계는 (1) 봉투에 받는 사람의 주소를 쓴다. (2) 보내는 사람의 주소를 쓴다. (3) 우표를 붙인다. (4) 편지를 부친다.

연습장 5.12 : 학생들은 어떤 물건이나 편지를 발송하려고 하는데, 각자는 한 가지 이상의 문제에 봉착하게 됩니다. 발송하는 4 단계 중 어느 단계에서 문제가 발생한 것이지 그 단계의 숫자를 써 보세요. 우리는 잘못된 그 단계를 수정한 후 발송하는 방법에 대하여 논의를 할 것입니다.

답변

1. 2(보내는 사람 주소)
2. 3(우표 붙이기)
3. 4(편지 보내기, 우체통에 넣기)
4. 1(받는 사람 주소)
5. 3(우표)
6. 2(보내는 사람 주소)

보충 활동

1. 답장 받기 : 학생들이 지난 수업시간에 배운 대로 주어진 서식을 작성한 후 이를 편지봉투에 넣어 발송한 후, 그 결과로서 무엇인가 받거나 답장을 받도록 합니다. (학생들은 자신들이 관심을 둔 그렇게 비싸지 않은 물건이나 무료 정보를 받기 원할 수 있다.) 가까운 우체국이나 우체통에 가서 각각의 편지를 발송합니다.
2. 어떤 유명한 사람에게 편지 보내기 : 학생들은 만화의 주인공이나 스포츠 영웅, 또는 매력적인 사람들 중에서 자신들이 특히 좋아하는 한 사람을 선택하게 합니다. 이들에게 보낼 편지를 쓰고, 봉투에 받는 그 사람의 주소를 적은 후(정말 발송할 것이 아니라면 우표 대신 스티커를 붙일 수 있다) 편지를 발송합니다. 학생들끼리 서로의 편지발송 절차를 확인해 줍니다. (철자, 절차)

이름 ______________________ 날짜 ____________

5.12 편지 부치기

학생들은 어떤 물건이나 편지를 발송하려고 하는데, 각자는 한 가지 이상의 문제에 봉착하게 됩니다. 발송하는 4단계 중 어느 단계에서 문제가 발생한 것이지 그 단계의 숫자를 적어 보세요.

(1) 봉투에 받는 사람의 주소를 쓴다.
(2) 보내는 사람의 주소를 쓴다.
(3) 우표를 붙인다.
(4) 편지를 부친다.

1. 문식이는 만화책 한 질을 받으려고 합니다. 그는 신청서를 작성한 후 이를 주소가 적힌 편지봉투에 넣었어요. 우표를 붙인 후 우체국에 가서 보냈어요. 그런데 문식이는 만화책을 받지 못했어요. 어디에서 문제가 생겼나요? ________

2. 미애는 가장 친한 친구에게 편지를 보내려고 합니다. 그녀는 자신의 주소를 봉투 상부에 적고 친구의 주소는 정면 앞에 적었어요. 그리고 그 편지를 우체통에 넣고 보내는 편지가 있음을 알리는 깃발을 세워 놓았어요. 무엇이 잘못되었나요? ________

3. 재희는 색칠용 물감을 보내려고 합니다. 자신의 주소는 스티커로 출력하여 붙이고, 받는 사람의 주소는 직접 써 넣었어요. 우표도 붙였어요. 그녀는 편지를 커다란 쓰레기통에 넣었어요. 무엇이 잘못되었나요? ________

4. 명숙이는 우표를 붙이고, 보내는 사람의 주소를 쓴 후 우체통에 넣었어요. 무엇이 잘못되었나요? ________

5. 이 편지는 동수가 장난감 회사로 보낸 것입니다. 무엇이 잘못되었나요? ________

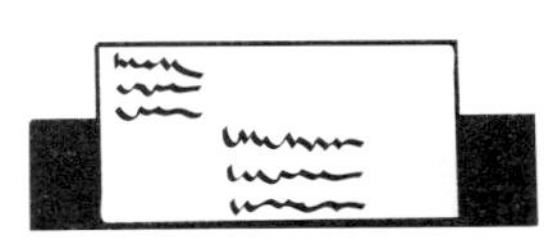

6. 영애는 새로운 게임을 받기 위하여 서둘러 주문서를 발송했어요. 무엇이 잘못되었나요? ________

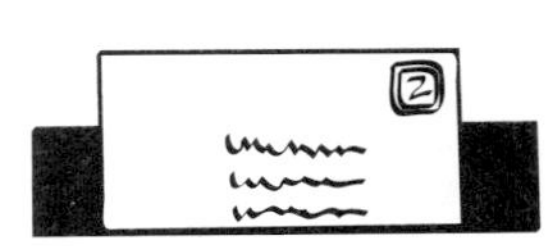

5.13 목록 만들기

목표

어떤 범주나 상황이 학생들에게 주어지면, 그들은 이 범주 내에서 필요한 물건이나 사람의 목록을 작성할 것이다.

질문

교사 : 나는 우리 집에서 파티를 열려고 합니다. 당신에게 부탁하는데 내가 필요로 하는 물건을 당신이 가게에 가서 사다 주었으면 합니다. 우유 2 팩, 햄버거 8개, 바나나 6개, 딸기 1상자, 생크림 2팩, 핫도그 8개, 구운 빵 한 덩어리, 감자 칩 3봉지－잠깐만! 어떻게 이 많은 물건을 외울 수 있어요? (목록 작성) 당신이 녹음기와 같은 기억력을 가지지 않는 한 물건의 목록을 작성할 필요가 있어요.

연습장 5.13 : 지금 당신이 어떤 상황 하에서 목록의 도움이 필요함을 알게 되었어요. 각 상황에 필요한 답을 빈칸에 적어 보세요.

답변

(답은 각기 다를 것이다.)

보충 활동

1. 당신이 작성할 수 있는 목록의 종류는 어느 정도입니까? 학생이 한 주제를 얘기한 후(여러 주제 중에 한 주제를 선택할 수도 있다) 60초(또는 30초) 이내에 그 주제에 포함되는 물건들의 목록을 작성하도록 합니다. 가능한 한 많은 물건들을 목록화하라고 합니다. 주제는 동물이름, 여자이름, 'ㄱ'으로 시작하는 단어 등이 있습니다.
2. 돌아가며 목록 말하기 : 위의 활동에 대한 변형으로서, 한 학생이 목록 하나를 대면 그 옆에 있는 학생이 자기가 생각한 목록을 말합니다. 모든 학생이 한 번씩 각기 다른 목록을 말할 때까지 진행합니다. 한 주제 내에서 얼마나 많은 물건의 목록을 말할 수 있을까요? 한 학생이 목록을 말하지 못하여 중단되면 다른 학생이 단서가 되는 힌트를 줌으로써 결국 모든 학생이 이를 생각하게 됩니다(자신의 차례가 아닐 때도). 학생은 자신의 리스트 항목을 크게 외쳐야 합니다. 학생들은 이를 듣고 그 항목이 주제에 속한다고 동의해 주어야 목록표를 가진 학생이 비로소 그 항목을 적을 수 있게 됩니다. 이 활동 중에 서로 좋은 의견을 나눌 수 있습니다.

이름 ______________________ 날짜 __________

5.13 목록 만들기

지금 당신은 어떤 상황 하에서 목록을 만들어야 합니다. 목록에 부합하는 물건이면 빈칸에 적어 보세요.

1. 당신이 가진 10만 원짜리 수표의 유효기간이 오늘까지이기에 빨리 써야 한다는 안내를 받았습니다. 사려고 하는 물건의 목록 다섯 가지 이상을 적어 보세요.

2. 당신은 오늘 일일 산타클로스 역할을 하게 되었어요. 당신이 가족에게 선물할 목록을 작성해야 합니다. 목록에 어떤 것들이 포함되어 있나요?

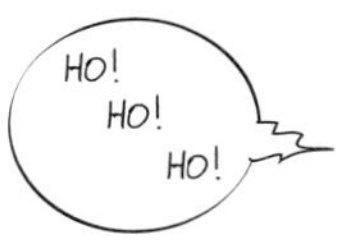

3. 선생님께서 60초 동안 동물의 범주에 들어가는 동물 목록을 만들라고 하셨어요. 시작!

4. 생일파티 음식을 마련하기 위하여 시장에 가려고 합니다. 어떤 것들을 사려고 합니까?

5. 록 그룹 장미여관 멤버들은 여행을 계획하고 있습니다. 그래서 가고 싶은 장소의 목록을 작성하려고 합니다. 어떤 장소들이 추천되었나요?

6. 당신은 집에서 생일파티를 하려고 합니다. 어머니께서는 당신이 어떤 친구들을 초청하려는지 알고 싶어 합니다. 누구를 초청할 건가요?

5.14 손글씨 잘 쓰기

목표

학생들은 손글씨의 예를 보고 읽기 쉬운 정도와 깔끔함의 정도를 기준으로 평가하고 점수를 매길 것이다.

질문

교사 : 선생님은 손글씨를 꽤 잘 씁니다. 여러분도 그렇게 생각하나요? 그러나 내가 발로 글씨를 쓴다면 내 글씨는 어떻게 될까요? 여러분은 내 글씨를 읽을 수 있을까요? (아마 못 읽을 거예요.) 만약에 누군가를 위해 무엇인가 써야 한다면 그것은 먼저 알아볼 수 있도록 써야 합니다. 글씨를 잘 써야 하는 또 다른 이유는 무엇일까요? (글씨를 쓴 자신이 무엇을 썼는지 기억할 수 있고, 내가 쓴 글을 다른 사람들이 읽을 때 무슨 말인지 알아보는 데 고생을 하지 않으며, 다른 사람들이 내 글의 중요한 메시지를 빨리 읽을 수 있기 때문이다.) 우리는 몇 가지 손글씨의 예를 볼 것입니다. 여러분이 선생님이 되어 그 글씨에 대한 점수를 매겨 볼 것입니다.

연습장 5.14 : 오늘은 여러분들이 선생님의 역할을 해 보겠어요. 여기에 있는 손글씨들을 보고 여러분이 왜 그 점수(A, B, C, D, F)를 주었는지에 대하여 의견을 나누어 봅시다.

답변

(이유는 각기 다를 것이지만 그 타당한 이유를 찾아본다.)

1. C－글씨 형태가 정확하지 않고, 띄어쓰기도 안 맞고, 줄도 맞지 않았다.
2. C－글씨를 제법 잘 썼다. 하지만 모든 단어에 대문자를 사용했고, 또 중간에는 필기체를 사용하였다.
3. A－모든 면에서 읽기 쉽게 잘 썼다.
4. B 또는 C－수정한 것이 너무 많아 읽기 어렵다.

보충 활동

1. 교실 점검표 : 손글씨 점검표를 만들어 사용함으로써 교사와 학생 모두 쓰기에서의 중요성을 상기하도록 합니다. 쓰기에서 가장 중요한 것은 무엇인지를 결정한 후 이를 목록의 처음에 기록하여 중요시합니다. 학생들이 점검표를 활용함으로써 가장 좋은 손글씨를 쓰도록 합니다.
2. 손글씨 탐정 : 학생들이 쓴 손글씨 사례들을 수집합니다.(학생의 이름 삭제) 학생들이 그것을 평가하고 고쳐야 할 점을 적도록 합니다. 교실 점검표를 이용하여 점수를 매기는 것을 도울 수 있습니다. 누구의 손글씨 쓰기 사례인지 알지 못하도록 주의해야 합니다.

이름 ______________________ 날짜 ______________

5.14 손글씨 잘 쓰기

오늘은 여러분들이 선생님의 역할을 해 보겠어요. 여기에 있는 손글씨들을 보고 여러분이 왜 그 점수(A, B, C, D, F)를 주었는지에 대하여 의견을 나누어 봅시다.

1. ~~Are~~ Our capital city is Washington DC.

2. On THursDay we will SEE the capitoL.

3. Abraham Lincoln was born in Illinois.

4. Our class~~es~~ visit~~s~~ed the White ~~h~~ House.

5.15 기억할 내용 쓰기

목표

학생들은 주어진 정보를 활용하여 기억할 내용을 정확하게 작성할 것이다.

질문

교사 : 여러분은 선생님 책상 위에 여러 가지 색깔의 작은 쪽지를 보았을 것입니다. 이 작은 쪽지가 무엇인지 아십니까? (이것이 바로 기억해야 할 내용의 쪽지예요.) 내가 여러분께 쓰기가 중요함을 여러 번 강조했었음에도 불구하고 내가 지금 펜을 들어 나에게 다음과 같이 쓰지 않은 걸까요? "존경하는 너에게, 우리가 지금까지 한 이야기까지 무엇인지 아는 것은 중요하다. 37쪽에서 시작하여 41쪽까지 말했음을 기억하라, 너 자신은" (이렇게 쓴다면 너무 길 뿐만 아니라 불필요한 정보가 너무 많다.)

내가 기억해야 할 내용의 쪽지를 쓸 때는 짧게 써야 합니다. 나는 아주 중요한 정보만 적을 것입니다. 내가 여러분에게 보여 준 긴 예문 대신에 나는 어떻게 쓸 것 같아요?

연습장 5.15 : 주어진 정보를 활용하여 자신 또는 상대방 누군가가 기억해야 할 내용의 쪽지를 정확하게 작성해 보세요.

답변

(답은 각기 다를 것이지만 그 핵심을 찾아본다.)

치과의사 – 월요일 오후 3시 30분
엄마, 김 박사님께 전화
10월 16일 외숙모 생일카드 보내기
금요일 받아쓰기 시험
내일 – 체조운동화 구입
컵케이크 18개

보충 활동

1. 집에서의 기억 쪽지 : 학생들이 자신들의 기억 쪽지를 어디에 '붙이기'를 할 것인지 결정하게 합니다. 학생들이 숙제장을 사용한다면, 기억 쪽지를 숙제장 표지에 붙이도록 할 것입니다. 기억 쪽지를 어느 곳에 붙일지를 정하면 그것을 찾기 위하여 또 다른 기억 쪽지를 만들 필요가 없겠지요! 여러분은 기억 쪽지를 붙이는 장소로 '집'이라고 이름을 붙일 수 있습니다.
2. 색깔별 기억 쪽지 : 학생들은 일주일의 각 요일마다 주어지는 숙제를 기억하기 위하여 색깔별 기억 쪽지를 사용하는 연습을 할 수 있습니다. 예를 들어, 월요일 – 체육시간 체조운동화 준비, 화요일 – 받아쓰기 연습 등을 다른 색깔로 합니다.

이름 ______________________ 날짜 ______________

5.15 기억할 내용 쓰기

주어진 정보를 활용하여 자신 또는 상대방 누군가가 기억해야 할 내용에 대한 쪽지를 정확하게 작성해 보세요.

1. 당신은 월요일 오후 3시 30분에 치과진료 예약이 되어 있습니다. ______________

2. 김 박사님께서 전화가 왔었습니다. 김박사님은 엄마에게 전화를 부탁하셨습니다. ______________

3. 10월 16일이 외숙모 생일입니다. 그래서 나는 외숙모께 축하카드를 보내려고 합니다. ______________

4. 나는 금요일에 받아쓰기 시험을 봅니다. ______________

5. 나는 내일 체조운동화를 가져가야 합니다. ______________

6. 당신은 내일 파티용 컵케이크 18개를 가져와야 할 것입니다. ______________

PART 02

개인적인 독립생활

06

Chapter

의복과 착용 기술

부모에게 보내는 편지 제6호 : 의복과 착용

학부모님께

개인 독립생활의 한 부분이 의복을 상황에 맞게 선택하고, 입는 방법에 맞게 입고, 입었던 옷을 관리하는 방법을 잘 아는 것이다. 따라서 여기에서 그와 관련된 기술을 배우게 될 것입니다.

이번 단원을 배우는 동안 학부모님들께서도 여러 가지 방법으로 자녀들을 도울 수 있습니다. 첫째, 자녀들이 스스로 옷을 입을 수 있다면, 그렇게 하도록 허용하십시오(옷이 항상 어울리지 않더라도). 부모님들께서는 자녀들이 남 앞에 섰을 때 복장을 제대로 갖추었는지 이를 확인하기 위해서 마지막 수순으로 자녀의 옷매무새를 훑어보시겠지요. 자녀들이 그날의 날씨, 기온, 그리고 가는 장소(실내? 더운 날씨? 우중충한 날씨?)에 대해 생각하면서 어떤 옷을 입을지 선택하도록 해 주세요. 그리고 자신들이 입었던 옷을 깨끗하게 유지할 필요가 있습니다.

청결! 이는 독립생활에서의 또 다른 사고영역! 부모님께서 세탁을 할 때, 자녀들이 이를 지켜보면서 무엇인가 도움을 줄 수 있도록 하세요. 예를 들어, 양말의 짝을 맞춘다든지 혹은 세제를 붓는다든지 무엇인가 하도록 하세요. 아이들은 옷 입기, 세탁하기, 옷 벗기, 다시 입기의 전 과정을 지켜볼 필요가 있습니다.

학부모님께서 자녀들의 옷을 구입하기 위해 매장에 가실 때, 그들의 옷에 대한 취향을 물어보세요. 자녀들이 옷의 보온성, 스타일은 물론 가격까지도 생각해 볼 수 있도록 만드세요. 자녀들이 자신이 입을 옷을 구입함에 있어 그에 대한 자신만의 생각을 드러낼 수 있도록 하세요.

즐거운 쇼핑되세요!

다음에 또 뵙겠습니다.

교사 드림

의복과 입기

관련 기술 항목 연습장 6 : 학습 진행사항

+ 숙달
✔ 익히는 과정
– 익히지 못함

학생 이름	날씨가 어떤가요?	어떤 행사지요?	의복 구입하기	의복 관리하기	의복 세탁하기	쇼핑하러 가요!	복장 점검	유행	비고

6.1 날씨가 어떤가요?

목표

학생들은 날씨 상태에 따라 입을 만한 적절한 옷을 구분할 수 있을 것이다.

질문

교사 : 밖에 눈이 오고 있네요. 그래서 수영복과 우산을 챙기는 게 좋겠어요. 뭐 이상하지 않아요? 내가 옷을 잘못 선택했나요? 우리는 며칠간 옷에 대해 이야기를 나누도록 할 거예요. 의복에 대해 이야기를 나눌 때 여러분이 반드시 기억해야 할 것은 그날의 날씨예요. 매우 추운 날에는 어떤 옷을 입어야 할까요? (따뜻한, 스웨터, 여분의 옷) 더운 날씨에는 어떤 옷을 입어야 할까요? (반바지, 티셔츠, 수영복 등)

연습장 6.1 : 당신이 매일 입는 옷은 그날의 날씨에 많은 영향을 받습니다. 연습장에 있는 일기예보를 읽고, 당신이 그날 입을 수 있는 옷을 찾아 표시해 보세요.

답변

반바지, 테니스화
비옷, 가벼운 상의
반바지, 티셔츠
상의, 모자, 부츠
신발, 벙어리장갑, 상의
두꺼운 상의, 양말
스웨터, 긴소매 셔츠, 바지

보충 활동

1. **일기 예보자** : 학생들이 저녁뉴스에서 나오는 일기예보를 듣도록 하세요. 일기 예보자가 날씨에 따라 어떤 옷을 입어야 하는지 조언을 하나요? 선생님은 큰 인형(또는 마네킹)을 준비한 후, 학생들로 하여금 인형에게 날씨에 적합한 옷을 입히도록 하세요.
2. **계절 분류** : 계절에 따라 적합한 옷을 입고 있는 사람들의 사진을 잡지에서 많이 수집하세요. 판지에 그 사진들을 올려놓고 골고루 섞습니다. 학생들이 계절에 따라 적합한 옷을 사진들에서 골라보도록 합니다.

이름 ________________________________ 날짜 ______________

6.1 날씨가 어떤가요?

여기에는 한 도시의 일기예보가 있습니다. 그날의 날씨에 적합한 의복을 찾아 표시하세요.

1. 오늘의 기온은 섭씨 33℃를 넘길 정도로 매우 더울 것입니다. 햇볕이 쬐고 무더울 것입니다.
   벙어리장갑 부츠 반바지 테니스화

2. 오늘은 거의 하루 종일 비가 올 것입니다.
   귀마개 비옷 가벼운 상의 내복

3. 오늘의 기온은 약 섭씨 24℃로 날씨가 맑고 화창할 것입니다. 비는 오지 않을 것 같습니다.
   반바지 겨울 코트 티셔츠 스카프

4. 오늘은 춥고 바람이 불며 눈이 올 것입니다. 적설량은 5~10cm 정도가 예상됩니다.
   반바지 상의 모자 부츠

5. 오늘은 눈은 오지 않지만 바람이 불고 매우 춥겠습니다.
   신발 벙어리장갑 선글라스 상의

6. 오늘의 기온은 영하 7℃가 될 것이고 구름이 낄 것입니다.
   얇은 상의 두꺼운 상의 양말 반바지

7. 오늘의 기온은 약 4℃ 정도로 화창하나 바람이 불고 춥겠습니다.
   스웨터 긴소매 셔츠 샌들 바지

6.2 어떤 행사지요?

목표

학생들은 사회적 행사(상황)에 맞는 적절한 옷을 찾을 수 있을 것이다.

질문

교사 : 신데렐라 이야기를 기억하나요? 그녀가 무도회에 참석하는 데 있어 어려움은 무엇이었지요? (무도회에 어울리는 멋진 옷이 없었다.) 그녀가 무도회에 적합한 좋은 드레스를 갖추는 것이 왜 중요하지요? (분위기에 어울리는 복장이어야 한다.) 신데렐라는 야구시합용 유니폼을 입었습니까? 야구 유니폼이 무도회 복장에 해당합니까? (아니. 여기의 볼은 야구공이 아닌 무도회를 뜻함.) 왜 사람들은 특정 상황에 적합한 다양한 종류의 옷을 갖추고 있나요? (좀 더 편안하게 느끼고, 좀 더 좋아 보이고 등)

연습장 6.2 : 이번 연습장에서 당신은 각 학생들로 하여금 적절한 옷차림을 하고 행사에 참석할 수 있도록 돕기 위하여 그들에게 적절한 옷을 연결해 줄 것입니다. 왜 어떤 옷은 그 장소에 적절한 옷인데 학교와 같은 또 다른 장소에서는 적절하지 않은지 한 번 더 생각해 보세요.

답변

1. d　2. f　3. h　4. c　5. a　6. g　7. b　8. e

보충 활동

1. 엉망진창 동화 : 친숙한 동화 속 주인공들이 입고 있는 옷이 뒤죽박죽인 이야기를 보고 학생들로 하여금 그 동화를 다시 쓰도록 합니다. 예를 들어, 대모가 신데렐라에서 할로윈 의상을 주었다면 신데렐라는 결국 어떻게 되었을까요? 만약 일곱 난쟁이가 야구 유니폼을 입고 있었다면 어떻게 되었을까요? 혹은 만약 빨간 모자 소녀의 빨간 코트를 세탁소에 맡겨서, 그녀가 경찰 유니폼을 입고 있었다면 어땠을까요?
2. 영혼 주간 : 학교는 종종 특별한 종류의 옷을 입고 등교하는 '영혼 주간'을 진행합니다. 예를 들어, 부조화의 날(어울리지 않는 아이템 입기), 쌍둥이의 날(친구와 동일한 옷 입기), 색깔의 날(한 가지 색으로 입기) 등. 평상복의 날, 정장의 날, 책에서 가장 좋아하는 캐릭터의 날 등을 포함하는 주를 지정합니다.

이름 ______________________ 날짜 ______________

6.2 어떤 행사지요?

아래의 학생들은 자기들이 원하는 행사에 참석하려고 합니다. 따라서 이들은 그 행사에 알맞는 복장을 선택하려고 합니다. 빈칸에 적합한 옷의 기호를 적어 넣으세요.

1. 철수는 방과 후에 축구게임을 할 예정이다. __________
2. 신지는 사촌의 결혼식에 참석할 예정이다. __________
3. 병수는 수영파티에 초대되었다. __________
4. 애경은 파자마파티에 갈 예정이다. __________
5. 대철은 승마를 할 예정이다. __________
6. 무경은 학교에서 열리는 할로윈 파티에 갈 예정이다. __________
7. 미경은 호수 주변을 하이킹할 예정이다. __________
8. 승하는 시골에서 자전거를 탈 예정이다. __________

a.
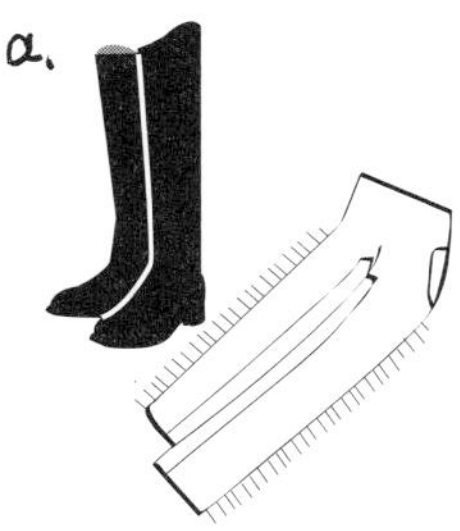

b.

c.

d.
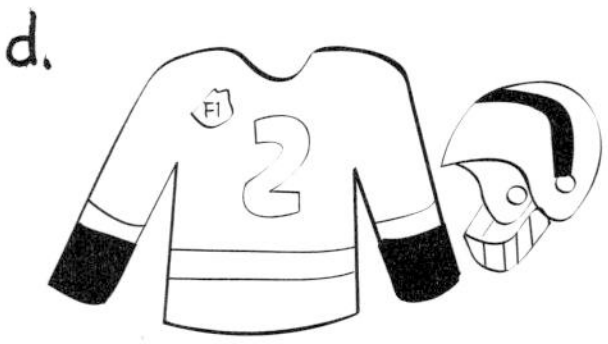

e.

f.

g.
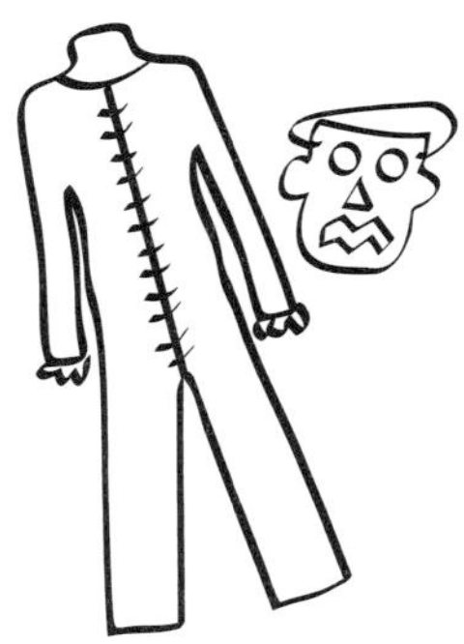

h.

6.3 의복 구입하기

목표

학생들은 옷을 구입할 수 있는 적절한 장소 여러 곳을 제시할 수 있을 것이다.

질문

교사 : 사람들이 가끔 새로운 옷을 사야만 하는 이유는 무엇인지요? (몸이 자라서 작은 옷을 입지 못하게 되고, 옷이 찢어지거나 계절이 변하거나 유행이 변해서) 왜 여러분들은 부모님들처럼 옷을 입지 않는지요? 여러분의 옷 입은 것에 대하여 어른들이 불만을 말하시는 것을 들어본 경험이 있나요? 여러분들은 필히 새로운 옷이나 다른 옷을 구해야 할 경우가 있어요. 그럴 경우 그 옷을 어디서 구입하지요? 모든 사람들이 다 상점에서 옷을 구입하나요? 사람들이 옷을 구하는 경우가 각기 다른가요? (가족에게 물려받기, 중고품 할인판매점, 친구와 교환하기)

연습장 6.3 : 이 연습장에 등장하는 학생들은 자신들에게 새롭거나 다른 친구들과는 구별되는 옷을 각기 다른 옷을 입고 있어요. 이들 각 학생들은 각기 다른 장소 또는 다른 경우를 통하여 새로운 옷을 구했어요. 이들은 어떤 각기 다른 경로로 옷을 구했는지 적절한 방법에 표시하세요.

답변

1. 언니로부터 물려받은 옷
2. 친척들로부터 선물받은 옷
3. 소매점에서 구입한 옷
4. 스포츠 경기장 숍에서 구입
5. 자기가 직접 바느질해서 만든 옷

보충 활동

1. 사람들이 정말로 그렇게 옷을 입고 다녔나요? 1900년 초기 사진과 같은 옛날 사진을 준비하여 그 당시 사진 속에 등장하는 사람들(특히 여성들)은 화려한 모자, 정교한 옷과 넥타이를 착용하고 있었음을 보여 주세요. 시대의 흐름에 따라 어떠한 스타일의 옷을 착용하였는지 도서관에서 책을 찾아 그 변화를 살펴보세요. 만약 오늘날의 사람들이 그 당시의 옷을 착용한다면 느낌은 어떠할지 학생들에게 물어보세요.
2. 유행하는 패션 : 각 시대에는 그 시대마다의 유행하는 옷이 있었어요. 학생들이 그들의 부모님들께 부모님 세대에서 유행했다는 나팔바지, 네루 상의, 고고 부츠, 그 밖의 유행 패션에 대해 질문해 보도록 하세요. 옛날 졸업 앨범을 살펴보면 패션에 대한 또 다른 훌륭한 흥밋거리와 토론거리의 소재가 될 것입니다.

이름 ______________________________ 날짜 ______________

6.3 의복 구입하기

이들 각 학생들은 각기 다른 장소 또는 다른 경우를 통하여 새로운 옷을 구했어요. 이들은 어떤 각기 다른 경로로 옷을 구했는지 적절한 방법에 표시하세요.

1. 나는 딸 셋 중 막내예요. 커가면서 내 스웨터가 맞지 않을 때마다, 나는 가끔 집 밖에도 나가지 않고 있으면 다른 스웨터를 얻을 수 있었어요. 내가 다른 스웨터를 어디에서 구했을까요?

   ____

2. 오늘은 내 생일입니다. 나의 이모와 삼촌은 정말로 대단한 선물을 가지고 오셨어요. 내가 입고 있는 새로운 청바지와 윗도리는 어디에서 구했는지 추측해 보실래요?

   ____

3. 나는 지금 2만 원이 있습니다. 나와 친구는 치마를 구입할 목적으로 옷가게로 가는 중입니다. 내가 어디서 치마를 구입했다고 생각하세요?

   ____

4. 아빠와 나는 축구 경기를 보기 위해서 경기장에 갔습니다. 나는 응원 복장으로 내가 좋아하는 팀의 로고가 새겨진 추리닝 윗도리를 갖고 싶습니다. 내가 입고 있는 이 응원복을 어디서 구했을까요?

   ____

5. 나는 재봉틀을 갖고 있어요. 나는 새로운 조끼를 하나 갖고 싶었어요. 내가 입고 있는 옷은 어디서 구입한 것일까요?

   ____

6.4 의복 관리하기

목표

학생들은 옷을 더 오래 입을 수 있는 여러 가지 옷 관리방법을 찾을 수 있을 것이다.

질문

교사 : 왜 어머님들께서는 외출에서 돌아오면 여러분의 좋은 외출복을 벗고 놀이옷을 갈아입으라고 말씀하시는 걸까요? (옷이 더러워지지 않도록, 찢어지지 않도록 하기 위해서 등) 부모님께서는 여러분들이 바닥에 널려놓은 옷을 치우지 않는다고 소리를 지르신 경우가 있지요? 왜 그러셨을까요? 여기에는 여러분들이 옷을 오래도록 입을 수 있는 여러 가지 방법이 소개되어 있어요. 이 밖에도 다른 방법들이 있는지 생각해 볼래요?

연습장 6.4 : 이 연습장에는 학생들 나름대로의 옷 관리방법이 소개되고 있어요. 또한 옷을 함부로 다루는 친구들의 모습도 보이구요. 어떤 학생들이 옷을 세심하게 관리하는 경우인지 그 학생을 표시해 보세요.

답변

두 번째 학생
첫 번째 학생
첫 번째 학생
두 번째 학생

보충 활동

1. 옷 관리비용은 얼마나 들까요? 학생들로 하여금 바지 또는 간편복 한 벌을 구입하는 데 평균 어느 정도의 돈이 드는지 계산하도록 해 보세요. 그리고 구입한 옷은 평균적으로 어느 정도나 입는지 그 기간을 측정해 보도록 하세요. 일별, 주별 혹은 월별로 의복을 구입하는 데 얼마나 지출이 되는지 계산해 보았어요? 학생들 스스로 생각한 금액보다 훨씬 더 많은가 아니면 적은가요?
2. 실전 연습 : 학생들로 하여금 세탁기로 세탁하기, 단추 달기, 그리고 옷 접기와 걸기 등과 같은 옷 보관 습관에 대하여 시범 보이고 이를 연습할 수 있는 시간을 주도록 하세요. 이를 해 보면 그들이 생각한 것보다 이 일이 그렇게 어렵지 않다는 것을 발견하고 놀랄지도 모릅니다. 결국 연습이 완벽함을 만드는 것입니다.

이름 ______________________________ 날짜 ______________

6.4 의복 관리하기

이 연습장에는 학생들 나름대로의 옷 관리방법이 소개되고 있어요. 또한 롯을 함부로 다루는 친구들의 모습도 보이구요. 어떤 학생들이 옷을 세심하게 관리하는 경우인지 그 학생을 표시해 보세요.

6.5 의복 세탁하기

목표

학생들은 옷의 종류에 따라 적절한 세탁방법을 찾을 수 있을 것이다.

질문

교사 : 만약에 눈이 녹아 땅이 질척거리는 날, 길에서 넘어져서 겨울 코트가 진흙범벅이 되었다고 가정한다면, 여러분은 이것을 어떻게 닦아낼 거예요? 세탁기에 집어넣고 세탁을 하면 될까요? (아마도 세탁하기에는 크기도 그렇거니와 부피도 만만치 않겠지요.) 또 그것을 말리기 위해 빨랫줄에 널 수나 있을까요? (그걸 말리기에는 날씨가 너무 춥겠지요.) 종류가 다른 옷들은 각기 다른 방식의 세탁법이 필요해요. 하지만 모든 옷들은 더러워지거나 오랫동안 입었을 경우에 반드시 세탁이 필요해요. 옷을 깨끗하게 하기 위한 여러 가지 세탁과 건조 방법에 대해 생각해 봅시다.

연습장 6.5 : 이 연습장에서는 세탁해야 할 몇 개의 물건을 보여 주며, 여러분에게 이 물건들을 깨끗하게 세탁하는 방법으로는 어떤 것이 있는지 그 생각을 물어보고 있어요. 단서를 신중하게 읽고 어떤 방법이 가장 효과적인 방법인지 이를 찾아 표시하세요.

답변

1. d　2. g　3. e　4. c　5. f　6. a　7. h　8. b

보충 활동

1. 세탁소 찾아가기 : 가능하면 동네에 있는 세탁소를 학생들과 직접 방문하여 학생들에게 세탁하는 과정을 개별적으로 설명해 주세요. 각기 다른 종류의 얼룩을 제거하는지, 어떻게 물 없이 세탁을 하는지 궁금한 것을 물어보세요.
2. 세탁 실험 : 일반적인 얼룩을 제거해달라는 요청을 받은 세탁물을 학생들에게 보여 줍니다. 학급에서 얼룩을 제거하는 간단한 실험을 설계한 후 이를 수행하면서 같은 얼룩을 제거하는 방법으로 여러 가지 수행방법이 있음을 보여 주면서 각기 다른 결과를 비교하도록 합니다. 오래된 수건 혹은 티셔츠에 진흙, 풀, 매직잉크 글씨, 기타 등등의 얼룩을 묻히도록 합니다. 틀림없이 학생들이 정확하게 기록하고 신중하게 비교 실험을 수행하도록 합니다.

이름 ______________________ 날짜 ____________

6.5 의복 세탁하기

다음의 물건과 가장 적합한 세탁방법을 연결해 보세요. 단서를 신중하게 읽고 어떤 방법이 가장 효과적인 방법인지 이를 찾아 표시하세요.

_______ 1. 두꺼운 울 스웨터

_______ 2. 티셔츠

_______ 3. 청바지

_______ 4. 목욕수건

_______ 5. 장식이 있는 양말이나 팬티스타킹

_______ 6. 고급 양복

_______ 7. 두꺼운 면양말

_______ 8. 스니커즈 운동화

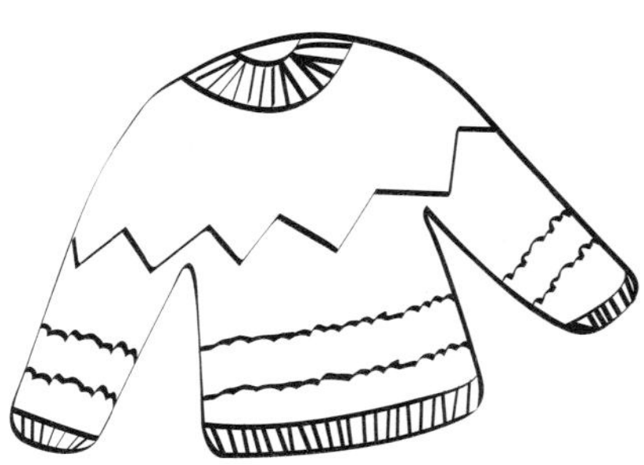

a. 세탁소에 갖고 가라. 손상 없이 옷을 깨끗하게 할 것이고 아마도 옷걸이에 옷을 걸어 줄 것이다.

b. 헝겊과 광택제를 이용해 손으로 깨끗하게 할 수 있다.

c. 세탁기와 건조기에 넣을 수 있다. 그리고 접어서 옷장이나 혹은 침실에 보관할 수 있다.

d. 옷이 줄지 않게 세탁하기 위해서는 세탁소에 갖고 가야만 한다. 왜냐하면 이런 종류의 옷감은 줄어드는 경향이 있기 때문이다.

e. 이러한 옷감 역시 줄어들 수 있지만 보통 첫 세탁 후 같은 사이즈로 될 것이다. 당신은 그것을 세탁기에 넣어 세탁할 수 있고 건조기 혹은 널어 말릴 수 있다.

f. 개수대 혹은 통에서 손빨래를 한다. 세탁기에서는 그것이 찢길 수 있다.

g. 당신은 이미 세탁을 통하여 이 옷을 여러 번 입었기 때문에 세탁기와 건조기에 넣어 세탁했다. 관리하기 편하다.

h. 이것 역시 강하다. 그래서 g와 같은 방법으로 세탁할 수 있다.

6.6 쇼핑하러 가요!

목표

학생들은 옷을 살 때 어떤 점을 주의해야 하는지 그것을 말할 수 있을 것이다.

질문

교사 : 여러분들이 어떤 물건을 사러 갈 때, 너희는 왜 원하는 물건을 구입할 수 없을까요? (아마 충분한 돈이 없었거나 너희들의 규격에 맞는 크기가 없어서) 만약 여러분의 엄마와 아빠가 너희가 학교에 신고 갈 신발을 스스로 사도록 가게에 보냈다면 너희는 어떤 신발을 사가지고 올 것 같아요? (이름 있는 스니커즈 또는 로퍼) 만약 너희들이 스키부츠를 사가지고 집으로 돌아온다면 부모님은 이를 보고 뭐라고 말씀하실까요? (다시 가서 물러라.) 그러므로 여러분들이 옷을 사러 갔을 때, 어떤 점을 마음에 두고 가야 할까요? (가격, 크기, 가치 등)

연습장 6.6 : 좋은 구매자가 아닌 학생들의 예가 있어요. 여러분은 왜 그 학생이 훌륭하지 못한 구매자인지 그 이유를 알아낼 수 있습니까? 각 상황을 읽고 그 이유를 간단히 말해 보세요.

답변

1. 너무 비싼 것을 샀다.
2. 물건의 질이 형편없다.
3. 한 가지만 샀다.
4. 맞지 않는 크기를 샀다.
5. 장소에 맞는 신발을 사지 않았다.
6. 학교에서 활동하기에 적절하지 않은 옷을 샀다.
7. 너무 비싼 것을 샀다.
8. 계절에 맞지 않은 옷을 샀다.

보충 활동

1. 카탈로그 쇼핑 : 각 학생들에게 모의화폐를 10만 원씩 나누어 주세요. 그 돈으로 학생들 각자에게 신학기에 필요한 물건을 쇼핑하도록 배정하세요. 그들이 물품 카탈로그를 조사한 후 어떤 물건을 구입했나요? 각 학생들은 어떻게 그들의 돈을 사용했나요? 여러분이라면 10만 원으로 어떤 물건을 구입할 수 있을까요?
2. 스니커즈 구매조사 : 학생들에게 특정 학년의 모든 여학생을 상대로 스니커즈 브랜드 상품 중 어떤 상품이 가장 인기가 있는지 비공식적인 조사를 실시하도록 해 보세요. 당신은 스니커즈 신발을 구입한 학생들에게 그 구입 장소가 어디인지를 이를 알아 보기 위한 질문을 포함시킬 수 있어요. 모든 응답자는 익명으로 처리하도록 하세요.

이름 ______________________ 날짜 ____________

6.6 쇼핑하러 가요!

이 학생들은 옷을 구입하러 간 사람들입니다. 이들은 훌륭한 구매자가 되지 못하는 이유는 무엇인가요? 각 상황을 보고 그 이유를 빈칸에 적어 보세요.

1. 지영의 여동생은 언니에게 새로운 치마를 사라고 2만 원을 주었어요.

2. 인철은 전통 있는 오래된 청바지를 갖고 싶어 해요.

3. 만득은 학교에 입고 갈 여러 벌의 옷을 사기 위해 10만 원을 가지고 갔습니다. 이것이 그녀가 집에 갖고 온 옷입니다.

4. 응룡은 정말로 이 스웨터 색깔을 좋아합니다.

5. 응범은 학교, 집, 축구팀에 신고 갈 수 있는 신발을 사길 원했어요.

6. 자경은 학교에 입고 갈 세 가지 각기 다른 드레스를 구경하였습니다. 그녀는 가운데에 있는 옷을 샀어요.

7. 영옥은 많은 돈을 가지고 있지 않습니다. 그녀는 가운데에 있는 신발을 샀어요.

8. 미옥은 외부 사람들의 관심이 집중되는 장소에 입고 나갈 옷을 사러 갔어요.

6.7 복장 점검

목표

학생들은 사람들이 많이 모이는 공공장소로 외출하기에 앞서 자신의 복장이 그 장소에 적합한지, 이를 몇 가지 관점에서 점검할 필요가 있음을 알 것이다.

질문

교사 : 우리들의 대부분은 여러 사람이 모이는 공공장소로 가기에 앞서 매우 분주하게 움직입니다. 여러분들 중에는 버스 안에서 마치 침대에서 막 일어난 모습의 사람을 보신 경우가 있나요? 그 사람이 바로 여러분은 아니었나요? 왜 외출하기에 앞서 거울을 보는 행동이 매우 중요하다고 생각하나요? (복장을 자세히 점검하기 위해서, 여러분이 다른 사람에게 어떻게 비춰지는지 살피기 위해서) 여러분이 점검해야 할 사항으로는 어떤 것들이 있나요? (머리, 단추, 지퍼, 신발, 벨트) 만약 여러분이 머리끝에서 발끝까지 점검한다면 나는 우리가 점검해야 할 중요한 항목들에 대한 목록을 만들 수 있다고 확신합니다.

연습장 6.7 : 여러분이 외출하기에 앞서 스스로 점검해야 할 필요성이 있다고 보는 항목으로는 어떤 것들이 있습니까? 그 목록을 제시하세요.

답변

(답은 각기 다를 것이다.)

예 : 코, 치아, 단추, 바지춤, 속옷 비춤, 벨트 착용, 양말짝, 신발 끈 풀림 등을 확인하라.

보충 활동

1. 머리에서 발끝까지 : 옷맵시가 형편없는 사람의 실물 크기 사진(지저분한 머리, 잘못 낀 스웨터 단추 등)을 만들도록 합니다. 이 사진을 점검하여 바람직한 모습으로 잘못된 부분을 수정해 나갑니다.
2. 전과 후 : 학생 지원자가 잘 정돈된 사람의 전과 후의 모습을 묘사할 수 있도록 해 보세요. 다른 학생들은 학생을 비평하는 과정에서 자신들의 모습을 개선시킬 수 있다는 힌트를 줄 수 있습니다.

이름 ______________________ 날짜 ____________

6.7 복장 점검

당신은 외출하기에 앞서 몇 가지 점검해야 할 사항으로 무엇을 들 수 있습니까? 다음의 빈칸에 적어 보세요.

1. 머리를 빗어라.

2. 지퍼를 확인해라.

3. ______________________

4. ______________________

5. ______________________

6. ______________________

7. ______________________

6.8 유행

목표

학생들 스스로 자신들의 복장이 주어진 상황에서의 유행에 적절한지 혹은 부적절한지를 구분할 수 있을 것이다.

질문

교사 : 요즘 어린아이들이 옷을 입을 때 유행하는 표현방법은 무엇인가요? (치켜세운 머리, 귀걸이, 특정 브랜드의 옷) 여러분들이 옷을 입을 때, 어느 곳에 갈 때 입는 옷인지 또 무엇을 할 때 입는 옷인지를 생각하는 것이 중요하다고 봅니까? 여러분들의 친구들과 있을 때 괜찮은 옷도 다른 상황이나 성인들과 함께 있을 때는 적절하지 않을 수 있다고 생각하시나요? (결혼식, 장례식장, 가족 모임에서의 적절한 옷에 대한 안내지침) 유행이 문제될 것이 없다 하더라도 혹은 유행의 복장을 착용해야 친구처럼 보인다 하더라도, 여러분이 그 상황에서 적절하게 비춰지기 위해서는 여러분이 있는 자리와 함께하는 사람들이 누구인지를 반드시 생각해야 함을 명심하세요.

활동지 6.8 : 이들 학생들은 저마다 멋져 보이길 원해요. 여러분이 보기에 이 학생들이 바르게 행동('예')하는지 아니면 그르게 행동('아니요')하는지 이를 표시해 보세요.

답변

1. 예 2. 아니요 3. 예 4. 예 5. 아니요 6. 예 7. 아니요 8. 예

보충 활동

1. 맵시 내는 방법 : 학생들에게 또래집단에서 가장 멋진 스타일의 옷맵시라고 생각하는 사진을 잡지에서 찾아 오게 합니다. 학생들은 그 사진으로 현재 유행하고 있는 모습을 자신만의 스타일 쇼를 유쾌하게 보여줄 수 있습니다.
2. 왕년의 유행 : 학생들이 10년 혹은 20년 전의 연감을 가지고 와, 당시 유행했던 것들에 대해 조사하도록 합니다. 학생들과 재미있게 웃은 뒤 학생들의 현재 유행도 훗날 오늘처럼 즐거운 대화 주제가 될 수 있음을 상기시켜 줍니다.

이름 ______________________ 날짜 __________

6.8 유행

이들 학생들은 저마다 멋져 보이길 원해요. 여러분이 생각하기에 이 학생들이 바르게 행동('예')인지 그른 행동('아니요')인지 표기해 보세요.

1. 나영은 귀를 뚫길 원한다. 엄마가 허락해서 그녀는 양쪽 귀에 귀걸이를 했다. ______________

2. 정수는 장례식장에 갈 예정이다. 그는 허리를 짧게 하여 속옷이 보이는 청바지를 입고 가길 원한다. ______________

3. 수정은 발목 위에 문신을 하길 원한다. 그녀의 부모님은 그러지 않기를 간절히 바란다. 그래서 그녀는 성인기에 가서 문신을 하는 것은 괜찮은지 부모님께 물어볼 것이다. ______________

4. 재혁은 신발 끈을 묶지 않는 것을 좋아한다. 그의 체육 수업에서 교사는 모두 신발 끈을 묶어야 한다고 말했다. 재혁은 그 수업 내내 신발 끈을 묶었었다. ______________

5. 혜수는 학교에 짧은 스커트를 입고 가길 간절히 원한다. 그래서 그녀의 엄마는 그녀가 치마 속에 레깅스를 입으면 허락해 줄 것이라고 말씀하셨다. 혜수는 학교에 등교하는 순간만 레깅스를 입었고, 학교에 도착 후에는 레깅스를 벗었다. ______________

6. 미옥은 모자를 뒤로 내려쓰는 것을 좋아한다. 실내에서는 누구라도 모자를 쓸 수 없는 학교 규칙 때문에 미옥은 학교에 도착하면 일단 모자를 벗고 하교 후 바로 모자를 쓴다. ______________

7. 종수는 팔찌를 정말 좋아한다. 그녀는 11개의 팔찌를 갖고 있는데 그 팔치 모델 11개를 한쪽 손목에 모두 차고 싶어 한다. 만약 학교가 고지식했다면 그녀는 팔찌의 차고 벗기를 2~3회 정도 반복했을 것이다.
____

8. 재철은 곧바로 학교에 가기 위해서 자신의 머리에 보라색 스프레이를 뿌리고 뾰족하게 세운 후 등교를 했다. 그는 사진 찍는 날을 잊고 있었다. 그는 머리를 감고 사진을 찍은 후 다른 날 다채로운 머리를 하고 오기로 결심했다. ______________

07
Chapter

개인위생

부모에게 보내는 편지 제7호 : 개인위생

학부모님께

우리는 목욕(또는 샤워)하기, 머리 감기, 세수하기, 손 씻기, 이 닦기 등과 같은 개인위생 기술을 학습하려고 합니다. 학생들이 익힌 기술들을 집에서도 지속적으로 사용할 수 있도록 부모님의 관심과 협조가 집에서 이루어지길 부탁드립니다. 개인의 청결 유지를 위해서는 어떤 방법이든 상관없이 매일매일 지속적으로 사용할 수 있도록 하는 것이 중요합니다. 부모가 원하시는 학생의 바람직한 모습과 청결상태의 유지는 부모님의 협조에 달려 있습니다. 아동들이 집에서 스스로 몸을 씻고, 샴푸를 사용하여 머리를 감을 수 있도록 기회를 제공해 주십시오. 잘못하는 부분에 대한 잔소리보다는 혼자서 하려는 부분에 대하여 칭찬을 해 주세요. 식사 전 손 씻기, 매일 밤 세수하기, 식사 후 양치하기 등을 할 수 있도록 자녀에게 요구해 주세요.

각 활동들의 지도는 단계별로 진행할 것이며 각 단계별 목록을 집으로 보내드릴 예정입니다. 집에서도 그 단계별 목록에 따라 해 보시면서 자녀들의 수행을 지켜봐 주시면 감사하겠습니다.

다음에 또 뵙겠습니다.

____

교사 드림

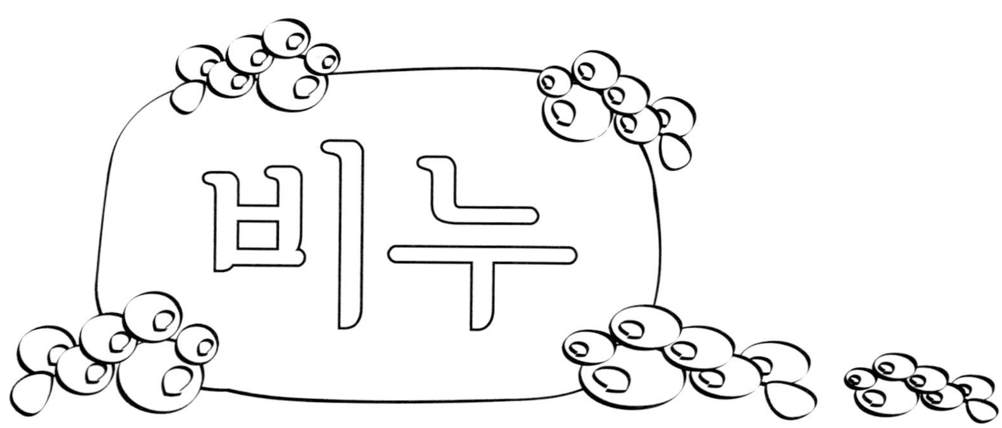

개인위생

관련 기술 항목 연습장 7 : 학습 진행사항

+ 숙달
✔ 익히는 과정
– 익히지 못함

학생 이름	목욕(샤워)하기	머리관리	세수하기	손 관리	거울 사용	이 닦기	화장하기	몸이 아플 때	비고

7.1 목욕(샤워)하기

목표

학생들은 적절하게 목욕(또는 샤워)하는 모든 단계를 말할 수 있을 것이다.

질문

교사 : 당신의 개가 진흙탕에서 굴렀거나 개의 몸에 지저분한 것이 묻었다면 당신은 어떻게 해야 할까요? (씻어야 해요.) 왜요? 왜 씻어야 하죠? (깨끗해지면 보기에 좋아요.) 왜 사람들은 씻을까요? (깨끗해지면 보기에 좋아요.) 우리가 씻는 것은 참 중요해요. 어떤 사람들은 매일 씻기도 하지요. 우리가 씻을 때 사용하는 것들을 말해 볼까요? 우리 다 함께 목록을 만들어 봅시다. (비누, 수건, 기타) 자, 여러분들이 목욕이나 샤워를 잘하기 위하여 필요한 물품들의 목록을 적어 보세요.

연습장 7.1 : 창수는 목욕을 하려고 해요. 그런데 목욕 순서가 뒤죽박죽이 되어 있어요. 목욕하는 순서는 네 부분으로 나눌 수 있어요. 창수가 바른 순서대로 목욕을 할 수 있도록 그림 옆에 순서를 1부터 4까지 적어 봅시다.

답변

2-1-4-3

보충 활동

1. 신비의 비누 : 학생들이 투명인간이 될 수 있게 만들어 주는 특별한 힘을 가진 마법의 비누 등과 같은 이야기를 들려줍니다. 그 후 씻는 일과 관련된 용어들을 칠판에 모두 적습니다.
2. Rub-a-Dub-Dub : 욕조의 물 온도 조절하기, 욕조의 물 빼기, 부유물 닦아내기 등을 연습할 수 있도록 합니다. 이러한 활동들은 매우 간단해 보이지만, 다음에 욕조를 사용할 사람을 배려하는 행동이기도 하면서 학생 개인의 독립심을 기르는 데 중요합니다.

이름 ______________________ 날짜 ______________

7.1 목욕(샤워)하기

창수는 목욕을 하려고 해요. 그런데 목욕 순서가 뒤죽박죽이 되어 있어요. 목욕하는 순서는 네 부분으로 나눌 수 있어요. 창수가 바른 순서대로 목욕을 할 수 있도록 그림 옆에 순서를 1부터 4까지 적어봅시다.

욕조에 들어가 비누칠을 한 후
계속 거품을 일게 한다.
문지른 후 비눗물을 제거한다.

______

입었던 옷과 갈아입을 옷,
수건, 비누 등을 준비한다.
물을 튼다.
물의 온도를 조절한다. 옷을 벗는다.

______

젖은 몸을 말린다.
새 옷을 입는다.

______

비눗물을 헹군다.
욕조 밖으로 나온다. 물기를 제거한다.

______

7.2 머리관리

목표

학생들은 청결한 머릿결을 유지하기 위하여 적절하게 머리를 감기는 모든 단계를 순차적으로 말할 수 있을 것이다.

질문

교사 : 우리는 멋있게 보이기 위해서 머리 부분에도 신경을 써야 합니다. 머리를 어떻게 해야 멋있어 보일까요? (머리 감기, 머리 빗기) 어떤 머리스타일을 하더라도 관리가 잘되면 훨씬 멋있게 보일 수 있을 거예요. 어떤 사람들은 목욕을 하면서 머리를 같이 감기도 하고 또 어떤 사람들은 머리만 따로 감기도 해요. 몸을 씻으면서 머리를 감든 따로 머리만 감든 머리 감는 단계들은 비슷해요. 자, 첫째로 머리 감을 때 어떤 물건들이 필요한지 적어 봅시다. (샴푸, 컨디셔너, 수건, 빗, 드라이기 등) 둘째로 머리 감는 순서를 적어 보세요. (1) 머리를 물에 적신다. (2) 샴푸를 한다. (3) 헹군다. (4) (추가적으로) 컨디셔너를 묻힌다. (5) 헹군다. 머리를 감고 난 후에 머리관리를 어떻게 해야 할까요? (말려요, 빗질을 해요 등)

연습장 7.2 : 연습장에 나오는 다음의 학생들은 머리 감는 단계를 따르지 않고 있어요. 그들이 보이는 문제점이 무엇인지 빈칸에 적어 보세요. 이 문제를 가지고 논의를 하면서 머리관리를 잘하는 방법에 대하여 제안해 보세요.

답변

샴푸를 너무 많이 사용했어요. (없어질 때까지 헹군다.)
헹군 후에도 샴푸가 머리에 아직 남아 있어요. (없어질 때까지 헹군다.)
머리를 빗지 않았어요. (빗질을 한다.)
드라이어를 켜 놨어요. (끈다.)
머리를 감지 않아서 지저분해요.(머리를 감는다.)

보충 활동

1. 촌티나는 머리스타일 탈출하기 : 특이한 머리스타일을 한 사람들의 사진을 활용하여 머리스타일의 중요성, 당신의 머리스타일에 대해 다른 사람들은 어떻게 생각할지 토의할 수 있어요. 사람들은 다른 사람들의 머리스타일을 주의 깊게 볼까요?
2. 변신하기 : 지원한 학생들 부모님의 동의를 받고, 그 학생의 머리스타일을 지역 미용실의 협조를 받아 바꾸어 봅니다. 스타일리스트는 머릿결 관리하는 방법과 매력적으로 보이는 머리스타일에 대하여 설명해 주도록 합니다. 건강하고 깨끗한 머리관리의 중요성에 대해 전문가의 설명을 듣는 일은 학생들에게 큰 영향을 줄 것입니다.

이름 ______________________ 날짜 ____________

7.2 머리관리

연습장에 나오는 다음의 학생들은 머리 감는 단계를 따르지 않고 있어요. 머리관리를 잘하는 방법에 대하여 제안해 보세요.

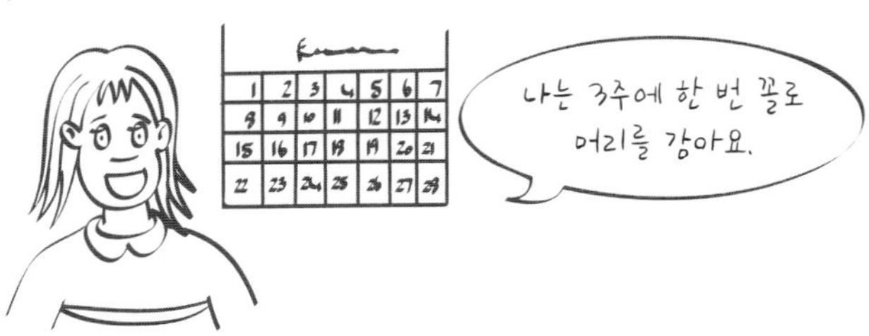

7.3 세수하기

목표

학생들은 적절하게 세수하고 물기를 닦는 모든 단계를 말할 수 있을 것이다.

질문

교사 : 깨끗하게 몸을 씻고 머리를 감는 방법에 대해 알아보았어요. 그다음에는 무엇을 배워 볼까요? 몸과 머리를 청결하게 관리하는 것 외에도 특별히 얼굴관리가 필요해요. 얼굴을 깨끗하게 씻는 것이 왜 중요할까요? (사람들이 알아보니까요 등) 오늘은 얼굴을 깨끗하게 씻고 수건으로 얼굴의 물기를 닦기까지의 단계를 알아보고 연습을 할 거예요.

연습장 7.3 : 여기 연습장에는 세수하는 순서들이 제시되어 있어요. 우리 같이 읽어 봅시다. 시범을 보여 줄 지원자를 뽑아 그가 세수하기 시범을 보여 준 후 각자 연습해 볼 거예요. 각자의 차례가 되면 세수하기를 보여 주세요. 선생님이 단계별로 잘하고 있는지 확인해 볼게요.

답변

(체크리스트 완성)

보충 활동

1. 어릿광대 분장의 날 : 분장하는 날을 마련하여 모든 학생들이 얼굴 분장을 할 수 있도록 합니다. (볼에 그림 그리기를 하는 것만으로도 충분합니다.) 활동이 끝날 무렵 혹은 그날 마지막 시간에 학생들이 분장한 얼굴을 씻는 시간을 가지도록 합니다. 학생들이 직접 세수하는 동안 교사는 세수하는 연습이 더 필요한 부분에 대해 학생들에게 설명해 줄 수 있습니다.
2. 연습, 연습, 또 연습 : 가정에서 학부모님들이 자녀들의 세수하기를 도와줄 수 있도록 요청하여 일주일 동안 집에서 자녀들이 스스로 세수할 수 있도록 격려하고 가정에서 한 세수 행동에 대하여 학교에서 점검하도록 합니다. 세수를 잘한 날에는 강화의 의미로 스티커를 학생들에게 제공합니다. 한 주가 끝나는 날 교사는 학생의 스티커 개수를 가지고 평가하여 상으로 비누를 선물합니다.

이름 ______________________ 날짜 __________

7.3 세수하기

세수하는 방법 몇 가지가 제시되어 있어요. 그 방법을 잘 이해하고 그대로 할 필요가 있어요. 각 단계대로 완벽하게 세수를 했으면 표시해 보세요.

단계 1. 머리를 얼굴 바깥쪽으로 당깁니다. 헤어밴드나 고무줄로 머리를 묶을 수도 있습니다.

단계 2. 얼굴의 오물을 물로 깨끗이 헹구어 냅니다.

단계 3. 손에 비누칠을 합니다. 그 손으로 얼굴 구석구석을 문지릅니다. 그러면 손의 비누칠이 얼굴로 옮겨갑니다.

단계 4. 얼굴의 둥그런 부분 전체에 비누질이 되도록 문지릅니다.

단계 5. 얼굴 구석구석의 비누를 깨끗한 물로 씻어 냅니다. 그리고 깨끗한 수건으로 닦습니다.

단계 6. 마른 수건으로 얼굴을 두드려 줍니다.

7.4 손 관리

목표

학생들은 손 씻기, 짧은 손톱 길이와 손톱의 청결 유지 등 손 관리 과정과 나아가 손의 건강과 안전수칙 지키기 등 손 관리 방법에 대해 설명할 수 있고 직접 실천할 수 있을 것이다.

질문

교사 : (사진을 보여 주며) 마녀의 손이 어떻게 보이지요? (손톱이 길고 때가 끼어 있어요.) (사진을 보여 주며) 그러면 의사선생님의 손은 어떤가요? (매우 깨끗해요.) 그러면 여러분의 손은 어떤가요? (더러워요, 굳은살이 있어요 등) 손을 깨끗이 하는 것이 왜 중요하다고 생각하나요? (세균 번식을 막아요 등) 우리가 손을 깨끗하게 하는 것은 정말 중요해요. 특히 더러운 병균들이 묻어 있는 것을 만진 후에는 반드시 손을 씻어야 하지요. 선생님한테 언제 손을 깨끗하게 씻어야 하는지 말해 줄래요? 오늘 우리가 손을 깨끗하고 단정하게 유지하는 것에 대해 알아보겠어요.

연습장 7.4 : 친구들의 하는 상황을 보고 어느 규칙을 따르는 것이 좋은지 빈칸에 그 규칙의 번호를 적어 보세요.

답변

1. 규칙 3　2. 규칙 5　3. 규칙 1　4. 규칙 4　5. 규칙 2　6. 규칙 5

보충 활동

1. 에취 포스터(Achoo Poster) : 앞쪽 학생부터 차례로 자신의 얼굴을 그리도록 합니다. 그림의 코 부분에 휴지를 붙입니다. 아이들이 각자의 포스터에 "재채기를 할 때, 나를 사용해요."라고 쓰도록 합니다.
2. 손 씻기 연습 : 당신이 손을 씻을 로봇역할을 하고, 아이들은 그 로봇에게 손을 씻도록 지시를 내리도록 합니다. 예를 들어, 아이들이 "비누칠 해."라고 지시하지 않는 한 교사(로봇)는 절대 비누칠을 하지 않는 것처럼 행동합니다. 교사의 시연 후 아이들은 두 명씩 짝을 지어 손 씻기 연습을 합니다. 이때 서로에게 손 씻기 단계별로 적절한 지시를 내리게 합니다.

이름 ______________________ 날짜 ______________

7.4 손 관리

이 연습장에 등장하는 학생들은 손 씻기와 손 안전에 관련된 규칙대로 준수하려고 노력합니다. 각 학생들이 말하는 소리를 잘 듣고 그 학생은 어떤 규칙을 준수하고 있는지 그 규칙의 번호를 적어 보세요.

규칙 1. 비누로 손을 씻어요.
규칙 2. 깨끗한 수건으로 손을 잘 말립니다.
규칙 3. 손톱의 길이를 짧게 유지합니다.
규칙 4. 손톱을 깨끗하게 유지합니다.
규칙 5. 더럽거나 깨끗하지 않은 것을 만졌을 경우, 손을 깨끗이 씻도록 합니다.

1.

______

2.
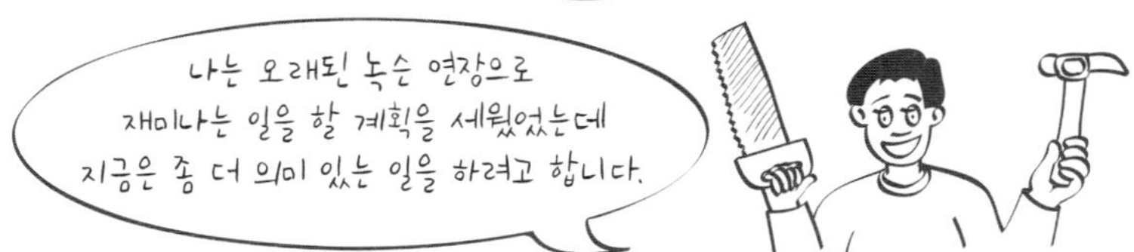

______

3.
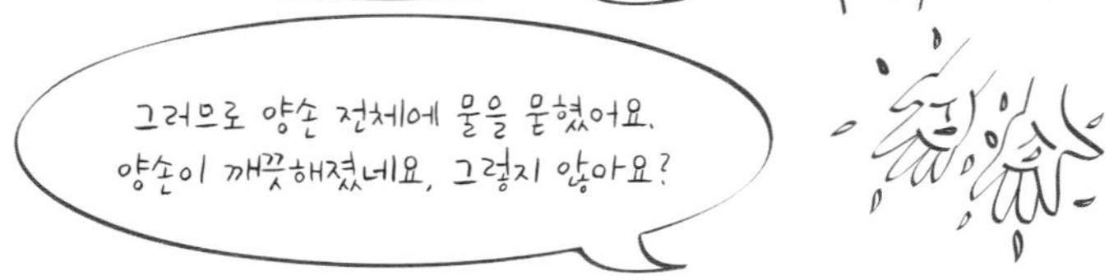

______

4.
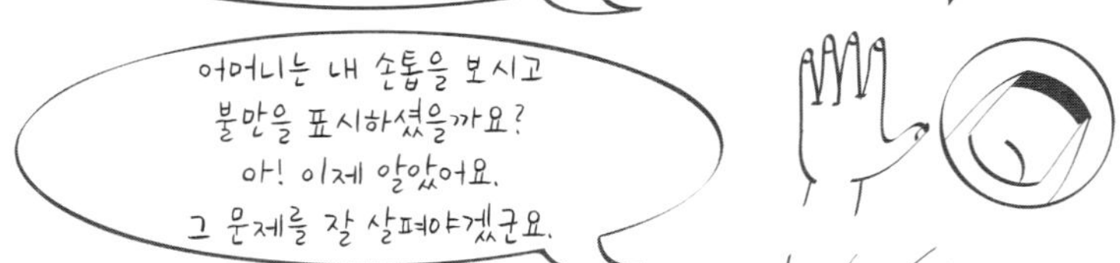

______

5.
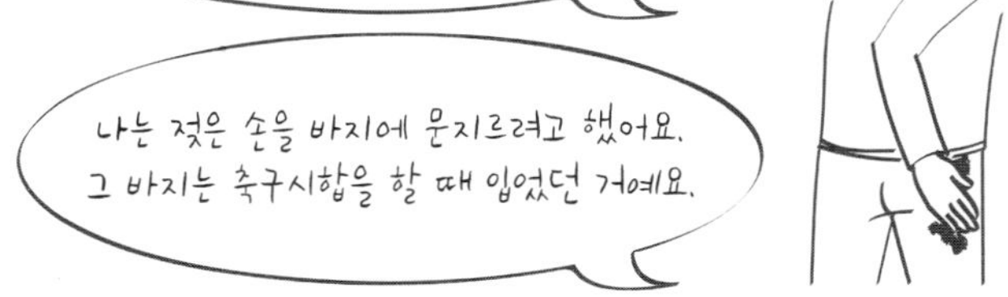

______

6.
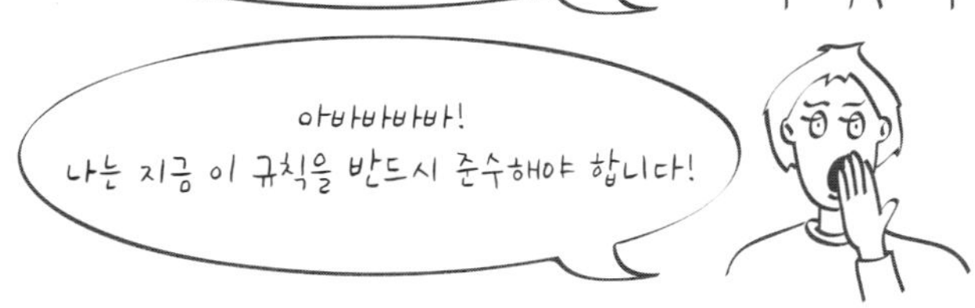

______

7.5 거울 사용

목표

학생들은 거울에 비친 자신의 모습을 보면서 자신을 더 멋지고 단정하게 보이도록 할 수 있는 방법에 대하여 말할 수 있을 것이다.

질문

교사 : 여러분은 다음과 같은 소리를 몇 번이나 들으셨나요? "외출 전, 거울을 보고 자신의 모습을 점검해라." 왜 그런 말을 할까요? (거울을 보며 무엇인가를 점검하지 않고 외출하는 경우, 누군가에게 추한 모습을 보여 줄 수 있으니까요.) 그럼 거울은 여러분에게 어떤 것들을 알려 주나요? (머리가 엉킨 것을 알려 줘요. 얼굴에 더러운 것이 묻어 있는 것을 볼 수 있어요.) 집이나 학교에서 거울을 볼 수 있는 곳은 어디인가요? (화장실, 손거울 등)

연습장 7.5 : 다음의 그림 속 친구들은 자신들의 모습이 깔끔한지 확인하기 위해 거울을 보고 있어요. 학생들이 더 깔끔할 수 있도록 우리는 그들에게 어떤 조언을 해 주면 좋을까요? 각자의 생각을 말해 보세요.

답변

(답은 각자 다를 것이다.)

1. 머리를 다시 만져 보세요.
2. 휴지로 코를 닦으세요.
3. 얼굴에 묻은 립스틱 자국을 닦으세요.
4. 목 주변을 닦으세요.
5. 단추가 잘못 잠겼네요.
6. 머리에 무엇이 붙어 있네요.

보충 활동

1. 거울아, 거울아 : 교실 출입문 옆과 같이 가장 눈에 잘 띠는 장소에 큰 거울을 부착합니다. 아이들은 거울이 붙어 있는 주변을 예쁘게 장식할 수도 있습니다. 거울 앞에서 가끔씩 자신의 모습을 점검하는 것이 좋다는 점을 학생들에게 상기시키도록 합니다.
2. 바람직한 외모 : 학생들이 거울을 보며 자신의 모습을 점검할 때마다 교사는 거울에 붙여 있는 긍정적인 말들을 들려주도록 합니다. '미소를 잊지 말아요' 등의 문구를 사용할 수 있습니다. 주기적으로 문구를 바꾸어주도록 합니다.

이름 ______________________ 날짜 __________

7.5 거울 사용

다음의 그림 속 친구들은 자신들의 모습이 깔끔한지 확인하기 위해 거울을 보고 있어요. 학생들이 더 깔끔할 수 있도록 하려면 우리는 그들에게 어떤 조언을 해 주면 좋을까요?

1.

2.

3.

4.

5.

6.

7.6 이 닦기

목표

학생들은 올바른 방법으로 자신의 이를 닦을 수 있고 치과 진료를 받는 목적을 적어도 하나 이상 말할 수 있을 것이다.

질문

교사 : 이를 전혀 닦지 않는다면 어떤 일이 발생할까요? (이가 썩어요, 입 냄새가 나요 등) 여기 있는 모든 사람들은 오늘 아침에 자신의 치아에 무엇인가 했음에 틀림없어요. 무엇을 했을까요? (이를 닦았어요, 양치했어요 등) 이를 잘 관리할 수 있도록 우리를 도와주는 사람이 있어요. 우리는 그들을 누구라고 부를까요? (치과의사) 우리는 혼자서 이를 닦을 수 있는데 무엇 때문에 치과를 가야 하나요? (충치 찾기, 이 빼기, 교정 등. 아울러 치위생사가 특별한 기구를 이용하여 이를 깨끗하게 해 주고 충치예방도 해 줘요.) 우리가 적어도 1년에 두 번 정도는 치과에 가야 한다고 생각하나요? (충치 예방, 주기적인 구강청소 등)

연습장 7.6 : 여러분은 오늘 미옥이가 양치질을 하는 것을 따라 하게 될 것입니다. 그녀가 하는 행동에서 빠진 부분의 낱말을 채워 넣으세요. 각 부분에 빠진 낱말들을 쓰세요. 마지막에 동그라미 친 음소를 이어 쓰면 훌륭한 치아 관리를 했다는 단어가 나오게 됩니다.

답변

1. 칫솔　　2. 빠뜨림　　3. 헹구어 냄　　4. 치실　　5. 치과의사

보충 활동

1. 구강위생 방문교육(Visit from 'Jaws') : 구강위생교육은 가급적 치과의사가 함께 하는 것이 좋아요. 치과의사가 치아모형을 들고 교실을 방문하여 올바른 칫솔질에 대해 설명해 주는 시간을 갖도록 합니다. 만약 치과의사가 방문할 수 없다면, 지역 치과나 치과의사의 자문을 구할 수도 있고, 보건교사의 협조를 받을 수 있습니다.
2. 치아의 발언(A Tooth Speaks) : 학생들이 말하는 치아가 되는 역할활동입니다. 각자의 치아가 되어서 양치를 할 때, 치실을 사용할 때의 느낌을 말하도록 합니다.

이름 ______________________ 날짜 ____________

7.6 이 닦기

미옥이는 자신의 치아를 잘 관리하는 학생입니다. 그녀가 하는 행동에서 빠진 부분의 단서에 해당하는 영어단어를 채워 넣으세요. 그 낱말들의 철자 중에서 진한 색으로 표시한 분을 이어 쓰면 훌륭한 치아 관리를 하였다는 의미의 단어가 나오게 됩니다.

1. 미옥이는 아침에 일어나자마자 화장실로 가서 녹색 (   )을 집어 들었어요.

2. 그녀는 칫솔에 치약을 묻힌 후, 위아래 방향으로 칫솔질을 하기 시작했어요. 그녀는 지각을 할 것 같아 평소보다 서두르는 바람에 칫솔질을 (   ) 없이 양치질을 하지는 않았어요.

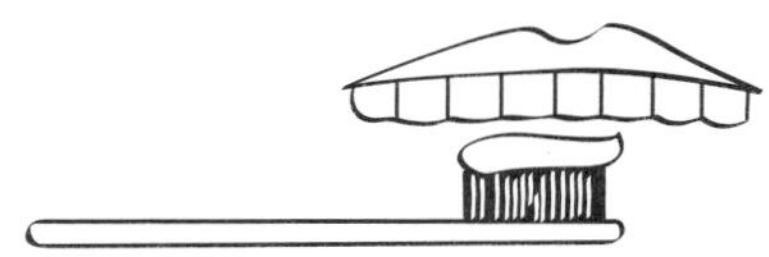

3. 칫솔질을 다한 후, 그녀는 깨끗한 물을 입에 넣고 '아구르르~!' 소리를 내며 치약거품을 (   ) 내었어요.

4. 그런 후 치간 칫솔이나 치실을 이용하여 이빨 사이에 낀 이물질들을 제거하기 시작했어요. (   )을 거울을 통해 보면서 미옥이는 재미있다는 생각이 들었어요.

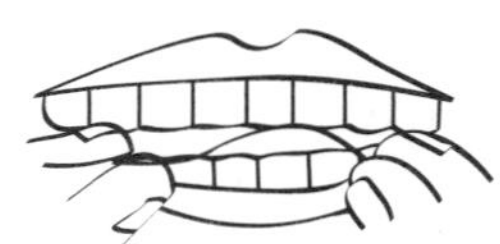

5. 한편 미옥이는 집에서만 치아를 관리하기보다는 전문적으로 관리해 주는 (   )를 찾아가기로 했어요.

7.7 화장하기

목표

학생들은 자신들이 화장을 할 때 적당한 수준을 말할 수 있을 것이다.

질문

교사 : 가면무도회에 참가하기 바로 전이라고 상상해 보세요. 여러분은 화성에서 온 녹색 생명체로 변신을 하려고 합니다. 얼굴을 어떻게 해야 할까요? (녹색으로 분장을 해요.) 이번엔 오래된 서부 영화에 등장하는 원주민으로 변신을 해 볼 거예요. 얼굴을 어떻게 해야 할까요? (얼굴에 줄무늬를 그려요, 전쟁 할 때처럼 분장해요 등) 분장을 하면 당신의 모습은 어떻게 변하게 되나요? (사람들이 나에게 집중을 하고, 내 얼굴을 가릴 수 있어요 등) 왜 사람들이 화장을 매일매일 할까요? (주근깨, 주름들을 가릴 수 있어요. 예쁘게 보이기 위해서요.) 특히 여자들은 주근깨를 가리고 색조화장을 하면 훨씬 예쁘게 보인다고 생각하기 때문에 화장하는 것을 좋아해요. 하지만 제가 만약 이상한 생명체처럼 분장을 하거나, 전쟁 영화에 나오는 군인들처럼 화장한다면 사람들이 뭐라고 할까요? (사람들은 비웃을 거예요. 이상한 사람이라고 생각할 거예요.) 화장을 할 때, 화장하는 목적은 이상한 사람처럼 보이기 위해서가 아니라 좀 더 매력적인 사람으로 보이기 위한 것이라는 점을 잊지 않도록 해요. 우리 지나친 화장/분장을 한 예를 말해 볼까요? (잡지 모델과 같은 화장, 형광색의 눈화장 등)

연습장 7.7 : 친구들이 화장을 하고 있어요. 이들 중 장소에 어울리지 않은 화장을 한 사람은 누구인가요?, 또 화장을 너무 진하게 한 친구는 누구예요? 각자의 상황에 맞게 화장을 하고 있는지의 여부를 판단해 봅시다.

답변

1. 아니요(나쁜 취향)　2. 예　3. 아니요　4. 예　5. 아니요　6. 예　7. 아니요

보충 활동

1. 어느 정도가 심한 건가요? 잡지(특히 여성지)에 등장하는 모델들의 화장한 모습을 보며 과연 어느 점들이 사람들에게 매력적으로 비춰지는지 이에 대하여 이야기해 봅시다. 지나친 향수 냄새는? 옷차림은? 머리스타일은? 학생들이 생각하는 매력적인 모습이 담긴 사진을 수집하도록 한 후, 화장에서 어떤 특징이 적절하고 부적절한지 토론해 볼 수 있습니다.
2. 변신 : 화장 전문가가 교실을 방문하여 어떻게 화장하는 것이 훨씬 매력적으로 보이게 하는지 여학생 모델을 대상으로 시연을 해 주며 설명하는 시간을 가질 수 있습니다. 여학생들이 화장하는 연습을 하도록 하고 (서로 화장해 주기 등) 화장 후, '화장 쇼' 시간을 가질 수 있습니다. 화장하기 전과 후의 사진을 찍어 봅니다. 화장은 적당히 하는 것이 매력적일 수 있음을 강조합니다. (몇몇 여학생들은 화장을 하면서 기존에 꾸미던 시간보다 훨씬 적은 시간을 투자하고도 외모를 관리할 수 있습니다. 화장은 진할수록 예쁘다고 생각한 학생들이 화장의 정도를 줄일 수 있습니다.)

이름 ______________________________ 날짜 ______________

7.7 화장하기

다음의 학생들은 각기 다른 이유로 화장을 하려고 합니다. 각 학생들의 화장이 적절하다고 할 수 있는지 '예' 또는 '아니요' 표시를 하세요.

1. ______________ 나는 장례식장에 가려고 합니다. 그래서 검은색 매니큐어를 바르고 검은색 눈 화장을 하고 검은색 립스틱을 바를 거예요.

2. ______________ 나는 볼에 여드름이 너무 많아요. 화장을 살짝 한다면 여드름 흉터들이 어느 정도는 가려질 수 있을 거예요.

3. ______________ 난 살갗을 태운 것(태닝)처럼 보이고 싶어요. 그래서 내 얼굴 전체에 어두운 색조화장을 할 거예요.

4. ______________ 나는 무척 창백해 보여요. 약간의 화장으로 혈색이 돌도록 하면 훨씬 건강해 보일 거예요.

5. ______________ 내가 만약 아이라이너로 눈을 강조한다면 사람들은 내 파란 예쁜 눈을 바라볼 거예요.

6. ______________ 내 얼굴에 검은 반점들이 많아요. 이 화장품은 그 점들을 어느 정도 가려줄 거예요.

7. ______________ 나는 체육수업 첫 시간에 수영을 할 거예요. 하지만 수영이 끝나면 이 화장품들을 화장실에 보관해 두었다가 다시 화장할 거예요.

7.8 몸이 아플 때

목표

학생들은 자신들의 몸이 아플 때 어떻게 대처하는지 그 방안들을 말할 수 있을 것이다.

질문

교사 : 가장 최근에 아팠던 때는 언제였나요? 아플 때의 기분은 어땠나요? (힘이 없었어요, 피곤했어요.) 몸이 아플 때 여러분이 해야 할 것 중에는 몸을 청결하게 하는 것이 포함돼요.) 콧물이 계속 나올 때 옷소매로 코를 닦는 것 대신 할 수 있는 것은 무엇인가요? (휴지를 사용해요.) 항상 깔끔하게 생활하는 것이 좋지만, 특별하게 아플 때는 어떻게 행동하는 것이 좋을지 생각해 보아야 해요.

연습장 7.8 : 다음 그림에는 아픈 친구들이 있어요. 그들에게 좋은 조언이 있으면 제시하세요.

답변

(답변이 각기 다를 것이다.)

1. 휴지를 사용해요.
2. 감기 걸렸을 때 사용하던 물건들을 같이 사용하면 안 돼요.
3. 전염성 질병에 걸리면 집에 있는 것이 좋아요.
4. 선생님께 아프다는 사실을 바로 알려요.

보충 활동

1. 화장지 통 작품(Tissue Box Art) : 우리 학급을 위해 1년 동안 빈 휴지 상자를 대여해 줄 수 있는 사람을 모집합니다. 만약 대여된 휴지 상자가 알록달록하지 못해 아동의 눈길을 끌지 못한다면 학생들이 휴지 상자를 꾸미도록 합니다. 스스로 꾸민 휴지 상자를 보며, 휴지를 쓸 때마다 학생들은 휴지를 올바르게 사용하는 방법에 대해 읽을 수도 있습니다.
2. 여분의 옷상자 : 예기치 못한 일이 발생할 수 있습니다. 따라서 이러한 때를 대비하여 교실이나 학교의 적절한 장소에 남학생, 여학생의 여분의 옷, 양말, 신발들을 준비하는 일은 매우 중요합니다.

이름 ______________________ 날짜 ____________

7.8 몸이 아플 때

다음의 아픈 학생에게 어떤 조언을 할 수 있을까요? 빈칸에 당신의 생각을 적어 보세요.

1. 콧물이 멈추지 않고 쏟아져요. 에취! 계속 재채기가 나와요.

____

____

2. 나는 감기에 걸렸었어. 내가 마시던 음료수 마실래요?

____

____

3. 엄마는 내가 홍역에 걸린 것 같다고 말해요. 하지만 오늘 학교에서 열리는 파티에 빠지기 싫어요. 오늘 무슨 일이 있어도 꼭 파티에 갈 거예요.

____

____

4. 배가 계속 아프고 토할 것 같아요. 이 사실을 선생님께 알려야 할지 말아야 할지 모르겠어요. 화장실은 두 층이나 아래에 있어요.

____

____

08
Chapter

방 청소와 정리정돈

부모에게 보내는 편지 제8호 : 방 청소와 정리정돈

학부모님께

자기 방을 깨끗하게 하는 일은 일상생활 중에서 매일매일 수행해야 하는 일입니다. 자기 방은 잠자는 공간임과 동시에 장난감을 보관하는 장소, 놀이방, 공부방, 친구들과 만나는 사회적 활동의 중심 공간으로서 매우 중요한 기능을 하는 곳입니다. 비록 우리 아이들이 그들만의 공간에서 즐길 뿐만 아니라 사생활이 보호되는 공간을 제공해야 하지만, 한편으로는 다른 사람들에게도 보여질 수 있는 공간이므로 자기 방을 깨끗하게 유지해야 하는 책임감을 자녀들에게 가르칠 필요성이 있음에도 불구하고 이를 느끼지 못하는 경우가 있습니다.

자녀에게 자기 방을 청결하게 유지시킬 책임감 교육이 필요함을 부모님께서 느끼신다면 그 기대를 자녀들에게 명확하고도 합리적으로 전달하십시오. 부모님께서는 자녀가 하교 후 자기 방에 들어가 벗은 옷을 어떻게 처리하기를 원하십니까? 또한 책은 어디에 두길 원하십니까? 놀고 난 후의 장남감이 정리되어 다음 날 다시 가지고 놀 수 있도록 치워지길 원하신다면 부모님의 그러한 기대를 자녀에게 제대로 전달해서 정리하는 절차를 자녀가 알게 하십시오.

만약에 한 방을 자녀들이 공용으로 사용한다면, 그 안에 있는 소유물과 그 안에서의 자녀들 간의 사생활을 고려하시어 서로 화합할 수 있도록 조정하시는 것을 가르치십시오. 부모로서 자녀들에게 공정성을 유지하기 위해 사안에 따른 책임의 소재와 마무리 일정에 대해서도 분명하게 얘기하세요.

이러한 일들을 일관성 있게 정리해 나가는 일은 누구에게나 매우 어려운 일입니다. 그러나 이러한 습관은 일찍 가지면 가질수록 좋은 일입니다. 여러분의 자녀들이 청소를 하고 집기류를 정리함으로써 느끼는 즐거움을 알도록 해 주십시오. 자녀들에게 청소용품들은 어디에 있는지, 진공청소기 사용법이 어떻게 되는지 알려 주십시오. 물론 자녀들이 어설프게 할지라도 격려의 말을 아끼지 말아야 함을 기억해 주시구요.

다음에 또 뵙겠습니다.

____

교사 드림

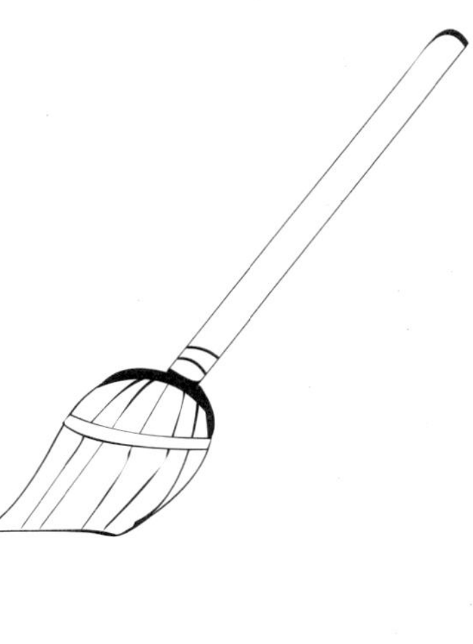

방 청소와 정리정돈

관련 기술 항목 연습장 8 : 학습 진행사항

+ 숙달
✔ 익히는 과정
− 익히지 못함

학생 이름	바닥에 놓인 것 올려놓기	침대 정리하기	바닥 정리하기	먼지 털기	난장판 정리하기	수납장 정리하기	방안의 규칙	같은 공간 공유하기	비고

8.1 바닥에 놓인 것 올려놓기

목표

학생들은 자기 방 청소를 위해 방바닥이나 그 밖의 장소 바닥에 놓여 있는 물건들을 들어 올려 적절한 장소에 둘 수 있을 것이다.

질문

교사 : 여러분들의 방을 생각해 보세요. 자기 방의 상태가 어떠한지 이야기해 봅시다. (영숙이는 자기 방의 바닥에 놓여 있는 여러 물건들을 열거하였다.) 오늘은 자기 방의 바닥에 널려 있는 물건들을 들어 올려 제자리에 놓는 일에 대하여 이야기를 해 볼 거예요. 그게 무슨 의미일까요? (바닥의 물건을 있어야 할 곳에 놓는다.) 여러분의 방바닥에는 주로 어떤 물건들이 널려 있나요?

연습장 81 : 창수는 정리정돈을 어려워하는 학생으로서, 그의 물건들을 제자리에 정리정돈할 수 있도록 도움을 주어야 합니다. 그의 물건을 들어 올려 제자리에 놓을 수 있도록 필요한 도움을 제공해 주세요.

답변

1. b　2. d　3. f　4. g　5. j　6. h　7. e　8. i　9. a　10. c

보충 활동

1. 당신 방 엿보기 : 학생들은 두꺼운 마분지를 가지고 큰 방문을 만듭니다. (문에는 문고리나 방주인의 표찰을 달도록 합니다.) 문을 열 수 있도록 만듭니다. 손님이 자신의 방문을 열었을 때 깜짝 놀랄 정도로 그 안의 모습이 난장판으로 묘사된 그림을 붙여 놓습니다. (만일 방을 같이 사용하는 경우는 사용하는 사람들의 이름을 모두 표시합니다.)
2. 여러 개의 물건 정리 : 학생들은 방바닥에 널려 있어 정리해야 할 여러 가지 물건들(개수 표기)이 묘사된 이야기를 작성합니다. 이 이야기를 친구들과 바꾼 후 그 문제를 해결하는 방법을 이야기하도록 합니다. (철수의 방바닥에는 지저분한 접시 3개가 놓여 있는데, 그 각각의 접시 위에는 4개씩의 피자 조각이 놓여 있다. 그러면 접시에 놓인 피자조각은 모두 몇 조각입니까?)

이름 ______________________ 날짜 ______________

8.1 바닥에 놓인 것 올려놓기

창수는 정리정돈을 잘하지 못하는 학생입니다. 그래서 아버지께서 정리정돈을 잘하라고 잔소리를 하십니다. 창수를 도와서 물건을 제자리에 놓으려고 합니다. 왼쪽의 물건이 놓여야 할 자리를 오른쪽에서 찾아 그 기호를 쓰세요.

1. 더러운 셔츠 _____
2. 깨끗한 셔츠 _____
3. 신발 _____
4. 연필 _____
5. 큰 수건 _____
6. 교과서 _____
7. 자전거 바퀴 _____
8. 스케이트보드 잡지 _____
9. 빈 음료 캔 _____
10. 전날 저녁 먹다 남은 피자접시 _____

a. 쓰레기장에 있는 재활용 수거용 포대
b. 세탁실
c. 식기세척기(남은 음식을 잔반통에 깨끗이 비운 후)
d. 벽장의 옷걸이
e. 창고의 자전거 옆
f. 벽장의 신발보관함 다른 신발 옆
g. 책상 위에 있는 필통
h. 책상 위의 책꽂이
i. 책상 옆의 잡지꽂이
j. 욕실

8.2 침대 정리하기

목표

학생들은 정리하는 단계에 따라 시트와 베개, 침대덮개를 포함한 이불 정리를 적절히 할 수 있을 것이다.

질문

교사 : 다음과 같은 일들이 여러분 집에서도 있을 수 있지 않겠어요? 여러분도 집에 손님이 오신다는 것을 알고 있었어요. 그래서 어머니께서 손님이 주무실 수 있도록 잠자리 준비를 도와달라고 여러분에게 부탁했어요. 그럼 여러분은 잠자리 준비를 어떻게 해야 할까요? (보기에 좋게 정리정돈해야 해요.) 잠자리 정돈에는 어떤 것들이 포함될까요? (침대를 편평하게 펴요. 그 위에 담요를 잘 펼쳐요. 베개를 제자리에 놓아요. 침대커버를 매끄럽게 잘 덮어요.) 왜 정리정돈된 잠자리가 중요할까요? 만일 손님이 오시지 않을 때는 이것들을 아무렇게나 놓아두어도 되는지요? (아주 좋은 지적이다. 손님이 오지 않더라도 잠자리를 잘 정리정돈하는 것이 중요함을 강조한다. 저녁에 잠자리에 들 때, 엉망진창인 침대보다 잘 정리된 침대로 들 때 기분이 좋다.)

연습장 8.2 : 침대를 정리하는 방법은 여러 가지가 있어요. 일부 사람들은 담요를 침대 위로 던져 펼친 후 다음 단계로 침대 정리정돈 절차에 따릅니다. 연습장에는 단계별로 침대를 정리하는 방법이 소개되어 있어요. 이 방법은 여러분이 하는 방식과 다를 수 있어요. 그렇기는 해도 제시하는 방법에 따라 침대를 정리하게 되면 또 하나의 정리방법을 배우게 되는 것입니다. (이 연습장을 집으로 보내 그 절차대로 침대를 정리해 보도록 하는 과제를 부여할 수도 있다. 부모가 자녀와 함께 침대 정리하는 절차에 따라 수행함으로써 수행을 잘했을 때 칭찬을 함으로써 침대정리를 가르칠 수 있다.)

답변

(체크리스트 완성)

보충 활동

1. 나위 수행 점검표 : 가정에서 부모와 자녀가 함께 협력하여 침대를 정리하는 활동을 점검하고 보상을 주는 지속적인 노력을 해야 합니다. 부모는 학생들이 이 과업을 잘 수행할 수 있도록 격려해야 합니다. (물론 처음부터 부모가 하는 것이 오히려 쉬운 해결방법일 수 있을지라도 학생과 함께 해야 합니다.)
2. 사진으로 보는 단계별 절차 : 만약 학교에서 침대정리 방법을 연습할 경우, 그 정리의 다양한 단계를 단계별로 사진을 찍어 둡니다. 학생들이 사진의 순서대로 포스터 위에 배열합니다. 각각의 단계에 따라 어떠한 것들이 수행되어야 하는지 각 단계별로 이야기해 보도록 합니다.

이름 ____________________ 날짜 __________

8.2 침대 정리하기

여기에는 침대를 정리하는 몇 가지 방법이 소개되어 있습니다. 여러분은 각 단계를 이해해야 합니다. 소개하는 방법이 제대로 된 것이라면 공란에 표시하세요.

단계 1. 침대의 바닥시트를 가지런하게 깐다. 머리 부분을 일부 접어 올린다. ☐

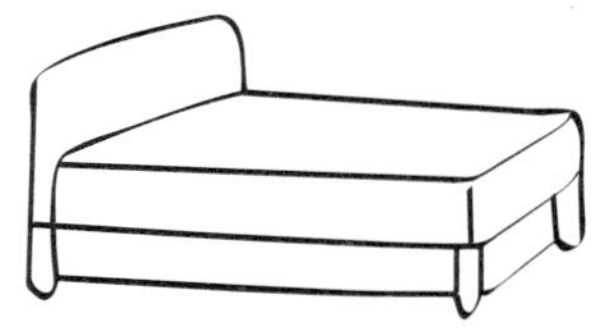

단계 2. 그 위에 침대의 위 덮개를 덮는다. 머리 부분을 일부 접어 올린다. ☐

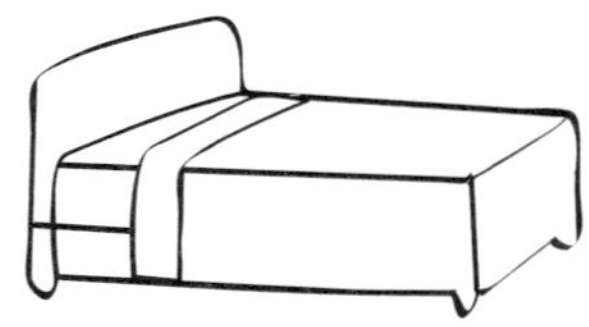

단계 3. 가장 나중에 담요를 덮는다. 머리 부분을 일부 접어 올린다. ☐

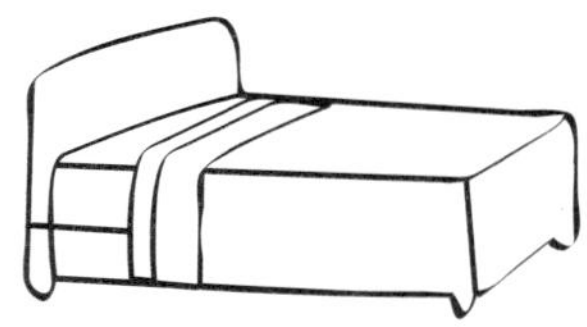

단계 4. 침대의 머리 부분에 베개(경우에 따라 2개)를 놓는다. 눌리지 않게 푹신하게 한다. ☐

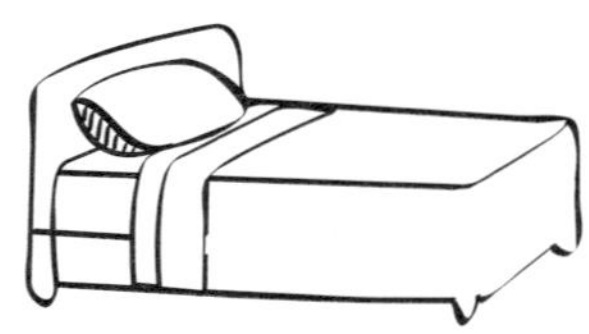

단계 5. 지금 침대를 덮고 있는 시트와 담요 안으로 들어가려고 한다. 덮개를 여유 없이 너무 조이면 침대로 들어갈 때 불편하다. ☐

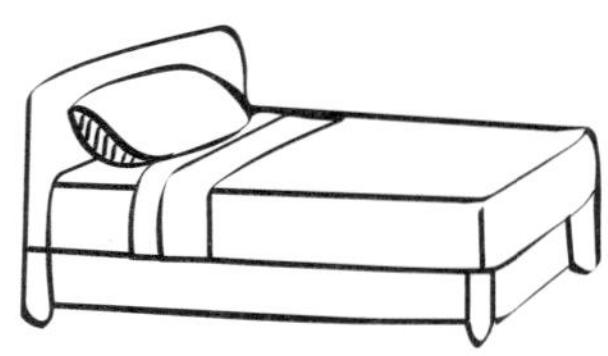

단계 6. 침대 시트를 이용하려면, 베개 밑에 여분의 시트를 접어서 놓으면 된다. 그러면 이들의 윗부분만 당겨서 사용할 수 있다. ☐

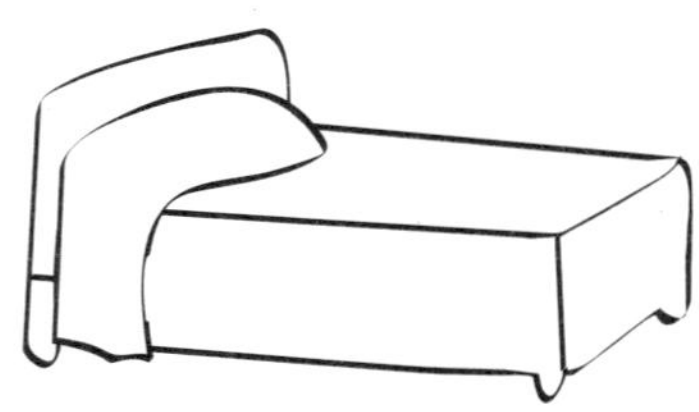

단계 7. 취향에 따라 그 위에 봉제 인형을 올려 놓을 수도 있다. ☐

8.3 바닥 정리하기

목표

학생들은 방바닥 청소를 함에 있어 특히 어떤 활동이 바른 청소활동(진공청소기, 걸레질!)인지 알려 주어야 한다. 그러면 적절한 절차에 의해 바닥청소를 적절히 수행할 것이다.

질문

교사 : 우리 집의 방바닥을 한번 살펴볼까요. 어떻게 하면 방바닥 청소를 깨끗이 할 수 있는지 그 방법을 아는 사람 있나요? (진공청소기, 걸레질) 방을 깨끗이 하는 방법의 하나가 바닥을 깨끗이 하는 것이에요. 왜 바닥이 더러워지는 걸까요? (신발을 아무렇게나 팽개치고 여기저기 걸어 다니고, 인형을 아무렇게나 놓아두고) 기본적으로 방바닥을 치우는 두 가지 방법이 있어요. 만약에 카펫을 사용하고 있다면 그것은 진공청소기로 청소를 하면 됩니다. 만약 맨바닥이라면, 손 걸레질이나 마대 걸레질로 깨끗하게 할 수 있어요. 오늘은 방바닥을 깨끗하게 청소하는 여러 가지 방법에 대해서 배워보도록 해요.

연습장 8.3 : 연습장에는 바닥을 청소하는 데 필요한 몇 가지 청소용품이 제시되어 있어요. 먼저 청소도구의 이름과 그것의 그림을 일치시킬 수 있어야 해요. 그리고 학생이 설명하는 청소 방법을 완성시키기 위해 위에서 본 청소도구의 이름을 적어 보세요.

답변

a. 2　　b. 3　　c. 1　　d. 2　　e. 3

답변

1. 진공청소기　　2. 빗자루, 쓰레받기　　3. 마대걸레, 양동이, 양동이

보충 활동

1. 청소도구함 : 학생들은 여러 가지 청소도구가 담긴 사진이나 그림을 수집합니다. 그리고 그것들의 다양한 기능과 사용되는 장소, 용도별 사용절차(닦거나, 털기)에 따라 이를 범주화시킵니다.
2. 바닥재 : 학생들에게 자기 집 방바닥 재료가 무엇인지를 표로 작성하도록 합니다. 그리고 왜 부엌에는 카펫이 깔려 있지 않은지, 왜 사람들은 방이나 방 중앙에 작은 깔개를 깔아 놓는지 그 이유에 대해 이야기하도록 합니다.

이름 ________________________________ 날짜 ______________

8.3 바닥 정리하기

다음의 학생들은 다양한 청소도구를 사용하여 바닥청소를 합니다. 청소도구를 각 용도에 맞게 배열해 보세요.

1. 진공청소 2. 걸레질 3. 빗질과 쓰레기 담기

a. 양동이 ________

b. 빗자루 ________

c. 진공청소기 ________

d. 마대걸레 ________

e. 쓰레받기 ________

다음에는 청소하는 이야기가 소개되어 있어요. 빈칸에 청소도구를 넣어 문장을 완성해 보세요.

1. 나의 방에는 카펫이 깔려 있어요. 그래서 ________를 이용하여 청소를 하려고 합니다. 나는 벽에 달려 있는 전기 플러그에 청소기의 전선을 연결한 후 스위치를 올린 후, 이곳저곳으로 움직이며 먼지를 청소했어요.

2. 내 방의 바닥은 굉장히 더럽습니다. 그래서 먼저 긴 자루가 달린 ________로 방 구석구석과 침대 밑까지 쓸었어요. 그런 후 ________를 이용하여 모아 놓은 먼지와 오물을 담아서 버렸어요.

3. 오늘 보니 내 방이 정말 더럽군요. 그래서 나는 ________를 가져다가 비눗물이 담긴 ________에 담갔다가 이것을 이용하여 바닥의 이곳저곳을 깨끗이 닦으려고 해요. 그리고 일정한 간격으로 이를 다시 ________에 담가서 세척을 한 후 사용하려고 해요. 그런 후 바닥을 말리려고 해요. 그러면 다시 바닥이 아주 깨끗하고 상큼해질 거예요.

8.4 먼지 털기

목표

학생들은 정해진 장소에서 적절한 도구와 방식으로 안전하게 먼지를 털 수 있을 것이다.

질문

교사 : 에취! 에취! 에취! 우리 교실에는 먼지가 많은 것이 분명해요. 우리가 지금까지 방 청소를 깨끗하게 하는 것에 대해 이야기를 하고 있었는데, 먼지를 없애기 위해서는 무엇을 해야 할까요? (먼지 털기, 공기 중의 먼지 제거) 먼지란 무엇이죠? (공기 중의 더러운 작은 입자들 또는 물질들) 이를 어떻게 없애죠? (총채, 환풍기, 청소용 스프레이) 만약에 많은 먼지들이 어떤 물건이나 장소에 쌓인다면 어떻게 할까요? (얇은 천 같은 것으로 덮어둔다.) 먼지 제거와 관련한 청소광고를 본 경험이 있나요? (책상의 낙서, 그 밖의 얼룩) 먼지를 제거하기에 좋은 도구를 알고 있는 사람 있나요? (걸레, 총채, 스프레이)

연습장 8.4 : 연습장에 나오는 학생에게 먼지를 털어내라는 부탁을 했어요. 그런데 한 학생만 제대로 된 방법으로 먼지를 제거했어요. 그렇게 한 학생을 찾아보세요. 그리고 각각의 경우에서, 먼지를 제거하는 방법이 잘못된 부분을 이야기해 보세요.

답변

1. 잘못된 방식으로 먼지를 제거했다. 특히 이웃으로부터 싫은 소리를 들을 것이다.
2. 스프레이를 너무 많이 뿌렸다.
3. 먼지가 전혀 제거되지 않았다.
4. 탈취제는 청소용 스프레이를 대신할 수 없다.
5. 청소를 제대로 했다.
6. 작고 값비싼 장신구의 먼지를 털기에는 자루비가 너무 크다.

보충 활동

1. 방 안의 먼지 : 학생들은 각자 한 번에 하나의 방을 지정한 후, 그곳에서 먼지가 쌓여 있는 곳 5~10군데를 찾아내어 청소를 합니다. 청소 후 제대로 먼지가 제거되었는지 점검을 합니다. 어느 방이 가장 먼지가 많은 걸까요? 이유는 무엇인가요?
2. 먼지 털이 담당자 : 학생들에게 교대로 교실을 청소하는 역할을 부여합니다. 학생들이 원한다면 여러 색의 먼지 털이, 청소용 걸레, 그리고 스프레이 등 청소도구를 제공합니다. 청소가 끝나면 반드시 확인을 합니다.

이름 ______________________ 날짜 ____________

8.4 먼지 털기

여기에 등장하는 학생들 중 오직 한 학생만 제대로 된 방법으로 먼지를 제거했어요. 나머지 학생들은 적어도 한 군데 이상에서 잘못된 방법을 사용하고 있었어요. 제대로 된 청소방법을 사용한 한 학생을 찾아보세요. 그리고 나머지 학생들의 방법은 무엇이 잘못된 것인지 설명해 보세요.

1.

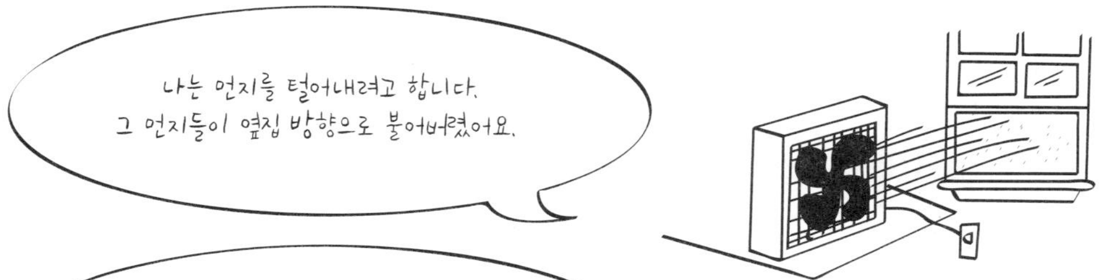

2.

3.

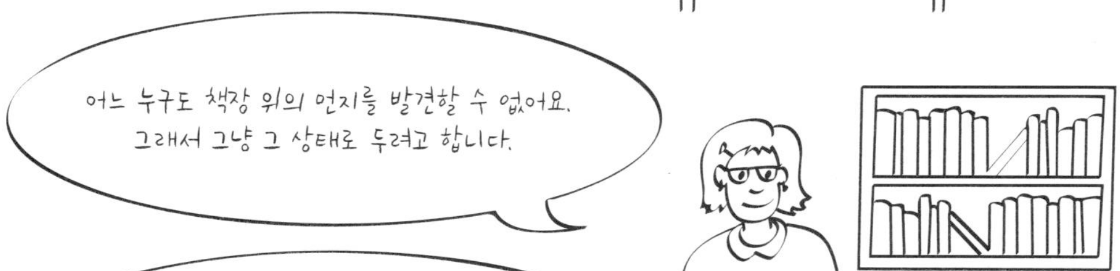

4.

5.

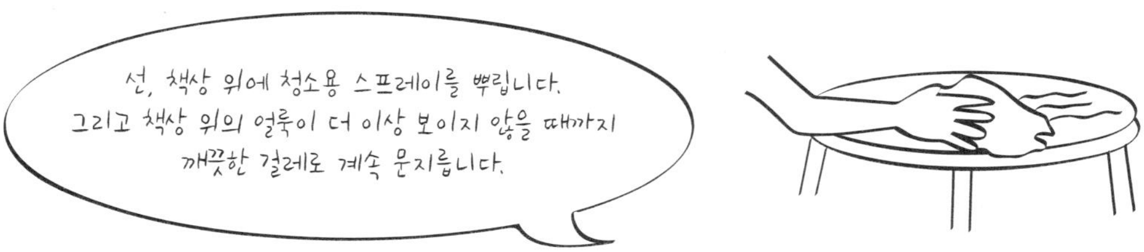

6.

8.5 난장판 정리하기

목표

학생들은 보관해야 할 물건들과 버려야 할 물건들을 두 범주로 분류할 수 있을 것이다.

질문

교사 : 이따금 사람들은 아직까지 간직할 필요가 있는 물건과 더 이상 사용하지 않거나 깨지거나 유행이 지난 물건들을 버림으로써 정리할 필요가 있어요. 여러분의 방에서 더 이상 필요하지 않거나 아직은 필요한 물건들은 어떤 것이 있는지 찾아내 볼까요? (옷가지, 인형, 게임기, 부서진 물건들) 여러분의 방안에 있는 물건 중 특별한 물건, 오래도록 보관해야 할 물건들이 있나요? (사진, 특별한 선물, 보석)

연습장 8.5 : 영옥이는 너무도 많은 물건들을 가지고 있어요. 우리가 그녀의 방에 있는 물건들 중에서 버려야 할 것들에 대한 목록을 만들어서 그 물건들을 버리도록 하여 그녀의 방 정리를 도와줍시다.

답변

1. 예, 버린다. 어린 동생이 없는 한.
2. 아니요, 아직 쓸 수 있으므로 버리지 않는다.
3. 아니요, 겨울이 또 돌아오므로 버리지 않는다.
4. 예, 버린다.
5. 아니요, 그것은 특별한 의미의 선물이기 때문에 버리지 않는다.
6. 아마도 버리는 게 좋겠다.
7. 예, 버린다.
8. 예, 버린다.
9. 예, 버린다.
10. 예, 버린다.
11. 다시 그림을 그리고 싶어질 수 있으니 그때 다시 사용할 수 있도록 버리지 않는 것이 좋겠다.
12. 예, 버린다.
13. 예, 버린다.
14. 아니요, 다시 입을 수 있다.
15. 아니요, 특별한 의미의 물건이다.

보충 활동

1. 오직 세 가지만 건져라. 학생들에게 제한시간 60초를 주고 자기 방에 들어가 오직 건져내고 싶은 물건 세 가지만 선택하라고 가정놀이를 합니다. 시계를 60초에 설정한 후, 잠시 동안 생각하게 한 후 시계를 작동하면 학생들은 자신들이 가장 가치 있다고 생각하는 물건들을 적도록 합니다. 그런 후 왜 그것을 선택했는지 의견을 나눕니다.
2. 다른 사람들을 위한 선택 : 학생들의 대부분은 아마도 버려야 할 물건들을 많이 가지고 있을 거예요. 그래서 기증품 수집의 날을 열어서 자기들이 사용하지 않는 양호한 옷, 책 등 여러 물건을 가지고 와 필요한 사람들이 사용할 수 있도록 돕는 단체에 보내도록 합니다.

이름 ____________________ 날짜 ____________

8.5 난장판 정리하기

영옥이는 너무도 많은 물건들을 가지고 있어요. 그녀가 자신의 방을 정리할 수 있도록 우리가 버려야 할 것(예)들과 그렇지 않은 것(아니요)들을 구분하여 줌으로써 영옥이가 그 물건들을 버릴 수 있도록 도와줍니다. 당신의 생각을 말해 보세요.

______ 1. 스웨터가 그녀가 입기에는 너무 작다.

______ 2. 운동화가 조금 낡았다.

______ 3. 겨울코트, 지금은 여름이니까.

______ 4. 어린 시절에 읽은 책, 다시 읽을 일은 없으니까.

______ 5. 할머니가 선물해 주신 특별한 의미의 책

______ 6. 여러 점의 괴석, 2년 전 여행에서 구한 것

______ 7. 두 살 때 가지고 놀던 보드게임

______ 8. 오래된 목욕가운

______ 9. 짝이 안 맞는 퍼즐

______ 10. 거의 타버린 양초

______ 11. 미술용 스크랩북

______ 12. 오랫동안 침대 밑에 들어가 있던 유리제품

______ 13. 더 이상 사용하지 않는 컴퓨터용 게임

______ 14. 밝은 붉은색의 양말

______ 15. 가족사진 액자

8.6 수납장 정리하기

목표

학생들은 옷장에 있는 물건들을 적당한 위치로 정리(분류)할 수 있을 것이다.

질문

교사 : 만약에 선생님이 여러분들의 집을 방문하여 옷장 문을 열어 본다면 어떤 현상이 일어날까요? 선생님은 그 안에서 어떠한 광경을 보게 될까요? (아마도 매우 흥미로운 일들이 발생할 것이다.) 만약에 그 안에 물건들이 많다면, 그 물건들은 서로 엉키지 않도록 잘 쌓아 두고 방해받지 않고 찾기 쉽게 특정한 장소에 배치하는 것이 좋을 것입니다. 물건을 찾기에 좋은 장소란 어떤 장소를 말하는 것일까요? (선반, 신발장, 옷걸이, 수납장) 수납장에 물건을 잘 배열하는 것이 왜 좋은가요? (물건을 찾기에 좋고, 당신의 방이 더 커 보일 것이다.)

연습장 8.6 : 용수에게 물건을 배열하는 방법을 보여주어 자기 옷장을 잘 정리할 수 있도록 도와줍니다.

답변

1. D 2. A 3. B 4. D 5. B 6. C 7. C 8. B 9. C 10. D 11. A 12. C

보충 활동

넝마 찾기 : 학생들이 집에서 옷장정리를 할 수 있도록 연습하기 위하여 옷장의 물건 찾기 게임을 같이 만듭니다. 물건의 목록에 들어갈 것들은 매우 구체적인 것들로 파란 양말, 개에 대한 책, 스트라이프로 된 스웨터 등이 될 수 있습니다. 학생들이 옷장에서 이들 목록의 물건들을 찾아냈는지를 확인합니다.

이름 ______________________ 날짜 ____________

8.6 수납장 정리하기

다음과 같이 옷장에는 반드시 놓여야 할 공간이 있음을 용수에게 보여 주어 자신의 옷장을 정리할 수 있도록 합니다.

A. 수납 상자에 넣기 B. 옷걸이에 걸기 C. 선반에 놓기 D. 신발장에 넣기

1. 운동화 ____________
2. 철 지난 옷 ____________
3. 정장 ____________
4. 샌들 ____________
5. 고급 셔츠 ____________
6. 보드게임 ____________
7. 책 ____________
8. 바지 ____________
9. 축구공 ____________
10. 슬리퍼 ____________
11. 지금 입기엔 큰 셔츠 ____________
12. 비디오 게임기 상자 ____________

8.7 방안의 규칙

목표

학생들은 방의 정리정돈 또는 유지하는 절차가 포함된 지속되어야 할 가족 규칙에 대하여 설명할 수 있을 것이다.

질문

교사 : 여러분은 옷이 더러워졌을 때 어떻게 하나요? (바구니에 넣는다, 엄마에게 준다, 침대에 던져 놓는다.) 선생님은 여러분의 집에도 여러분이 따르면 부모님이 좋아하실 구체적인 절차(규칙)가 있을 거라고 생각해요. 만약 여러분이 집에서 무언가를 바닥에 흘렸을 때, 이러한 일의 처리와 관련한 어떠한 절차나 규칙이 있나요? (여러분이 치우거나 부모에게 치워달라고 말한다.) 그것을 그대로 두는 것과 관련한 규칙은 무엇인가요? 그대로 두어야 할 때와 치워야 할 때의 규칙이 있나요? (출근 시간이 되어 여유가 없을 때, 개가 그것을 먹을 수 있을 때) 집의 관리를 위해서는 나름의 규칙이 필요하다고 생각하는 이유는 무엇인가요? (한 사람이 무엇이든 다 해야 한다는 법은 없는 것이니까, 집안일을 해결해야 하니까.)

연습장 8.7 : 아마도 여러분의 집에는 여러분의 집 나름의 규칙이 있을 거예요. 제시된 문장으로 여러분들 나름의 집안 규칙을 완성해 보세요.

답변

(답은 각기 다를 것이다.)

1. 그것을 바구니에 넣어요.
2. 싱크대에 넣어요.
3. 침대 커버를 걷고 새것을 깔아요.
4. 종이 타월을 가지고 그것을 닦아요.
5. 옷장에 걸어 둬요.
6. 스위치를 꺼요.
7. 게임기를 책상 위에 올려 놓아요.
8. 침대를 정리해요.

보충 활동

1. 미친 규칙 : 학생들은 종이를 접어 두 부분으로 나눕니다. 왼쪽에는 위의 연습장 활동과 유사한 상황을 설정하여 써 넣도록 합니다. 오른쪽에는 각각의 상황에 대한 규칙을 쓰도록 합니다. 그런 후 오른쪽의 규칙들을 하나하나 분리 한 후 이들을 섞어서 불규칙적으로 왼쪽(상황)에 둔다. 이들을 배열하면 "내 옷이 더러워졌다. 그 옷을 옷장에 걸어두었다", "나는 바닥에 무엇을 흘렸다. 나는 즐거운 마음으로 내 침대를 정리하였다"와 같은 미친 규칙들이 완성됩니다.
2. 혼란스러운 하루 : 학생들에게 "미친 규칙" 활동을 통해 뒤죽박죽된 규칙과 그에 따라오는 소란스런 상황을 접한 느낌을 창조적인 글쓰기로 이어지도록 합니다.

이름 ______________________ 날짜 ____________

8.7 방안의 규칙

여러분의 가정에도 나름의 규칙이 있다고 가정을 합니다. 다음의 규칙과 관련하여 문장을 완성해 보세요.

1. 나의 옷이 더러워졌어요. 그래서 나는

____

____

2. 내 방에서 식사를 했어요. 그 후 나는

____

____

3. 내 침대보가 더러워지면, 나는

____

____

4. 만약 내 방에서 무엇을 흘렸다면, 나는

____

____

(계속)

5. 내 옷을 세탁한 후 말렸다면, 나는

____

____

6. 내 방의 전등이 켜 있는데 외출을 해야 한다면, 나는

____

____

7. 나는 게임을 줄곧 하다가 외출해야 한다면, 나는

____

____

8. 아침에 침대에서 일어났을 때, 아마도

____

____

8.8 같은 공간 공유하기

목표

학생들은 침실을 함께 사용함으로써 발생되는 문제를 합당하게 해결하는 방법을 제시할 수 있을 것이다.

질문

교사 : 여러분의 집에는 자신만의 침실이 몇 개가 있나요? 또 다른 가족과 함께 공유하는 공간은 몇 개가 있나요? 여러분 혼자 사용했으면 하는 공간은 몇 개입니까? 여러분은 자신의 방을 가졌으면 하지만 방을 함께 사용함으로써 생기는 좋은 점도 있습니다. 어떤 점이 좋다고 생각하나요? (함께 이야기 나누고, 놀고, 즐거운 시간을 가질 수 있다.) 불편하게도 우리가 침실을 함께 사용해야 할 경우라면, 우리는 방을 깨끗이 해야 할 책임도 같이 나누어야 하며, 공간을 같이 사용해야 하고, 다른 스케줄에 대해서도 생각해야 하는 등 여러 가지 책임이 따릅니다. 방을 함께 사용하기 때문에 불편한 점이 어떤 게 있을까요? (시끄럽게 할 수도 있고, 늦은 밤에 전화통화를 할 수도 있고, 잠을 깨울 수도 있고, 당신이 있는 공간에 무엇인가를 쏟을 수도 있다.)

연습장 8.8 : 여기에 나오는 학생들은 다른 사람들과 함께 방을 사용해야 해요. 그들 사이의 문제를 해결하기 위해 우리는 어떤 조언을 할 수 있을까요?

답변

(답은 각기 다를 것이다.)

1. 아침 시간에 좀 조용히 해 줄래.
2. 숙제는 다른 방에서 하면 되잖니.
3. 잠자리에 들기 전까지 방을 깨끗이 정리하면 정리할수록 좋다.
4. 방안에서 통화를 하고 싶으면 다른 전화로 통화를 하거나 아니면 다른 장소에 가서 통화를 해 줄래.
5. 방안을 청결하게 하는 규칙을 정해 주도록 엄마에게 요청한다.
6. 허드렛일의 목록을 만든 후, 이를 나누어서 매 주마다 이어서 한다.

보충 활동

1. 함께 사용하기 : 침실을 함께 사용하는 학생들에게 그들이 어떻게 허드렛일을 나누며, 갈등을 어떻게 해결하며, 룸메이트와 어떻게 시간을 함께 즐기는지에 대해 이야기해 보도록 합니다. 방을 공유하면 가족 사이의 연대감을 공유할 수 있어요.
2. 이 친구와 어떻게 친해질까요? 학생들이 특이한(흥미로운) 특징을 가진 룸메이트와 함께 생활하고 있다고 가정하고 그와 관련한 창의적인 이야기를 쓰게 합니다. 예를 들어, 캥거루족이나 거인, 투명인간, 쌍둥이, 또는 외국에서 온 사촌들을 룸메이트로 가정할 수 있습니다. 이 특별한 룸메이트와 함께 방을 공유하며 생활하는 방법에 대하여 이야기해 보세요.

이름 ______________________ 날짜 ____________

8.8 같은 공간 공유하기

여기의 학생들은 다른 사람과 방을 공유하며 생활하는 사람들입니다. 그들에게 발생할 수 있는 문제점들을 해결하는 데 도움이 되는 조언은 어떤 것이 있을까요? 자신들의 생각을 적어 보세요.

1. 사랑이와 명랑이는 한 방을 사용하는 자매이다. 사랑이는 명랑이가 아침마다 너무 시끄럽게 굴어서 잠이 깬다고 말했다.

____

2. 재민이는 연세가 많으시고 귀가 어두운 할아버지와 방을 같이 사용한다. 재민이가 숙제를 할 때, 할아버지는 재민이에게 말을 시키거나 TV를 크게 틀어 놓으신다.

____

3. 애숙이는 2명의 여동생과 함께 한 방에서 생활한다. 방에 들어와서 보면 두 동생들이 인형을 가지고 놀다가 여기 저기 방 아무 곳이나 던져 놓은 것을 보게 된다. 그래서 그에게는 늘 일거리가 많이 생긴다.

____

4. 태수와 그의 동생 태섭이가 함께 사용하는 방에는 전화기가 있다. 태섭은 시도 때도 없이 여자 친구와 전화 통화를 한다. 그럴 때마다 형 태수는 동생의 친구가 떠나갔으면 한다.

____

5. 미향이는 매우 작은 침실을 그녀의 사촌과 함께 사용한다. 사촌은 절대로 치우는 법이 없다. 미향이는 사촌이 어질러 놓은 옷가지, 장난감, 종이, 책, 잡지 등을 치우느라 늘 피곤해 한다.

____

6. 병수와 민수는 형제이다. 그런데 그들은 어느 누구 할 것 없이 청소를 하려고 하지 않는다. 여기저기에 더러운 옷들, 남은 음식, 냄새나는 신발, 그리고 잡다한 물건들이 뒹군다. 이럴 때마다 어머니는 둘 중에 누구라도 청소를 해야 방이 깨끗해질 것 아니냐고 말씀하신다.

____

09

Chapter

음식과 식사 기술

부모에게 보내는 편지 제9호 : 음식과 식사 기술

학부모님께

음식과 식사 기술은 우리가 매일 다루는 기술이지요. 그렇지 않나요?

이번에 다룰 내용은 음식과 관련된 내용으로 건강에 좋다고 표시된 것을 찾아 요리하고 배식하며, 마지막으로 설거지하는 것까지 모두 아우르는 것을 중심으로 하고 있습니다.

가능하시다면 부모님들께서 쇼핑을 할 때 자녀들을 동반하시고, 물건을 고르실 때 건강에 좋은 물건들을 고를 수 있도록 도와주세요. 물건을 고를 때 잠깐 멈춰서 영양 성분표를 보고 선택함으로써 그것을 선택한 이유가 다른 것을 선택하는 것보다 더 좋다고 설명을 해 주십시오. 건강한 간식으로 신선한 과일과 야채를 먹는 것이 좋다고 격려해 주십시오.

외식을 할 때는 부모가 자녀에게 좋은 식사 태도로 식사하는 방법을 보여 주고, 음식을 내놓는 종업원들에게 예의 바른 태도를 보여 주며, 음식을 먹고 싶지 않을 때는 '괜찮습니다'라고 말하는 법을 가르치고, 식탁에서의 대화는 예의 바르게 하는 것도 보여 줍니다.

만일 당신이 음식을 준비할 때 자녀가 거들어 주는 것이 괜찮다면, 마무리 설거지까지 거들게 하여 전체적인 마무리까지 배울 수 있도록 하는 좋은 기회로 삼으세요.

음식을 나누는 기회를 자녀에게 주면 능력이 없고 있고를 떠나서 참여방법에 대하여 배우게 됩니다.

영양소만 충분하다면 초콜릿만한 좋은 음식은 없음을 기억해 두세요. 수고들 하셨어요.

부모님들의 협조에 다시 한 번 감사드립니다.

다음에 또 뵙겠습니다.

교사 드림

음식과 식사 기술

관련 기술 항목 연습장 9 : 학습 진행사항

+ 숙달
✔ 익히는 과정
− 익히지 못함

학생 이름	음식재료 구입하기	구입 목록 만들기	간단한 조리, 간이식	식탁 예절	식사 뒷정리	접시 닦기	다 먹어 치우기(외식)	음식물 분류군	건강한 간식	먹기 싫을 때	비고

9.1 음식재료 구입하기

목표

학생들은 집 근처 식료품 가게에서 구입 수 있는 음식재료를 알 수 있을 것이다.

질문

교사 : 배가 고프네요. 여러분 중에도 배고픈 사람이 있나요? 우리가 맛있는 식사를 준비하고자 한다면 재료를 어디서 살 수 있을까요? (식료품 가게) 여러분이 우리가 먹을 음식을 만들기 위한 20가지 재료를 식료품 가게에서 사려고 합니다. 이 재료의 목록을 작성하는 데 누가 도와줄 수 있나요? (냅킨이나 일회용 접시 등과 같이 비 음식류를 포함시키기를 원하는지 구체적으로 명시하자.) 요즈음 대부분의 식료품 가게는 음식이 아닌 품목도 팔고 있어요. 여기에 해당하는 10개의 목록을 만들어 볼래요? (게임, 카드, 비디오, 장난감)

연습장 9.1 : 이것은 식료품 가게에서 찾을 수 있는 물건 목록입니다. 여러분이 이 목록을 가지고 물건을 구입할 때, 가게에서 찾은 물건은 이 목록에 표시하고, 그 물건을 매장의 어떤 통로, 어느 물품 군에서 찾을 수 있었는지 표시해 두기를 바랍니다. 우리는 다른 가게들에서도 물건의 진열구분이 되어 있음을 확인할 수 있을 것입니다.

학생들과 함께 냉장 보관해야 하는 것, 냉동된 것, 그리고 신선식품 등으로 물건을 구분하는 이유에 대하여 이야기해 봅니다.

답변

(체크리스트 완성)

보충 활동

1. 식료품 구입하기 : 학교에서 파티를 계획할 때, 이에 필요한 물건들을 학생들이 구입할 수 있도록 할 수 있을 것입니다. 학생들을 짝을 지어, 다양한 물건들의 위치를 파악하도록 합니다. 이 활동은 경쟁이 아니기에 체계적으로 수행해야 할 것입니다. 식료품 가게를 온통 헤매게 하지 말고, 학생들에게 먼저 구입하고자 하는 물건이 어디에 있을 것 같은지 생각해 보게 한 후, 그곳으로 갈 수 있도록 합니다.
2. 가게 배치도 : 가능하다면 학생들에게 식료품 가게의 배치도를 그리게 하고, 그 배치도 위에 다양한 물건들이 있는 곳을 표시하게 합니다. 학생들에게 가게를 천천히 돌아다니게 한 후, 물건들이 진열되어 있는 것을 보고 일반적인 영역을 찾아내게 합니다(예를 들면 옥수수, 콩을 찾는 것이 아니라, '야채'를 찾게 하는 것이다).

이름 ______________________________ 날짜 ______________

9.1 음식재료 구입하기

여기에는 어느 식료품 가게에서나 구할 수 있는 아주 평범한 물건들에 대한 목록이 제시되어 있어요. 가게에서 이 물건을 찾았으면 표시한 후, 그 물건이 어떤 곳에 위치해 있었는지 적어 보세요(열, 통로, 영역 등).

물건	✔	장소
1. 얼린 완두콩		
2. 옥수수통조림		
3. (신선한) 당근		
4. 과자 상자		
5. 토마토 스프 통조림		
6. 빵		
7. 냉동식품		
8. (신선한) 햄버거		
9. 우유		
10. 시리얼		
11. 일회용 접시		
12. 캔 탄산음료		
13. 감자칩		
14. 베이컨		
15. 혼합 초코 케이크		

9.2 구입 목록 만들기

목표

식사 상황(행사의 종류나 식사장소)이나 음식의 메뉴를 알려 주면, 학생들은 이에 필요한 재료 목록을 작성할 수 있을 것이다.

질문

교사 : 다른 학급 친구들, 부모님, 동호회 친구들, 또래 도우미들을 위해서 학급 파티를 준비하면 재미있겠지요? 여러분들을 식료품 가게 앞에 내려준 후, "우리가 필요한 물건들을 가져 오세요."라고 한다면 여러분들은 어떤 물건을 가져오겠습니까? (같은 것을 가져온다, 가게는 매우 혼란스러워질 것이다, 돈이 모자랄 것이다.) 이런 일이 발생하지 않도록 하는 방법으로는 어떤 것이 있을까요? (목록을 작성하여 우리가 그 물건들을 구입하는 데 따른 충분한 돈을 가지고 있을 것) 여러분이 친구를 식사에 초대할 때와 모르는 사람을 위해 간식을 준비할 때 같은 물건들이 필요한가요? 또한 몇 명이나 참석하게 될지도 미리 생각해야 하지 않을까요?

연습장 9.2 : 학생들이 식료품 가게에서 필요한 물건들에 대한 목록을 작성하도록 도와줍니다. 그리고 목록 작성에서 중요하다고 생각하는 것에 대하여 이야기해 봅시다. 모두의 목록이 같을 것이라고 생각하나요?

답변

1. 스낵(팝콘, 탄산)
2. 케이크, 아이스크림, 냅킨, 접시, 풍선
3. 피자믹스, 탄산, 마늘빵
4. 감자칩, 팝콘, 쿠키, 야채, (찍어 먹는) 소스

보충 활동

1. 학급파티 : 다른 집단의 사람들을 위한 '학급 이벤트'를 계획해 보세요. 학생들에게 초대장을 만들고, 활동 계획을 수립하고, 구입할 물건들의 목록을 작성하도록 해 보세요. 정말 해 보시라고 강력히 추천하세요!
2. 집에서 돕기 : 부모님들이 가게에서 물건을 구입하려고 할 때, 자녀들에게 목록에 있는 물건들을 찾게 하세요. 부모님들께서는 학생들이 특정 장소에서 구입할 물건들을 찾을 수 있도록 작성한 목록을 나누었으면 하고 바라실 것입니다. 가게에 익숙하면 할수록 학생들은 부모님이 물건을 구입하는 데 보다 쉽게 도울 수 있을 것입니다.

이름 ______________________ 날짜 __________

9.2 구입 목록 만들기

이 학생들은 집에서 파티 또는 특별한 행사를 계획하고 있어요. 구입해야 할 물건들의 목록을 작성하도록 도와줍니다. 해당하는 빈칸에 답하세요.

1. 용식이는 저녁식사 후, 집에서 친구들과 농구경기 중계를 시청하려고 합니다.

____

____

____

2. 성미는 오늘 오후에 몇 명의 친구들과 함께 생일파티를 하려고 합니다.

____

____

____

3. 명호는 가족들과 함께 피자를 만들어 보려고 합니다.

____

____

____

4. 경식이는 집에서 하루 종일 수영파티를 하고자 합니다. 그래서 친구들이 가볍게 먹을 수 있는 간식을 만들고자 합니다.

____

____

____

9.3 간단한 조리, 간이식

목표

학생들은 음식을 만들거나 음식의 부분을 만들기 위한 준비과정의 지시를 따를 것이다.

질문

교사 : 만약 선생님이 여러분의 집을 방문하여 "먹을 것을 좀 주거라."라고 말했다면, 여러분은 나를 위해 무엇을 만들어 줄 수 있나요? 선생님이 완벽한 음식을 기대한 것일까요? 여러분은 나를 위해 무엇을 해 주고 싶어요? 여러분이 선생님을 위해 무엇을 만들어 주는 것에 자신이 없다면 어떻게 하겠어요? (누군가에게 물어보거나 요리책이나 래시피를 참고한다.) 오늘 우리는 간단한 음식을 만드는 방법에 대하여 배우려고 합니다. 여기서 말하는 간단한 음식이란 조리절차가 간단한 것을 말합니다. 간단한 음식이란 어떤 것들을 말하는지 누가 말해 볼까요? (샌드위치, 스프 등)

연습장 9.3 : 당신은 음식을 만들고 싶으세요? 여기의 목록에는 아주 간단하게 만들 수 있는 음식들이 소개되고 있어요. 여러분은 그 조리방법을 찾아내는 것이 과제예요. 그러면 각자가 제시한 조리법을 비교하면서 음식을 만들어 봅시다.

답변(예)

학생들은 목록에 있는 음식을 만드는 데 필요한 재료들을 모았어요. 음식을 만드는 간단한 절차입니다. (오븐 켜기, 과일 자르기, 햄버거에 살짝 얹기, 기타 등) 이 재료들을 어떻게 배합하는지 설명해 보세요.

보충 활동

1. 오늘의 조리사 : 부모님들께서 집에서 자주 해 주시거나 즐겨 먹었던 음식을 학생들이 직접 조리해 보도록 합니다. 학생들은 가능한 범위 내에서 음식을 만드는 아주 일부분에 참여했을지라도 그들은 그 경험을 이야기하고 설명할 수 있을 것입니다.
2. 학급 요리책 : 학생들이 간단한 요리법이나 자신이 참여한 조리과정에 대한 내용을 학교로 가져오게 합니다. 이것들을 모아 학급 요리책을 만듭니다. 학생들이 각 요리에 대한 조리 절차나 결과물에 대하여 그림으로 표현하게 합니다. 선생님은 이들이 만든 요리책을 학생들에게 복사하여 나누어 주고 싶을 것입니다.

이름 ______________________________ 날짜 ______________

9.3 간단한 조리, 간이식

여기에서 소개되고 있는 음식들은 만들기 쉬운 것들입니다. 이 음식의 조리법을 별도의 종이에 단계별로 적어 보세요. 각각에서 다른 단계를 찾아 다른 종이에 목록화해 보세요. 여러분이 만들고 싶은 음식에 표시해 보세요.

1. 땅콩버터와 젤리 샌드위치

2. 치킨국수 스프 통조림

3. 핫초코

4. 혼합 초코케이크

5. 신선한 과일 샐러드

6. 햄버거 패티(오븐에 만든)

7. 마카로니와 치즈 믹스

8. 냉동식품

9.4 식탁 예절

목표

학생들은 익숙하지 않은 사교적 식사자리에서 정중한 식탁 예절을 보여 줄 수 있을 것이다.

질문

교사 : 누가 교내 급식실의 식사 분위기는 어떠한지 설명해 줄 수 있나요? 급식실의 분위기는 소란스럽고, 재미있고, 또 어떻더라? 왜 따끈한 밥을 배식받기 위해서는 줄을 서야 할까요? (순서대로 받기 위해서) 여러분이 다른 사람들과 식사를 할 때, 좋은 식탁 예절을 보이기 위해서는 어떻게 행동해야 할까요? 급식실의 분위기가 질서정연하고 좋은 태도로 비춰지기 위해서는 무엇을 어떻게 해야 할까요? (시끄럽지 않게 덜 소란스럽고, 모든 사람이 동시에 뛰어서 급식을 받으러 가지 않고 등) 좋은 식탁예절이 왜 중요할까요?

연습장 9.4 : 모든 가정에는 각 가정에서 지키는 식사 규칙과 식탁 예절이 있어요. 다음은 학생들이 따라야 할지 따르지 말아야 할지를 결정해야 하는 식탁 예절에 관한 예시입니다. 좋은 식탁 예절에는 ○표를, 나쁜 식탁 예절에는 ×표를 하세요.

답변

1. ×, ○　　2. ○, ×　　3. ○, ×　　4. ×, ○

보충 활동

1. 우리 집에서는… 자기 집의 영역을 그림으로 표시한 후, 각각의 영역에서 지켜야 할 중요한 식탁 예절을 쓰도록 하세요(손님 먼저 먹기, 식사 전 기도, 손 씻기 등).
2. 시간제 근로 : 학생들로 하여금 방문객을 위한 주인역할을 해 보도록 할 수 있어요. 공손한 말씨(이를테면 "찾아주셔서 고맙습니다", "즐거운 시간 되세요", "초코케이크를 더 드릴까요?")나 행동(모든 사람에게 냅킨 제공하기, 테이블에 모두 사람의 이름표가 부착되었는지 확인하기)을 연습합시다. 이러한 일들은 모두에게 뒷정리하는 것에 대한 좋은 기회가 될 수 있어요. 학생들은 자신들의 훌륭한 태도로 인하여 칭찬받는 것을 아주 좋아할 것입니다. (손님들에게 학생들의 태도가 아주 훌륭하다는 것을 반드시 알리도록 합니다.)

이름 ______________________________ 날짜 ______________

9.4 식탁 예절

여기에 소개되고 있는 것은 식탁 예절에 대한 예시입니다. 좋은 태도를 보이는 학생은 ○표를, 그렇지 않은 학생은 ×표시 하세요.

1. 각자 음식을 나누어 받는다면 식탁에 앉은 모든 사람이 음식을 받을 때까지 먹지 않고 기다린다.

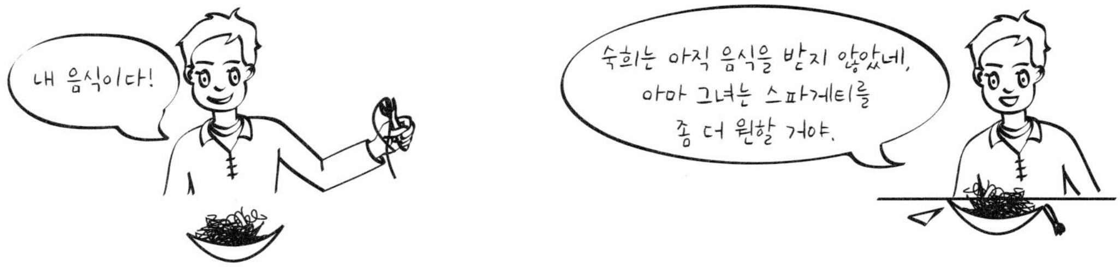

2. 모두 함께 음식은 나눈다.

3. 예의 바르게 음식을 옆으로 전한다.

4. 식탁 예절에 맞는 주제로 서로 대화한다.

9.5 식사 뒷정리

목표

학생들은 남은 음식을 어떻게 해야 하는지, 식탁 위의 접시와 컵 같은 것들을 어떻게 치워야 하는지, 식사한 자리를 어떻게 뒷정리해야 하는지에 대하여 적절한 순서를 제시할 수 있을 것이다.

질문

교사 : 집에서 식사 후에 어떤 일이 벌어지지요? (식탁을 떠나고 뒷정리를 한다.) 학교에서 점심시간이 끝나면 우리는 어떻게 하지요? (남은 음식쓰레기를 버리고, 줄을 지어 급식실을 떠난다.) 식사 후에는 남은 음식을 처리하는 것과 이어지는 그 밖의 적절한 후속행동이 있어요. 그것은 식사 후 식사 자리를 정돈하는 행동으로, 여러분도 아주 좋은 행동이라고 생각할 거예요. 식사 뒷정리에서 고려할 점은 무엇이 있을까요? (접시, 남은 음식, 부스러기)

연습장 9.5 : 명자는 지금 매우 혼란스러워요. 집에서 식사를 한 후 산더미 같이 쌓인 뒷정리를 하려고 하니까요. 그녀가 한 행동 중 몇 가지 실수가 있었어요. 그녀의 실수를 찾아 ×표를 하고, 보다 나은 선택을 위한 조언을 빈칸에 적어 보세요.

답변

1. × : 찬장보다 식기세척기를 이용
2. × : 담요나 수건으로 덮지 말고 알루미늄 호일이나 랩을 사용
3. × : 버릴 음식을 가방에 넣지 말고 쓰레기봉투 사용
4. × : 음식 부스러기를 진공청소기가 아닌 종이 타월이나 행주를 이용

보충 활동

1. 구내식당 도우미 : 몇몇 학교는 학생들이 식사 후 급식실 청소를 돕도록 하고 그들에게 쿠키를 주거나 식사비용을 줄여 주거나 직업훈련의 일환으로 인정합니다. 학생들은 이러한 활동을 좋아합니다. 이러한 활동은 비하되어서는 안 되며, 직업 훈련이라고 보아야 한다.
2. 맥도날드의 뒤쪽 공간 모습 : 맥도날드나 다른 패스트푸드점은 학교에서 종종 찾는 레스토랑입니다. 가능하다면 학생들에게 여러 식당들이 요구하는 청결의 수준, 특히 남은 음식과 음식물 쓰레기 처리와 관련하여 간단히 정리하여 이야기해 주도록 하세요. 너희 동네는 재활용 분리수거를 하나요? 너희 동네의 식당은 분리수거 운동에 참여하나요?

이름 ______________________ 날짜 ______________

9.5 식사 뒷정리

명자는 지금 매우 혼란스러워요. 집에서 식사를 한 후 뒷정리를 하려고 하니까요. 그녀가 한 행동 중 몇 가지 실수가 있었어요. 그녀의 실수를 찾아 ×표시 하고, 보다 나은 선택을 위한 조언을 빈칸에 적어 보세요.

1. 명자는 모두가 식사를 마친 후, 설거지를 하기 위해 접시, 유리잔, 그리고 금속 식기를 거두어 찬장에 넣으려고 해요.

____

____

2. 명자는 남은 음식과 랩에 싸인 음식을 보관하고자 집었어요. 그녀는 담요와 수건으로 음식을 덮어서 냉장고에 넣었어요.

____

____

3. 남겨둘 필요가 없는 음식들이 있어요. 명자는 그릇에 남은 음식을 가방에 넣었어요.

____

____

4. 식탁 위에 음식 부스러기와 물이 떨어져 있어서 명자는 이것을 진공청소기로 치웠어요. 그리고 진공청소기 필터를 쓰레기통에 버렸어요.

____

____

9.6 접시 닦기

목표

학생들은 식탁용 식기를 손으로 닦고 헹구고 말릴 수 있을 것이다.

질문

교사 : 우리는 이미 식사를 한 후 청소하는 것에 대해 이야기한 바 있어요. 하지만 우리가 아직 이야기하지 않은 것이 있어요. 그것은 접시를 닦는 일이에요. 누구라도 이걸 생각할 수 있나요? (설거지요.) 그냥 음식을 접시에서 덜어내고 다시 돌려놓으면 안 될까요? (비누가 세균을 제거해 준다. 건강을 증진하기 위해, 위생을 위해) 오늘 우리는 설거지에 대해 배울 것입니다. (접시뿐 아니라 잔, 국그릇, 그리고 금속식기 닦는 것까지)

연습장 9.6 : 여기에는 설거지하는 법을 배우는 한 가지 방법이 제시되어 있어요. 설거지는 집집마다 다를 수 있음을 알고 계셔요. 따라서 여러분이 이전에 들었던 방법과 꼭 같은 순서가 아닐 수 있어요. 모든 말이 맞습니다. 중요한 것은 설거지하는 좋은 방법 한 가지라도 배우는 것이에요. 집에서 설거지를 할 때, 그것을 잘하는지 살펴봐 줄 사람이 꼭 필요해요. 그러면 그 사람이 설거지하는 절차를 점검해 줄 수 있어요.

답변

(체크리스트 완성)

보충 활동

1. 주방 쿠폰 : 학생들에게 설거지 쿠폰이 들어 있는 쿠폰북을 만들게 합니다. 학생들은 몇 가지 종류의 쿠폰북을 만들 수 있을 거예요. 아마 어떤 사람은 아침식사 설거지에 좋을 것이고, 어떤 사람은 일요일 저녁 만찬 후 설거지에 좋을 것이고 등등 각 가족의 생활 형태에 따라 쿠폰북의 용도는 다를 것입니다. 부모님은 학생과 쿠폰을 서로 교환합니다. 부모님의 사인이나 요구사항을 쿠폰에 적어 보내달라고 요구하세요.
2. 주방 보조 : 혼자 힘으로 설거지를 못하는 학생을 위하여 한 단계나 몇 단계를 할당하세요. 학생들은 설거지 전체를 완수할 수는 없어도 아마 부모님이나 형제를 도와 설거지를 하며 즐거워할 것입니다.

이름 ______________________________ 날짜 ______________

9.6 접시 닦기

여기에 제시된 것은 설거지하는 단계 중 하나입니다. 여러분이 이 내용을 이해하여 정확하게 이것을 수행하면 표시하세요.

1. 싱크대에 뜨거운 물을 채워라. 조심해라! 거기에 주방 세제를 조금 짜서 넣어라. 물을 잠가라.

☐

2. 접시, 잔, 금속 식기를 싱크대에 넣어라. 음식 조각들이 풀릴 때까지 몇 분 동안 담궈 놓아라.

☐

3. 수세미나 천으로 음식 찌꺼기가 완전히 없어질 때까지 문질러라.

☐

4. 접시를 헹궈라. 비눗물을 완전히 없애라.

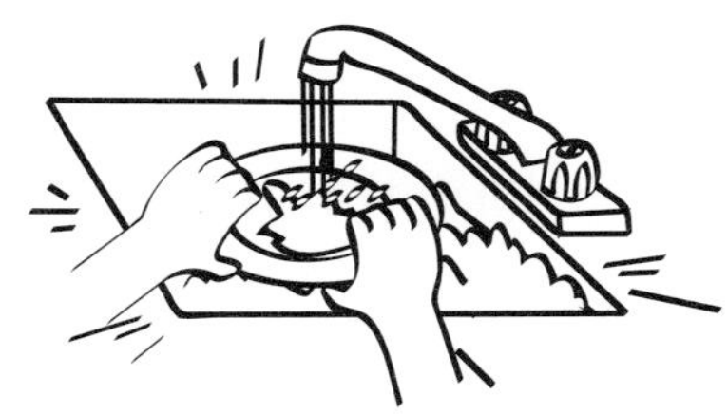

☐

5. 깨끗한 타월로 닦거나 말려라.

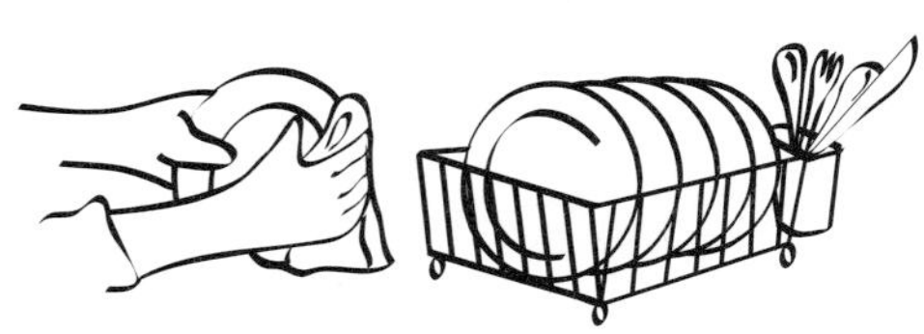

☐

6. 싱크에서 물을 빼고 청소해라.

☐

9.7 외식하기

목표

학생들은 자리에 앉기, 주문하기, 계산하기, 팁 주기 등 레스토랑에서 식사하는 일반적인 절차를 설명할 수 있을 것이다.

질문

교사 : 최근에 여러분은 자기 집이나 친구 집에서 만든 음식이 아닌 다른 음식을 먹었다는 사실을 선생님은 확실히 알고 있어요. 집 이외에 어디서 음식을 구할 수 있을까요? (급식실, 식당, 패스트푸드점, 편의점) 식당에서 먹는 것과 친구네 집에서 먹는 음식은 무엇이 다를까요? (우리가 먹은 음식에 대하여 돈을 지불한다, 음식이 더 맛있거나 맛이 없다.) 일은 즐거운 일이지요, 그렇지 않나요? 외식할 기회가 있다면 어디서 식사하는 것이 좋을까요?

연습장 9.7 : 명식이는 몇 끼는 집에서 먹고 몇 끼는 외식하는 학생입니다. 여러분은 문장을 읽고, 명식이가 외식을 해야 할지 아니면 집에서 먹어야 할지 이를 알려 주세요. '집' 또는 '외식'이라고 쓰세요.

답변

1. 집, 외식　　2. 외식, 집　　3. 집, 외식　　4. 집, 외식

보충 활동

1. 메뉴 수학 : 몇몇 지역의 식당에서 메뉴판를 모으세요. 학생들에게 식당에 들어가서 음식을 주문하고, 음식값을 지불하는 단계를 손님으로서 역할극을 하도록 연습하게 합니다. 여러분은 수학 기술, 계산 기술, 읽기 기술을 이 활동에 추가하기를 원할 수 있습니다. 학생이 주인 역할과 종업원 역할도 해 보게 합니다.
2. 내가 좋아하는 맛집 : 학생들에게 가장 좋아하는 패스트푸드점, 좋아하는 음식 종류(감자튀김, 치킨, 디저트), 슬로건을 조사하게 합니다. 조사내용을 종합하여 커다란 그래프를 만들어 봅니다. 또한 레스토랑의 로고와 광고를 포함시킵니다. 또한 학생들에게 그 음식을 얼마나 자주 먹는지, 그 패스트푸드점에 얼마나 자주 가는지, 특정 음식점에서 보통 규격의 감자튀김에는 감자가 몇 조각 들어 있는지 등을 조사하도록 할 수 있습니다.

이름 ______________________________ 날짜 ______________

9.7 외식하기

명식이는 몇 끼는 집에서 먹고 몇 끼는 외식하는 학생입니다. 여러분은 일련의 그림을 보고 명식이가 외식을 해야 할지 아니면 집에서 먹어야 할지 '집' 또는 '외식'이라고 쓰세요.

1. 명식이는 테이블에 가서 앉았다.

명식이는 주인이 앉을 자리를 정해 줄 때까지 기다린다.

2. 명식이는 메뉴를 훑어보고 원하는 것을 고른다.

명식이는 음식 접시를 테이블 옆자리로 돌리고 먹고 싶은 것을 접시에 전부 담았다.

3. 명식이는 상대방이 원하는 음식을 예의 바르게 넘겼고, 모두가 테이블을 떠날 때까지 기다렸다.

명식이는 음식을 예의 바르게 옆으로 넘겼고, 가기 전에 웨이터가 영수증을 줄 때까지 기다렸다.

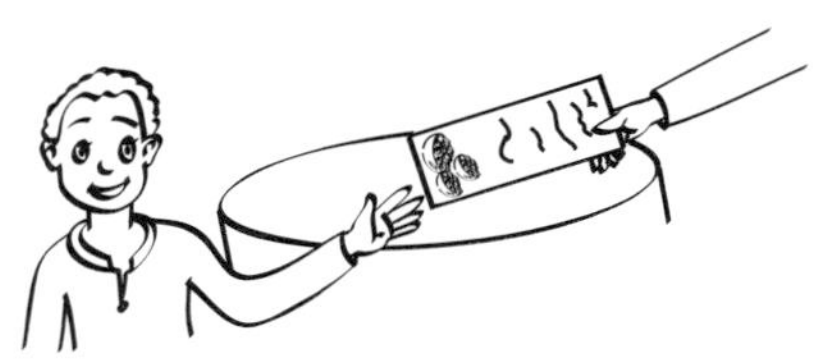

4. 명식이는 테이블을 치우는 것과 설거지를 도왔다.

명식이는 계산대로 가서 음식값을 지불하고 식탁 위에 약간의 팁을 놓아두었다.

9.8 음식물 분류군

목표

학생들은 여섯 가지 식품군의 각각에서 두 가지 이상의 음식을 제시할 수 있을 것이다.

질문

(알림 : 아래의 내용은 인터넷 웹사이트 www.keepkidshaelthy.com에서 가져온 것임)

교사 : 건강한 식생활을 연구하는 사람들은 음식피라미드라고 불리는 것을 개발했어요. 이것은 사람들이 매일 먹고 사는 데 필요한 여섯 가지 식품군의 음식입니다. 각 식품군을 살펴보고, 각 영역에 들어가는 몇 가지 음식에 대하여 이야기를 나누어 봅시다.

첫째는 곡류입니다. 이 음식은 쌀이나 오트밀 같은 곡식에서 나옵니다. 예시는 빵, 파스타, 오트밀, 크래커가 있어요. 다른 것을 생각할 수도 있을까요? (시리얼, 또띠아, 현미)

둘째는 채소류－브로콜리, 고구마, 당근, 옥수수 등. 다른 것을 생각할 수 있을까요? (시금치, 케일, 샐러리)

셋째는 과일류－과일은 생과일, 얼린 과일, 말린 과일을 선택할 수 있어요. 좋아하는 과일을 생각해 볼까요? (사과, 바나나, 크랜베리 주스, 냉동딸기)

넷째는 식용 기름류(유지 당류). 여러분은 견과류나 생선, 샐러드 드레싱이나 요리할 때 쓰이는 오일과 같이 이미 음식으로 우리가 먹고 있을 만큼 아주 조금이면 됩니다.

다섯째는 우유, 유제품류. 여기에는 당연히 우유가 포함되지만 다른 유제품을 생각해 볼까요? (치즈, 요구르트)

여섯째는 고기 및 콩류. 이 음식은 높은 담백질을 포함하고 있어요. 예로 닭고기, 생선, 달걀이 있어요. 다른 것을 생각할 수 있겠어요? (땅콩버터, 견과류, 쇠고기)

연습장 9.8 : 식품군 목록에서 적절한 음식의 예에 표시하세요.

답변

1. 빵 크래커
2. 당근, 양상추, 브로콜리
3. 사과, 오렌지 주스, 포도
4. 견과류, 샐러드 드레싱
5. 요구르트, 저지방우유, 치즈
6. 생선, 닭고기, 생선

보충 활동

1. 식품군 피라미드 포스터 : 학생들에게 식품군과 하루에 섭취해야 하는 양이 묘사되어 있는 식품군 피라미드 포스터를 보고 그리고 색칠해 보도록 하세요.
2. 피라미드 카드 게임 : 각 카드에 여섯 가지 식품군의 예시를 써보세요. 각 카드에 반드시 맞는 코드를 적어 보세요. 예를 들면, 사과에는 과일류라고 적는 것입니다. 카드를 모아 가운데에 놓고, 학생들이 순서대로 한 장씩 뽑도록 합니다. 모든 식품군의 예시를 얻는 사람이 이기는 것입니다. 여러분이 몇 가지 특이한 카드를 첨가하여 좀 더 놀이를 복잡하게 만들 수 있어요. 예를 들면, "이 카드를 당신의 왼쪽 사람에게 주어라.", "다시 골라라." 등

이름 ______________________________ 날짜 ______________

9.8

음식물 분류군

각 식품군에 해당하는 음식을 골라 표시하세요.

1. **곡류** : 빵, 달걀, 크래커, 파인애플

2. **채소류** : 당근, 양상추, 사과, 브로콜리

3. **과일류** : 체리탄산음료, 사과, 오렌지주스, 포도

4. **유지 당류** : 팝콘, 견과, 샐러드 드레싱, 치즈

5. **우유 및 유제품류** : 요구르트, 저지방 우유, 치즈, 프레즐

6. **고기 및 콩류** : 영양 바, 생선, 닭고기, 계란

9.9 건강한 간식

목표

학생들은 건강한 간식을 구분할 수 있을 것이다.

질문

교사 : 학교 수업 후 집으로 돌아가서 간식을 먹는 사람은 몇 명이나 되나요? 여러분들은 또 다른 시간에 간식을 먹나요? (여행갈 때, 게임할 때, 식사시간 사이에) 간식으로 주로 무엇을 먹나요? (사과, 쿠키, 샌드위치) 여러분은 '정크 푸드(junk food)'라는 말을 들어봤나요? 이것은 여러분의 입맛에는 맞을지 모르지만 영양학적으로는 가치가 없는 음식을 말합니다. 이 음식에는 지방이나 당 함량이 높아 건강에 안 좋은 음식들입니다. 여러분들은 이런 음식에 속하는 것들을 예로 많이 들 수 있을 거예요. (사탕, 쿠키, 튀긴 너겟) 여러분들이 간식이 먹고 싶을 때, 기왕이면 건강한 음식을 먹는다면 여러분들에게도 좋을 거예요. 어떤 것들이 건강한 간식인지 함께 생각해 봅시다. (과일주스, 과일, 생야채, 요구르트, 혼합곡물 영양바)

연습장 9.9 : 상철이는 배가 고파서 무엇인가를 간식으로 먹으려고 합니다. 어떤 간식이 건강에 좋은 것인가요? 해당하는 그것에 표시해 보세요.

답변

2, 3, 5, 6, 9, 10

보충 활동

건강한 간식거리 축제 : 학급 탐구과제로, 간단한 건강간식을 준비하는 조리법을 수집해 봅니다. 학생이나 부모님은 학급의 학생들과 나누어 먹을 수 있도록 건강 간식을 약간 준비합니다. 가능하면 '건강 간식 먹는 금요일' 같이 날을 정하여 그날 학생들은 건강 간식을 준비하여 먹을 수 있도록 합니다.

이름 ______________________ 날짜 ____________

9.9 건강한 간식

상철이는 배가 고파서 간식을 먹으려고 해요. 어떤 간식이 건강에 좋은 간식인가요. 해당하는 것에 표시하세요.

1. 치즈를 겸한 나쵸
2. 포도 한 송이
3. 복숭아와 배
4. 가장 큰 초콜릿 사탕
5. 캔디바
6. 해바라기씨
7. 혼합곡물 영양바
8. 치킨 너겟
9. 피자
10. 과일주스 아이스바
11. 요구르트

9.10 먹기 싫을 때

목표

학생들은 음식을 제안받았을 때, 적절한 방법으로 거절할 수 있을 것이다.

질문

교사 : 오늘 점심식사 메뉴로 어떤 음식이 나올까요? 구운 장어! 농담이에요. 아마도 닭고기 완자가 아닐까요. 하지만 정말 싫어하는 음식이 급식으로 제공되면 어떻게 할까요? 어떻게 대응할 것인데요? ("사양하겠어요."라고 말이나 표정으로 말한다.) 여러분들은 원치 않는 것을 제안받았을 때 거절하는 방법을 각자 나름대로 가지고 있을 것입니다. 어떤 음식을 싫어하나요? (이국적 음식, 강한 맛인 음식, 특정 재료) 누군가가 당신에게 음식을 권했을 때, 당신이 그 음식을 보고 이상한 표정을 짓는다면 그 사람의 기분은 어떨까요? (당신을 무례한 사람으로 생각하여 불쾌해할 것이다.) 모든 사람이 모든 음식을 좋아하지는 않습니다. 만약에 당신이 어떤 음식을 선택하거나 거부해야 할 상황에 놓여 있다면 가능한 한 예의 바르게 거부하는 것이 좋습니다. 예의 바르게 거절하는 방법에는 어떤 방법이 있을까요? ("괜찮습니다."라고 말한다. 아주 조금만 달라고 말한다. 그 음식에 대한 알레르기 반응이 있다고 한다. 다른 음식을 요청한다.)

연습장 9.10 : 이 학생들은 예의 바르게 거절하고 있나요? 예의 바르게 거절하는 학생을 표시해 보세요.

답변

철민, 남경, 민국

보충 활동

맛있는 저녁식사! : 학생들이 가상의 저녁식사 시간에 일반적이지 않은 가상의 음식을 가지고 서빙 역할을 하는 체 하면서 이 상황을 극복하는 방법을 배웁니다(이 음식의 이름은 전혀 생소한 것들입니다). 그 음식은 전혀 들어보지 못한 일반적인 음식이 아닙니다. 종업원들은 손님들의 기분을 상하게 할 의도를 가지지 않은 채 '이 식당에서의 최고 음식'이라고 소개합니다. (예 : 자동차 오일에 담근 후 뱀 꼬리의 가루로 살짝 입힌 미트볼) 두 학생이 저녁식사 손님이고, 한 학생이 종업원 역할을 하는 상황입니다. 학생들은 이 상황을 정중하게 처리하는 연습을 하는 것입니다. (물론 또 다른 요청을 받을 수도 있습니다.) 나머지 학생들은 이들의 연습장면을 보고 잘잘못을 평가하게 됩니다.

이름 ______________________ 날짜 ______________

9.10 먹기 싫을 때

다음의 학생들 중에서 정중하게 거절을 표현한 친구는 어떤 친구인가요? 그 친구들을 표시해 보세요.

1. **정수** : 난 버섯이 싫어, 우웩! 먹지 않고 너의 접시에 넣어 버릴 거야.
2. **철민** : 아니에요. 괜찮아요. 멸치는 괜찮아요.
3. **남경** : 조금만 주세요. (많아 보여서가 아니라 먹고 싶지 않을 때)
4. **장미** : 제기랄, 이렇게 이상하게 생긴 샐러드는 처음 봐, 주지 마세요!
5. **민국** : 음! 장어를 먹어 본 경험이 없어서요. 저는 먹지 않는 게 나을 것 같아요.
6. **만세** : 난 케첩 없이는 야채를 먹지 않아. 밤새 앉아 있어도 날 먹게 하지는 못할 걸.

10
Chapter

건강한 일상생활

부모에게 보내는 편지 제10호 : 건강한 일상생활

학부모님께

건강한 일상생활이란 자신을 돌보는 것과 충분한 운동과 수면, 그리고 위험한 것으로부터 자신을 보호하는 아주 상식적인 인식을 의미합니다. 이러한 생활은 어른이 되면 물론 잘하게 되지만 어릴 때부터 그러한 생활의 기반을 가져야 합니다. 부모님들은 자녀가 운동을 하도록 해야 하고 그들의 자유시간을 잘 활용하도록 격려해 주셔야 합니다. 만약 자녀가 자신의 건강관리를 즐겁게 한다면 자녀로부터 지겹다거나 무엇을 해야 하는지에 대한 질문을 받지 않아도 될 것입니다.

부모가 자녀에게 있어 가장 중요한 교사임을 잊지 마세요. 따라서 자녀에게 건강생활의 좋은 본보기가 되어 주세요. 아마도 부모와 자녀가 무엇인가를 하기 원한다면 그것은 가족 안에서 함께 참여하는 것입니다.

건강을 기원합니다.

다음에 또 뵙겠습니다.

____

교사 드림

건강한 일상생활

관련 기술 항목 연습장 10 : 학습 진행사항

+ 숙달
✔ 익히는 과정
− 익히지 못함

학생 이름	건강관리사의 방문	운동하기	여가활동	약물이란?	건강을 해치는 습관의 제거	위험한 상황	안전규칙 지키기	충분한 수면	비고

10.1 건강관리사의 방문

목표

학생들은 건강관리사의 방문의 중요성과 목적을 설명할 수 있을 것이다.

질문

교사 : 우리는 다음 주에 자신의 건강과 안전을 지키는 방법에 대하여 이야기를 나눌 것입니다. 왜 그것이 중요하다고 생각하는지요? (오래 살기 위해서, 좀 더 나은 삶을 위해서) 당신의 건강을 유지하도록 도와주는 사람의 직업은 무엇이라고 생각하나요? (의사, 약사, 간호사, 치과의사) 이들이 왜 너의 집을 방문하여 건강을 돌본다고 생각하나요? (자신이 아플 때, 이를 알지 못하는 경우가 있어서, 많은 사람들을 돌볼 수 있는 진료실을 갖기 위해서) 그래서 당신이 아플 때 누구의 도움을 받나요? (부모님, 자신) 만약 당신이 아플 때 아무 조처도 취하지 않으면 어떤 일이 발생할까요? (악화될 것이다.)

연습장 10.1 : 이들 학생들은 건강상 약간의 문제를 가진 사람들입니다. 따라서 누군가를 만나 도움을 받아야 합니다. 이 학생들에게 가장 적절한 도움을 줄 사람들은 누구인지 그들과 짝을 지어 보세요.

답변

1. b 2. f 3. d 4. c 5. a 6. e

보충 활동

1. 의사 : 여러분의 주변에 있는 전문가들의 목록을 보면 어휘력이 증가돼요. 대표적인 것으로 피부과, 안과, 소아과, 방사선과, 마취과 등과 같이 많은 것들이 포함됩니다. 학생들은 그들을 방문할 때마다 어휘 연습이 될 것입니다.
2. 건강 소식 : 학생들은 잡지나 신문기사에 실린 건강을 주제로 한 기사를 모을 수 있어요. 핵심 기사를 디자인할 수 있습니다. 콜레스테롤, 혈압, 백신 같은 어휘를 논의할 수 있습니다.

이름 ________________________________ 날짜 ______________

10.1 건강관리사의 방문

이들 학생들은 건강상에 약간의 문제를 가진 사람들입니다. 학생들에게 가장 적절한 도움을 줄 사람들은 누구인지 그들과 짝을 지어 보세요.

_______ 1. 종구는 교실의 칠판글씨를 잘 보지 못하거나 매우 흐리게 보인다.

a. 의사

_______ 2. 주성이는 운동장에서 넘어져서 상처가 나서 출혈이 조금 있었다.

b. 안과의사

_______ 3. 미향이는 알레르기 때문에 약을 반드시 먹어야 한다. 약을 먹지 않으면 매우 아플 것이다.

c. 치과의사

_______ 4. 재일이는 영구치가 자라고 있는데, 유치가 빠지지 않아서 아플 때가 있다.

d. 약사

_______ 5. 명수는 재활치료를 받지 않으면 학교에서 축구를 할 수 없다.

e. 방사선사

_______ 6. 병호는 다리 수술 후 2주마다 엑스레이 촬영을 해야 한다.

f. 간호사(보건교사)

10.2 운동하기

목표

학생들은 자신이 재미있어 하거나 할 수 있는 운동을 적어도 세 가지 정도 표시할 수 있을 것이다.

질문

교사 : 죽돌이(couch potato)가 무슨 뜻인지 아는 사람? (앉아 있는 사람, 아무것도 안 하는 사람) 당신이 그 어떠한 운동도 하지 않는다면 다른 사람들이 당신을어떻게 볼 것 같아요? (아빠처럼 보일 것이다, 살찐, 연약한, 피곤한) 왜 운동이 중요하지요? (근육을 만들기 위해, 체형을 유지하기 위해) 운동을 하는 많은 방법에는 여러 가지가 있어요. 그리고 대부분의 운동은 재미가 있어요.

연습장 10.2 : 여기의 학생들은 운동을 하길 원해요. 학생들이 재미있어 하는 운동을 할 수 있도록 그들을 도와줍시다. 각각에는 한 가지 이상의 좋은 생각이 있어요.

답변

(제안에 해당한다.)

1. 개와 걷기와 뛰기
2. 자전거 타기
3. 줄넘기
4. 산책
5. 수영
6. 승마

보충 활동

1. 에어로빅 : 어린이용 운동비디오를 빌려서 그것을 보며 학급 전체의 학생들이 매일 운동을 할 수 있어요. 음악과 웃음이 동반되니 학급 전체가 단결이 될 것으로 기대할 수 있을 것입니다.
2. 퀼트 운동 : 학생들은 사각형(종이, 플란넬 헝겊) 위에서 즐겁게 운동을 합니다. 다양한 사각형을 조합하여 운동을 하면서 생각을 확장합니다.

이름 ______________________ 날짜 __________

10.2 운동하기

다음의 학생들은 운동을 하려고 해요. 어떻게 하면 운동을 하면서 즐거울까 생각하고 있어요.

1.

2.

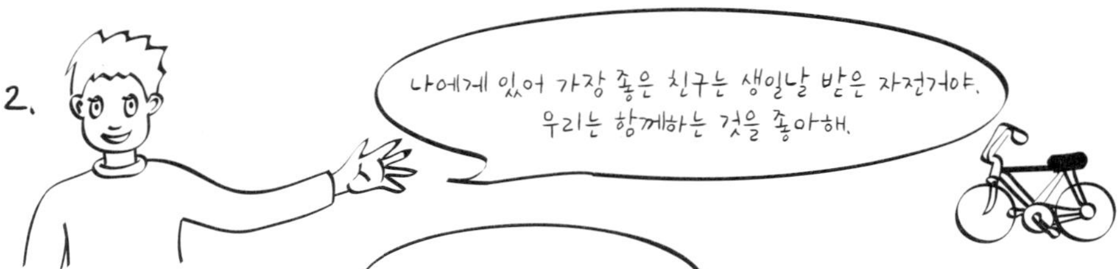

3.

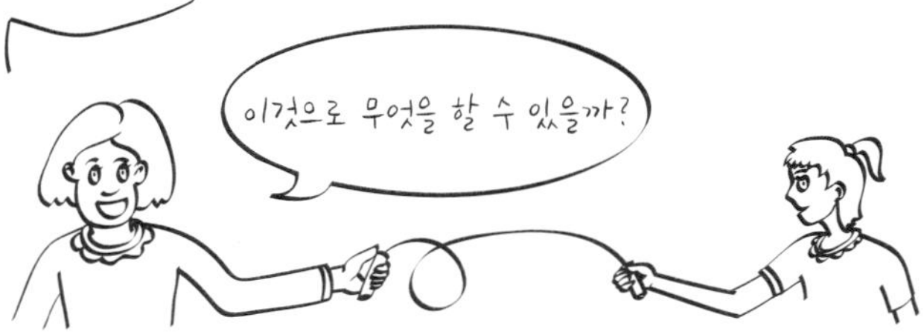

4.

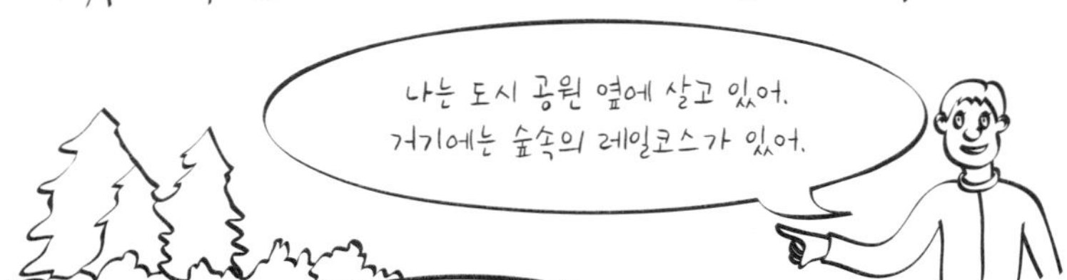

5.

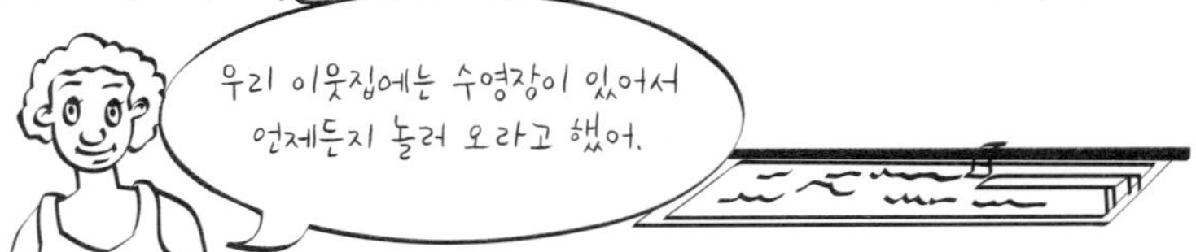

6.

10.3 여가활동

목표

학생들은 여가활동에 대한 정의와 여가계획을 세울 수 있을 것이다.

질문

교사 : 여가시간에는 당신이 하고 싶은 것이 무엇이든 선택하되 아무 때나 당신이 하고 싶을 때 할 수 있어요. 당신은 무엇을 하면서 자유시간을 보내는 것을 좋아하나요? (운동하기, 전화통화, TV보기, 책 읽기) 당신이 좋아하고 흥미 있어 하는 것이 무엇인지 생각해 보세요. 당신이 살고 있는 지역사회에서 할 수 있는 활동들의 일부분으로 어떤 것들이 있나요? (공원과 레크리에이션 활동, 도서관 가기) 다음에는 '지겹다'라는 말 대신 무엇을 할 수 있는지를 생각해 보세요.

연습장 10.3 : 다음에는 당신 또래의 친구들이 즐길 수 있는 여가활동이 소개되어 있어요. 여기에 추가할 당신만의 활동을 제시하세요.

답변(예)

(답은 각기 다를 것이다.)

보충 활동

1. 퀼트 여가 시간 : 학생들은 각자 다른 색깔과 모양의 블록이나 사각형의 퀼트 여가활동 예시 자료의 설명서를 가지고 있어요. 이것을 보고 사각형을 조립하여 퀼트를 만들어서 칠판이나 복도에 전시해 보세요.
2. 시도하라! 학생들이 동 학년이나 선배들이나 같은 반 친구들 둘이서 자신들이 즐길 여가활동에 대하여 대화를 나누어 보세요. 아마도 어떤 이는 연극공연에 참여하거나 볼링을 해서 트로피를 거머쥘 수 있을 것입니다. 학생들의 흥미영역을 확장하여 활동에 이르게 함으로써 시간가는 줄도 모를 것입니다.

이름 ______________________ 날짜 ____________

10.3 여가활동

다음에는 당신 또래의 친구들이 즐길 수 있는 여가활동이 소개되어 있어요. 여기에 추가할 당신만의 활동을 제시하세요.

1. 도보여행
2. 걸스카우트(혹은 보이스카우트)에 가입하기
3. 도서관에서 책 대출
4. 소프트볼 게임
5. 인라인 스케이팅
6. 양탄자 짜기
7. 지역사회 연극공연 감상
8. 동전(또는 우표) 수집
9. ______________________
10. ______________________
11. ______________________
12. ______________________

10.4 약물이란?

목표

학생들이 약물사용법에 대하여 적절하게 설명할 수 있을 것이다.

질문

교사 : 당신은 약을 복용해 본 경험이 있나요? 무슨 약이었지요? 언제 복용했었지요? (알레르기 약, 아스피린 등등) 약국에서 약을 사는 것과 처방전으로 약을 구입하는 것이 어떻게 다른지 들어본 경험이 있나요? (의사는 처방전에 의한 약만 처방해야 한다.) 여러분은 먹어도 되는 약과 먹어서는 안 되는 약에 대하여 들어본 경험이 있나요? 왜 안 된다고 할까요? 먹어서는 안 된다고 하는 의미가 무엇인가요? (건강을 해칠 수도 있고, 쉽게 중독될 수 있기 때문에) 처방전을 잘 따르면 적절하게 약을 복용할 수 있어요. 당신은 알지 못하는 누군가로부터 받은 약은 절대 복용해서는 안 됩니다. 코카인이나 에시드(acid) 같은 해로운 약은 절대 복용해서는 안 돼요. 오직 안전한 약이나 의사가 처방해 준 약만 복용하세요. 그렇게만 하면 안전할 뿐만 아니라 건강도 유지시킬 수 있을 것입니다.

연습장 10.4 : 우리는 약이 정말 우리 몸에 좋은지 나쁜지 알기가 어려워요. 그래서 전혀 약을 먹지 않을 때도 있어요. 다음의 상황을 읽고 약을 적절하게 사용한 상황인지 아니면 그렇지 않은지 판단하여 '예' 또는 '아니요'로 표시하세요.

답변

1. 예 2. 아니요 3. 예 4. 아니요 5. 아니요 6. 예 7. 아니요 8. 아니요

보충 활동

1. 약 대신… : 어떤 사람들은 학생들에게 약을 복용하면 기분이 더 좋아지고, 행복감을 느끼고, 자신에게 긍정적인 느낌을 갖게 된다고 강조합니다. 그러나 약보다 궁극적으로 자신들의 기분을 더 좋게 해 주는 대안들이 있음을 그들에게 말해 주세요. 학생들에게 긍정적인 활동을 통하여 자신들의 기분을 좋게 해 주는 활동들의 목록을 만들어 보도록 하세요. (농구 경기, 그림 그리기, 친구와 노래 부르기 등) 이러한 생각을 포스터로 만들어 보세요.
2. 좋은 약, 나쁜 약 : 학생들에게 모든 약은 나쁘다고 말하면 그들은 매우 혼란스러워할 것입니다. 많은 약들(백신들)이 무서운 질병을 치료하는 역할을 했다는 정보를 학생들에게 제공하세요. 잡지나 신문에 실린 약물에 대한 정보를 찾아보세요. 학생들은 이러한 조사활동을 통하여 여러 약들(소아마비, 이질, 천연두 백신)이 질병의 돌파구를 찾아 주어 많은 사람들을 도왔다는 흥미로운 사실을 알게 될 거예요.

이름 ______________________ 날짜 ______________

10.4 약물이란?

다음 상황을 읽고 약을 적절하게 사용한 상황인지 아니면 그렇지 않은지 판단하여 '예' 또는 '아니요'로 표시하세요.

1. 

____

2. 

____

3. 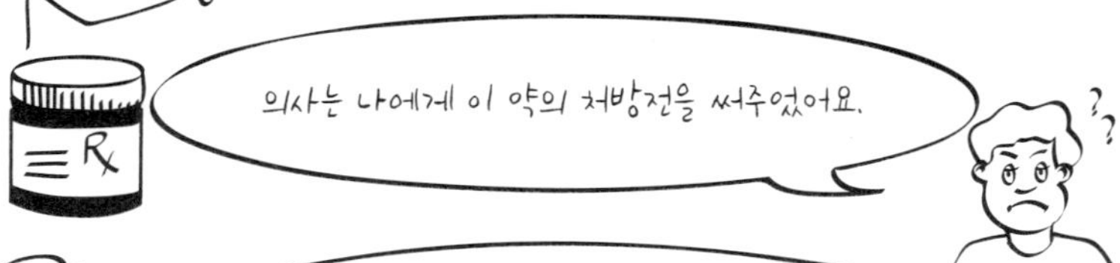

____

4. 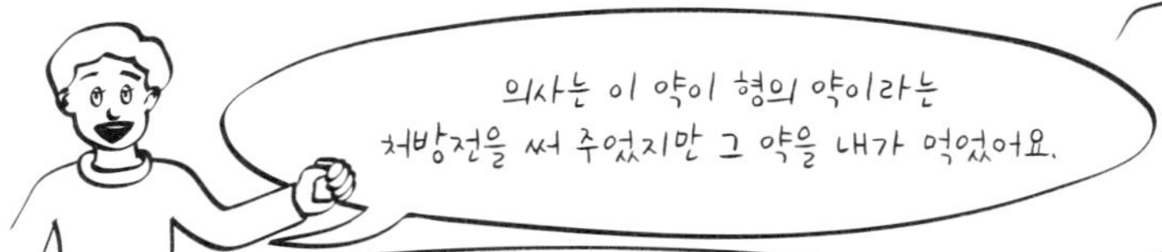

____

5. 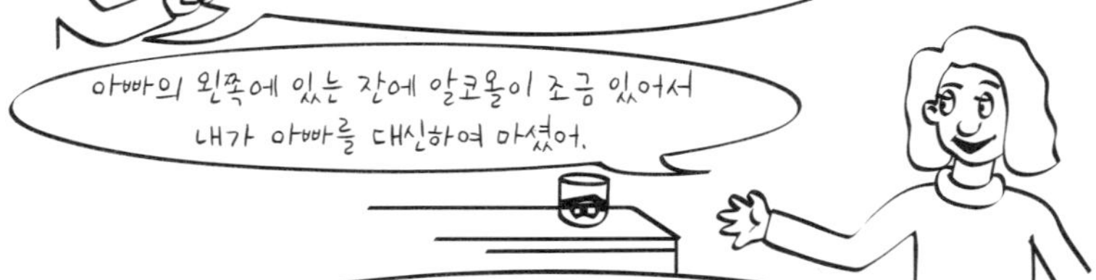

____

6. 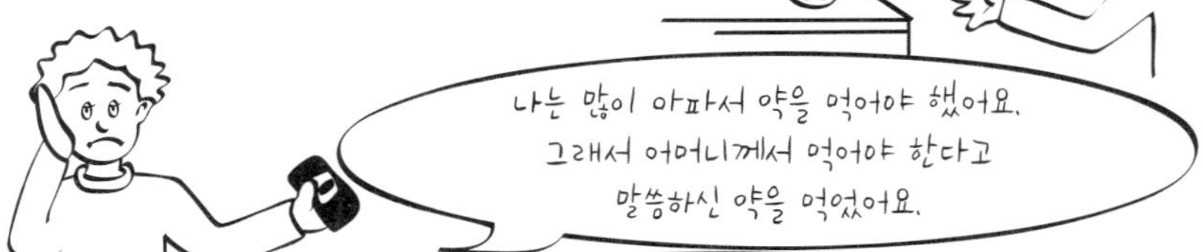

____

7. 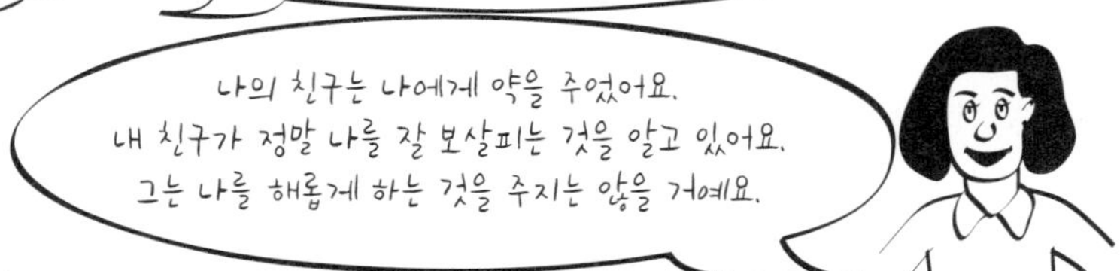

____

8. 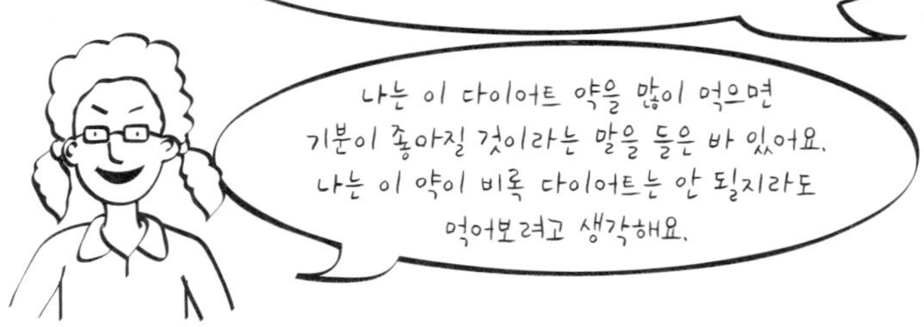

____

10.5 건강을 해치는 습관의 제거

목표

학생들에게 건강하지 못한 습관을 예로 제시하면, 그들은 그것을 건강한 대체 행동의 예로 바꾸어 제시할 수 있을 것이다.

질문

교사 : 습관의 의미를 말해 볼 사람 있어요? (생각 없이 무엇인가를 하는 것) 습관이란 생각을 하지 않고도 무엇인가를 하는 행동이에요. 왜냐하면 여러분들이 그것을 일상적으로 반복해 왔기 때문입니다. 여러분이 학교에서 집으로 돌아갔을 때 제일 먼저 하는 일이 무엇인가요? (먹기, 옷 갈아입기, 숙제하기) 여러분의 뇌가 아직 잠들어 있을 때 현실적으로 무엇인가를 갑자기 해야 한다면 그 행동을 통하여 여러분이 습관적으로 한 일인지 아닌지 알 수 있을까요? 예를 들면? 당신의 습관이 좋은 것이면 문제는 없어요. 그러나 때때로 좋지 않은 습관이나 건강하지 못한 습관은 삶의 균열을 가져와요. 오늘 우리는 나쁜 습관을 좋은 습관으로 바꾸는 방법에 대해 생각해 볼 거예요.

연습장 10.5 : 이들 학생들은 그동안 해 왔던 행동들을 바꾸고 싶어 합니다. 그들의 나쁜 습관을 좋은 습관으로 바꾸는 것을 도와주세요. 학생들은 바꾸고 싶어 하는 행동을 그림이나 글로 표현해 봅시다.

답변

(이것들은 제안에 해당한다.)

1. 침실에서 책을 읽고 불을 끈다.
2. 껌을 씹으면서 매일 자전거를 탄다.
3. 아침에 일찍 일어나기 위해 어둡기 전에 책을 정리한다.
4. 작은 피자를 주문하고, 피자가게에서 먹지 않는다.
5. 문 옆 세면대에 비누를 놓고, 매일 집에 들어와 손을 씻는다.

보충 활동

1. 좋지 못한 행동의 수정 : 자신의 단순한 행동이 며칠이나 지속됨을 기록을 통하여 알게 됩니다. 상대적으로 빈도가 높은 행위를 선택해 보세요. (양치하는 횟수, 손 씻기, 강아지와 산책하기) 이러한 행위를 아무 생각 없이 무의식적으로 반복해 왔음을 깨닫고 놀라지 않겠습니까? 그러므로 처음 행위와 다른 행위의 짝을 지어 보는 훈련을 해 보도록 합니다. 예를 들면 매일 세면대를 닦을 때 양치를 한다든지, 강아지와 산책할 때 우유 박스를 확인한다든지 등을 말합니다. 처음 했던 행동 다음에 두 번째 행위를 연결해서 하는 것이 쉽지 않을까요?

2. **흡연 조사** : 흡연은 좋지 못한 습관의 대표적인 것으로 인식되고 있습니다. 학생들은 학급의 동료와 성인들을 대상으로 흡연자인지 비흡연자인지, 금연을 하고자 하는지 그렇지 않은지를 조사하도록 합니다. 학생흡연자는 얼마나 될까요? 학생들은 성인 흡연자와 비흡연자 중 어느 쪽이 많다고 생각할까요? 이와 관련한 질문들이 생길 것입니다. (흡연이라는 주제가 부적절하다면 다른 주제나 쟁점을 선택할 수도 있습니다. 이러한 조사를 통하여 학생들은 흡연이 나쁜 습관임을 인식하게 될 것입니다.)

이름 ______________________ 날짜 ______________

10.5 건강을 해치는 습관의 제거

이들 학생들은 그동안 건강하지 못한 습관을 가지고 있었어요. 이들의 나쁜 습관을 좋은 습관으로 바꿀 수 있도록 건강한 습관이나 그 밖의 제안을 해 주는 것으로 도움을 줄 수 있지요? 각 상황에 따른 제안을 그림이나 글로 표현해 봅시다.

1
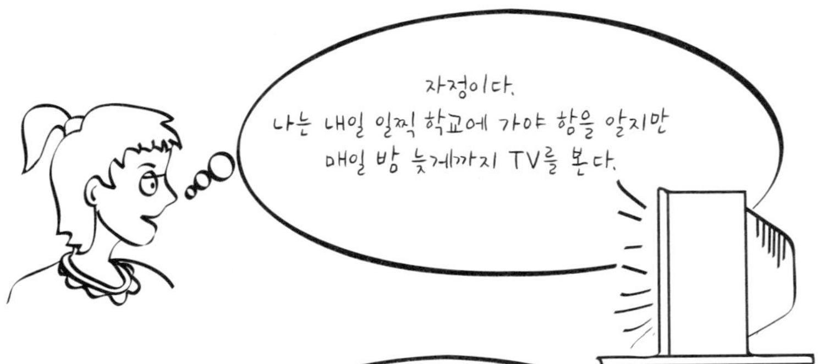

2
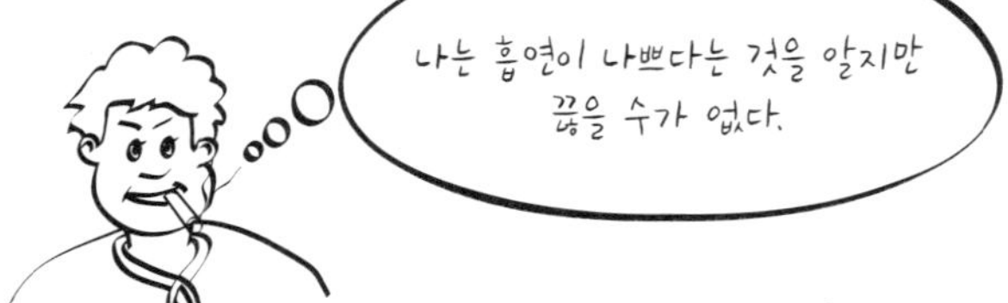

3

4

5

10.6 위험한 상황

목표

학생들은 잠재적으로 위험한 상황임을 인식하고 건강하지 못한 결과를 나을 가능성이 있음을 설명할 수 있을 것이다.

질문

교사 : 내 검은 방울뱀을 본 사람 없나요? 나는 그 뱀을 내 방 어디에선가 잃어버렸어요. 오! 장난이에요. 그렇지만 정말 방에서 그 방울뱀을 잃어버렸다면 어떤 일이 발생할지 상상해 볼까요? 무슨 일이 일어날까요? (누군가를 물겠지요.) 건강한 삶을 산다는 것은 위험한 상황을 잘 관리한다는 의미입니다. 여러분이 생각하는 위험한 상황에 대한 목록을 말해 주시겠어요? (폭탄, 총 등) 여러분이 매우 위험한 상황에 놓인다면 그 상황에서 어떻게 하는 것이 가장 바람직한 대처행동이라고 생각하나요? (그곳에서 피한다, 도움을 요청한다, 어른을 찾는다.)

연습장 10.6 : 여기 매우 위험한 상황에 놓인 학생들이 있어요. 이들 학생들의 상황을 왜 위험하다고 하는지, 그 상황에서 벗어나려면 어떻게 해야 하는지 말해 보세요. 여러분의 생각을 그림이나 글로 표현해 보세요.

답변

(제안에 해당한다.)

1. 개가 물었다. (학생은 그 자리를 떠난다, 도움을 요청한다.)
2. 수상한 사람 (즉시 떠난다, 어른에게 이야기한다.)
3. 화재의 시작 (피한다, 그 불씨를 멀리 던진다.)
4. 문제 학생이 친구를 유혹한다. (안 된다고 말한다, 그 밖의 할 수 있는 행동을 한다.)
5. 부담스럽게 한다. (만지지 말라고 한다, 어른에게 말한다.)

보충 활동

1. 역할놀이 : 학생들이 위험 가능성이 높은 상황에 처해 있는 역할을 해 봄으로써 대처행동을 배우도록 합니다. 여러 상황에서 각기 다른 방식으로 아니라고 말하거나 거절하는 연습을 하도록 합니다.
2. 용감한 학생 : 동료 학생들이 위험한 상황에 처해 있을 때, 이들을 구한 학생 영웅을 제시합니다. 학생들은 자기들 나름의 영웅에 대한 모습과 행위에 대해 생각해 내려고 할 것입니다. 토론을 해야 할 때, 이러한 상황에서 학생 영웅은 어떠한 일을 했는지에 대해 설명하고 질문하도록 합니다.

이름 ______________________ 날짜 ____________

10.6 위험한 상황

다음의 학생들은 위험한 상황에 처해 있어요. 각 상황을 보고 왜 이러한 상황에 놓이게 되었는지, 왜 이러한 일이 발생하게 되었는지 그 이유를 한 가지씩 말하고, 그 상황에서 어떠한 행동을 해야 하는지 그림이나 말로 설명해 보세요.

상황 1

왜?

상황 2

왜?

10.6 계속

상황 3

왜?

상황 4

왜?

상황 5

왜?

10.7 안전규칙 지키기

목표

학생들은 안전의식을 갖기 위하여 규칙을 설명하거나 준수할 수 있을 것이다.

질문

교사 : 여러분은 롤러코스터를 몇 번이나 타 보았나요? 여러분은 손은 안쪽으로 하고 일어서지 않는다는 규칙을 준수했나요? 왜 규칙을 준수해야 하지요? (안전을 위하여) 만약 여러분이 규칙을 준수하지 않는다면 어떤 일이 발생할까요? (사고) 규칙은 당신이 안전을 보장해 주기 때문에 반드시 지켜야 합니다. 학교 주변에서 지켜야 할 안전수칙은 어떤 것들이 있나요? (소방훈련 중 잡담 금지, 칼 주의)

연습장 10.7 : 안전수칙은 항상 여러분에게 해야 할 것과 하지 말아야 할 것에 대하여 말하고 있는 것처럼 보입니다. 여기에는 집이나 학교에서 지켜야 할 규칙들의 예시가 제시되어 있는데 어떤 규칙은 잘못된 것입니다. 바른 규칙이라고 생각되면 규칙의 끝에 스마일 표시를, 그리고 잘못된 규칙이면 ×표를 하세요.

답변

1. 스마일 2. 스마일 3. × 4. 스마일 5. × 6. 스마일 7. 스마일 8. × 9. 스마일 10. ×

보충 활동

1. 오랜 규칙 : 교사들의 잡지를 보면 1900년대 초 학생지도 규칙과 학교 안전규칙들을 다시 소개하는 경우가 있어요. 그것들을 살펴보면 매우 재미가 있기도 하고 필요 없는 규칙이라는 생각도 하게 됩니다. (오후에는 법정 마당에 당신의 말을 세우지 말 것 등) 당시에는 중요했던 규칙들이 지금에는 필요가 없는지에 대하여 이야기를 나눠 보세요. 지금의 규칙이 약 100년 후에는 어떻게 될까요?
2. 규칙은 어리석지 않다. 학생들이 학교 규칙을 정리해 보도록 합니다. 규칙이 불공정하거나 불필요(껌을 씹지 말라, 밥 먹을 때 말하지 말라)함에도 불구하고 그것들이 안전을 보장한다고 하는지 그 이유를 생각해 보세요. 외국인이나 다른 행성에서 온 방문자라고 한다면 우리의 학교 규칙이 우스울 수도 있지 않을까요? 당신은 그 사람들에게 학교 규칙의 필요성을 어떻게 설명할 수 있을까요?

이름 ______________________ 날짜 __________

10.7 안전규칙 지키기

여기에 제시된 규칙들은 어떤 것은 안전한 규칙이고 어떤 것들은 잘못된 것들입니다. 바른 규칙이면 얼굴 문양에 웃는 모습을 그려 넣고, 잘못된 규칙일 경우는 얼굴 문양에 ×표를 그려 넣으세요.

1. 차안에서 안전벨트를 하고 있다. 

2. 너의 집 열쇠의 위치를 어느 누구에게도 말하지 마라. 

3. 물구나무 선 채로 양치하지 마라. 

4. 어두워지기 전에 집에 들어오라. 

5. 어린 운전자의 차만 히치하이킹 하라. 

6. 소방훈련 하는 동안 말하지 마라. 

7. 네가 밖으로 나갈 때는 자전거의 자물쇠를 잠가라. 

8. 머리에 종이집게를 꽂지 마라. 

9. 수상한 사람으로부터 전화가 오면, 집에 혼자 있다고 말하지 마라. 

10. 늦잠으로 학교에 늦을 것 같으면 경찰을 불러라. 

10.8 충분한 수면

목표

학생들은 충분한 수면을 취하지 못하는 상황을 알 수 있을 것이다.

질문

교사 : 충분한 수면이 중요한 이유가 무엇인가요? (생각을 명확히 할 수 있고, 다음 날 더 많은 활동을 하기 위함이다.) 충분한 수면에 영향을 미치는 요인이 무엇이라고 생각하나요? (여행, 걱정, 잠을 대신 하는 또 다른 행동, 무엇인가에 대한 두려운 생각) 당신이 잠을 충분히 자지 못했을 때, 기분상태는 어떠했나요? (심술궂은, 명료하게 생각하지 못하거나 업무를 말끔하게 처리하지 못함) 때때로 당신이 숙면을 취하지 못하는 경우가 있을지라도 가능하면 숙면을 취하려고 노력하는 것이 중요합니다. 그렇게 되면 당신의 기분은 더욱 상쾌하고 좋아질 것입니다.

연습장 10.8 : 다음의 학생들은 충분히 잠을 잘 수 있다고 생각하나요? (때때로 당신은 이런저런 생각으로 인하여 숙면을 취하지 못하는 경우가 있을 수 있음을 기억하세요.) 여러분의 선택과 관련하여 논의해 보세요.

답변

(답은 각기 다를 수 있다. 그러한 답을 하게 된 이유를 말해 보세요.)

1. 아니요 – 다음 날 학교에 가야 한다.
2. 아니요 – 그러나 이해는 간다.
3. 아마도 – 편안한 잠자리는 아닐 것이다.
4. 아마도 그럴 것이다 – 낮잠을 잘 잤다면
5. 아니요 – 불면증을 극복하기 어려울 것이다.
6. 아니요 – 그러나 가치는 있다.

보충 활동

1. 수면 통계 : 학생들이 하루에 몇 시간씩 자는지 일주일 동안 기록을 합니다. 자신들이 규칙적인 취침을 하는지에 대하여 의견을 나눕시다. 다음 날 활동을 잘하려면 평균 몇 시간 정도의 수면이 필요한지, 그리고 수면을 방해하는 예기치 못한 상황들은 어떠한 것들이 있는지 논의해 봅시다.
2. 꿈 일기 : (기억할 수 있다면) 당신의 꿈 꾼 내용을 기록해 보면 재미있을 거예요. 어떤 사람들은 자신의 꿈을 생생히 기억하지만 그렇지 않은 사람들도 있어요. 누군가 꿈을 잘 꾸는 사람을 알고 있다면 그 사람의 꿈을 비교적 상세한 내용까지 2~3주 동안 기록해 보세요. 대단한 내용은 아닐지라도 그 사람이 왜 그러한 꿈을 꾸게 되었는지 매우 재미있는 것을 알게 될 것입니다.

이름 ______________________ 날짜 ______________

10.8 충분한 수면

다음의 학생들은 충분히 잠을 잘 수 있다고 생각하나요? (때때로 당신은 이런저런 생각으로 인하여 숙면을 취하지 못하는 경우가 있을 수 있음을 기억하세요.) 여러분의 선택과 관련하여 논의해 보세요.

1. 천사는 밤에 학교에 있는 친구와 밤을 보낸다. 그들은 심야 영화를 보기로 결정했다.

   예 **아니요** **아마도**

2. 정택은 내일 생일파티 때문에 흥분되어 있다. 그는 잠들려고 하지만 온통 머릿속엔 파티 생각뿐이다.

   예 **아니요** **아마도**

3. 용걸이와 그의 가족들은 차를 타고 오랜 시간 여행을 갔다. 피터는 피곤해서 차에서 아빠에게 기대어 잠을 잔다.

   예 **아니요** **아마도**

4. 미애는 일찍 일어나서 하루 종일 바삐 지낸다. 오늘 저녁은 가족들과 함께 외출을 하려고 한다. 그러나 그녀는 정말 피곤하여 우선적으로 낮잠을 자려고 한다.

   예 **아니요** **아마도**

5. 현상이는 새로 입양한 강아지와 침대에서 같이 자고 싶었다. 매일 몇 시간 동안 강아지는 밖에 나가자고 낑낑거렸다. 그래서 그는 밤에도 몇 번이나 강아지를 데리고 산책을 해야 한다.

   예 **아니요** **아마도**

6. 미영이 학교의 하계 소프트볼 팀은 다른 팀과의 경기를 위하여 이웃한 도시로 여행을 갔다. 그러나 늦어서 경기가 끝난 뒤에 도착했다. 하지만 그녀의 팀을 축하하기 위하여 아이스크림을 먹으러 갔다.

   예 **아니요** **아마도**

PART 03

지역사회와 독립생활

11
Chapter

지역사회의 여러 장소와 그곳 사람들

부모에게 보내는 편지 제11호 : 지역사회의 여러 장소와 그곳 사람들

부모님께

이어지는 장에서는 자녀들이 지역 내에서 독립심을 가지고 생활할 수 있는 능력을 발전시키는 데 목적을 두었습니다. 이를 위한 첫 단계로서 해당 지역사회 내의 여러 장소와 그 지역사회 내의 주민들과 그 지역에서 받을 수 있는 서비스 등에 익숙해지도록 하는 활동입니다. 우리는 동네의 식당, 공원, 놀이 공간, 스포츠 행사와 우체국, 도서관, 동물원과 박물관 같은 공공시설에 대해 논의할 것입니다. 가능하면 우리는 이들 장소들을 직접 방문할 것이고, 그렇지 않으면 개별적으로 몇몇 장소를 방문한 후 그곳에서 간파한 내용과 유용한 정보를 얻는 방법에 대하여 학생들에게 발표하게 할 것입니다.

쇼핑이나 놀이, 또는 볼일을 위하여 지역사회로 외출할 경우, 자녀를 동반하여 지역사회의 여러 장소를 접하게 한 후 각각의 장소들이 일상생활과 어떠한 연관성이 있는지 직접 경험하게 해 주세요. 우리에게 도움이 되고 즐길 만한 다양한 행사와 공공 기관들이 많이 있습니다.

자녀들의 독립심을 키우기 위한 도움에 항상 동참하여 주신 부모님들께 감사드립니다.

다음에 또 뵙겠습니다.

____

교사 드림

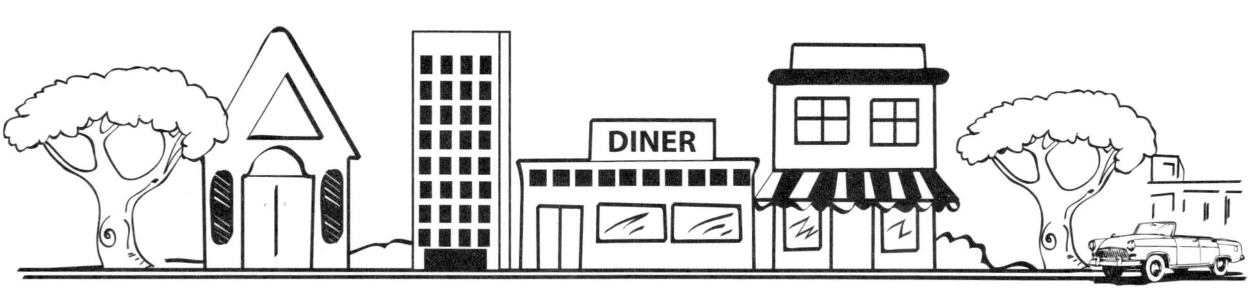

지역사회의 여러 장소와 그곳 사람들

관련 기술 항목 연습장 11 : 학습 진행사항

+ 숙달
✔ 익히는 과정
– 익히지 못함

학생 이름	음식점	백화점	공원	종교기관	영화관	스포츠 경기	공공도서관	박물관	동물원	슈퍼마켓	이발소(또는 미용실)	우체국	비고

11.1 음식점

목표

학생들은 몇몇 음식점의 상호와 그 위치, 그리고 그 음식점에서 제공하는 서비스의 내용을 설명할 수 있을 것이다.

질문

교사 : 어젯밤에 선생님이 저녁식사를 한 장소에 대하여 설명할 터이니, 여러분은 그 설명을 잘 듣고 그곳이 어디인지 알아맞혀 보세요. (지역 식당의 시설, 메뉴 등을 묘사한다.) 선생님이 어디에 있었죠? (음식점/식당.) 음식점이 무엇을 하는 곳이죠? (일반 대중을 위해 요리하는 곳이요.) 음식점은 식사를 하는 공공장소입니다. 누가 음식점 세 군데의 이름을 말할 수 있나요? 이들 음식점 세 곳이 같거나 비슷한 점은 무엇이지요? 다른 점은요? (가격, 서비스, 메뉴, 위치) 음식점에서 일하는 사람들을 뭐라고 부르나요? (웨이터, 호스티스 등)

연습장 11.1 : 이 연습장에서는 지역사회 내에 위치한 음식점 다섯 곳에 대한 설명을 하도록 하고 있어요. 그리고 다섯 명의 학생이 원하는 음식을 각각 기술하도록 하고 있어요. 각각의 학생이 가야 할 관련 음식점과 연결지어 보세요.

답변

1. b　　2. c　　3. d　　4. a

보충 활동

1. 음식점 설문조사 : 가능하면 지역 내 음식점들의 메뉴를 수집합니다. 각각의 음식점들이 가지고 있는 특징은 무엇인가요? 몇 가지 특성별로 음식점들을 집단화할 수 있겠어요? (어린이/성인을 겨냥, 고가/저렴, 다양한 메뉴/단일 메뉴)
2. 지역 약도 : 지역사회 내 음식점 중심으로 약도를 그립니다. 지역사회를 찾아온 사람들은 주로 어느 음식점에 대하여 관심을 가지고 있나요? 음식점(또는 메뉴의 일부를 잘라서 그림에 삽입한다)을 지도에 그려 넣습니다. 이후 수업에서 논의될 다양한 장소들도 지도에 덧붙입니다. 학생들의 관점에서 활동 계획을 세워야 한다는 사실을 잊지 말도록 합니다. 학생들에게 있어서 지역사회 내 가장 중요한 식당은 아마도 햄버거 가게일 것입니다!

이름 ______________________________ 날짜 ______________

11.1 음식점

여기서는 외국의 특정 음식점들을 설명하고 있어요. 외국여행 중인 오른쪽 학생이나 가족이 가고자 하는 음식점과 연결 지어 보세요.

1. 멕시칸피츠플레이스 __________
   이곳은 타코, 콩 종류와 기타 멕시코 음식을 제공하는 패스트푸드점이다.

2. 더 가든 스폿 __________
   이곳은 앉아서 주문해 먹는 음식점으로 식사는 정식을 제공하며, 웨이터, 라이브 음악이 있어 가격이 매우 비싸다.

3. 밀리스 __________
   이곳은 작은 식당이며, 카운터에 앉아서 햄버거, 수프와 후식으로 애플파이나 아이스크림 등 집밥을 주문해서 먹는 음식점이다.

4. 캐롤라인 조리 __________
   이곳은 앉아서 먹는 음식점으로 모든 음식을 제공하고 있다. 이곳은 종업원들이나 손님 모두가 청바지와 같이 간편한 평상복 차림이 가능하다.

a. 명수와 그의 가족은 친구들과 함께 분위기는 좋지만 비싸지 않은 곳으로 가고 싶다. 그들은 앉아서 대화를 나누고 싶어 하며, 옷을 차려 입을 필요가 없는 음식점에 가고자 한다.

b. 명식이는 음식을 빨리 먹으려 하는데, 시간이 없고 햄버거도 싫어한다.

c. 인수와 부모님은 인수 누나의 대학 졸업을 축하해 주고자 한다. 아주 좋은 음식점에 가고 싶어 하며 가격은 상관없다.

d. 대성이와 동숙은 정식이 먹고 싶지만, 패스트푸드도 싫고 비싼 곳도 싫어한다(하지만 후식은 꼭 먹어야 한다!).

11.2 백화점

목표

학생들은 백화점이나 상가 내에서 흔히 볼 수 있는 몇몇 가게들에 대하여 설명할 수 있을 것이다.

질문

교사 : 쇼핑하는 날 사야 할 물건에 대하여 말해 보세요. 나는 새로운 신발, 드레스, 생일 선물로 줄 책, 강아지 사료와 테니스공을 사고 싶어요. 가게 몇 군데를 찾아가야 할까요? (많이요.) 많은 가게들이 모여 있는 장소는 무엇이라 칭하지요? 상가나 쇼핑몰은 여러 가게들이 줄지어 모여 있는 곳이에요. 왜 그런 곳이 좋을까요? (가기 편하고, 한 번만 주차하면 되고, 실내여서 따뜻해요.) 상가나 쇼핑몰에서 일하는 사람들은 누구일까요? (점원, 상점주인, 계산원)

연습장 11.2 : 다음은 쇼핑몰에 있는 상점들의 예시예요. 세아는 상가에서 몇 가지 물품을 구입하려고 하지만, 그렇다고 모든 상점에 들를 필요는 없어요. 필요한 물건을 사기 위해 그녀가 어느 상점에 들러야 하는지 번호를 붙여서, 그녀가 쇼핑 계획을 세우는 데 도와줍시다.

답변

1. 애완견(고양이 포함) 용품점
2. 장난감!!!
3. 현장 인화점
4. 장난감 가게
5. 미용실

보충 활동

1. 우리 상가 : 가능하면 학생들로 하여금 지역사회 내 쇼핑몰을 방문하게 하고 상가 안에 어떤 물건들이 있는지 대충 기록하게 한다. 그들이 쇼핑몰의 일일 사장이 된다면, 그들은 상가에 어떤 상점을 입점시킬지 묻는다. (상상력을 발휘하도록 격려한다.) 무엇이 중요하고, 무엇이 필요하고, 무엇을 원하는지 등을 물 봅니다.
2. 대형 쇼핑몰 : 연습장에 있는 주제에 따라 학생들이 어떤 상점들이 들어와 있는 쇼핑몰을 원하는지 묻거나 쇼핑몰을 방문해서 그것에 대하여 그림을 그리거나 사진을 찾거나 어떤 상점이 있을지 생각해 보도록 한다. 보석가게 주인, 애완용품점 주인, 음반 비디오 가게 주인이나 스케이트보드 수리점 주인 등의 역할놀이로 좋아하는 물건과 상점을 연결시킬 수도 있어요.

이름 ______________________ 날짜 ______________

11.2 백화점

다음은 파크웨이 쇼핑몰 배치도입니다. 배치도에 표시된 상점들과 각 상점으로 가는 방법을 익히세요. 그리고 세아가 쇼핑하고자 하는 쇼핑 목록에 있는 물품들을 잘 구입할 수 있도록 도와주세요. 들러야 할 가게를 1, 2, 3 번호순으로 표기하세요.

세아의 쇼핑 목록

인형
엄마를 위한 화분
비디오테이프 반납
애완견 사료
헤어스프레이

11.3 공원

목표

학생들은 공원에서 할 수 있는 몇 가지 활동을 알 수 있게 될 것이다.

질문

교사 : 우리 지역에 있는 공원의 이름이 뭐지요? 사람들은 공원에서 어떠한 활동을 하지요? (농구, 그네 타기, 산책 등) 지역 내마다 공원을 설치하는 이유가 무엇일까요? (주민들에게 깨끗하고 안전한 휴식처를 제공하기 위해 등) 대부분의 공원에는 규칙을 두고 있는데 그것은 공원을 이용할 수 있는 권리와 반드시 지켜야 할 규칙에 관한 것입니다. 지켜야 할 규칙으로 어떤 게 있을까요? (쓰레기 버리지 않기, 개 목줄을 달 것 등) 공원에서는 일하는 사람은 어떤 사람들이 있지요? (공원 관리원, 구조원)

연습장 11.3 : 다음에는 공원에서 할 수 있는 몇 가지 활동들이 제시되어 있어요. 그것들이 공원에서 할 수 있는 활동이면 '예' 그렇지 않으면 '아니요'로 표시하세요.

답변(예)

1. 예　2. 예　3. 예　4. 아니요　5. 아니요　6. 예
7. 예　8. 아니요　9. 예　10. 예　11. 아니요　12. 예

보충 활동

1. 산책 : 공원에서는 가끔 체험 학습 프로그램을 개설하여 학생들로 하여금 자연에 대해 흥미를 갖도록 하거나 지역사회의 살아 숨 쉬는 생태계를 체험하도록 합니다. 지역사회 공원에 이런 프로그램이 존재하지 않으면 공원에서 제공하는 다양한 활동을 참고하여 체험 학습을 계획하시면 됩니다.
2. 공원 이용 수칙 : 지역 공원 관리 부서에서 시행하고 있는 수칙들을 알아봅시다. 쓰레기를 함부로 버리는 행위가 왜 좋지 않은 행동인지, 혹은 구조원이 존재하지 않는 곳에서는 수영이 금지되어 있는지 그 이유에 대하여 학생들과 함께 토의해 봅시다. 공원과 레크리에이션 부서에서 제공하는 프로그램 중 참여 가능한 활동에는 어떤 것들이 있는지 알아봅시다. (예 : 소프트볼 리그, 캠핑 체험, 수영 레슨 등)

이름 ______________________ 날짜 ____________

11.3 공원

다음의 활동들 중에서 공원에서 할 수 있는 것이면 '예'로, 할 수 없는 것이면 '아니요'로 빈칸에 적어 보세요.

1. 도보여행 ____________
2. 걸스카우트(혹은 보이스카우트)에 가입하기 ____________
3. 도서관에서 책 대출 ____________
4. 소프트볼 게임 ____________
5. 인라인 스케이팅 ____________
6. 양탄자 짜기 ____________
7. 지역사회 연극공연 감상 ____________
8. 동전(또는 우표) 수집 ____________
9. 그네 또는 미끄럼틀 ____________
10. 친구와 비행접시 던지기 ____________
11. 강아지 자유 산책 ____________
12. 테니스 ____________

11.4 종교기관

목표

학생들은 지역사회 안에 있는 종교기관과 그 위치를 알 수 있을 것이다.

질문

교사 : 선생님은 주말에 사람들이 가는 지역사회 내 장소에 대해 생각하고 있어요. 그곳이 어떤 곳일지 짐작되는 사람 있어요? (교회요.) 많은 사람들이 일요일에 교회에 가죠. 하지만 어떤 종교는 토요일에 예배를 드리기도 해요. 그 사람들이 가는 예배당에 관하여 더 얘기해 줄 사람 있나요? 예배당이 어디에 위치해 있는지 이야기해 줄 사람 있나요? 설교를 듣는 것 외에 교회에서 하는 활동에는 어떤 것들이 있을까요? (청년 모임, 기도 모임, 소프트볼 연습 등) 우리나라는 다른 나라에서 종교기관이 어떤 곳이든 상관없이 종교의 자유가 있어요. 그 예배는 그들이 원하는 방식대로 하도록 하고 있지요. 종교의 자유는 매우 중요한 것으로, 다른 모든 나라가 그러는 것은 아닙니다. 우리 지역사회 내에 있는 다양한 종교기관에 대해 생각해 보고, 그것들이 어디에 있는지도 생각해 봅시다. 종교 지도자의 호칭에는 어떤 것들이 있을까요? (목회자, 목사, 신부, 랍비, 성가대 지휘자 등)

연습장 11.4 : 다양한 종류의 종교기관들이 있지만 여기서는 그중 몇 군데만 제시했어요. 각각의 건물과 그 건물에 들어갈 학생을 짝지어 보세요.

답변

1. 경숙 : 건물 2 2. 상규 : 건물 4 3. 영미 : 건물 1 4. 기선 : 건물 3

보충 활동

1. 공휴일 : 대부분의 공휴일은 성격상 종교적인 의미에서 비롯된 것이 많아요. 각각의 공휴일에 대한 유래를 알아보고 그것들이 일상생활에 어떠한 영향을 미쳤는지 이야기해 보세요. 왜 모든 사람들이 성탄절을 기념하지 않을까요? 하누카(Hanukkah)는 어떤 기념일이지요? 12월 축제 기간 중에 유대교를 믿는 사람을 교실로 초청하여 하누카에 대한 설명을 들어 볼 수도 있어요.
2. 역사적인 교회 건물 : 많은 교회들은 흥미로운 역사를 지니고 있어요. 지역사회 내에 있는 교회 건물에 대해 알아보세요. 교회가 언제 세워졌는지 등 지역사회의 역사와 친숙해지는 시간을 가져 보세요.

이름 ______________________________ 날짜 ____________

11.4 종교기관

다음은 작은 마을의 지도입니다. 종교기관에는 별표(*)와 숫자가 표시되어 있어요. 다음에 설명된 학생이 어느 기관에 다니는지 번호를 쓰세요. 각 학생 옆에 제시된 단서를 읽고 찾으면 됩니다.

1. 경숙은 많은 나무들로 둘러싸인 큰 교회에 다닌다. 그녀는 매주 일요일 아침 일찍 교회로 간다. 여기서는 예배를 '미사'라고 부른다. 그녀는 가톨릭 신자이다. _____

2. 상규는 토요일마다 회당에 간다. 상규는 유태인이다. _____

3. 영미는 일요일 오전에 교회로 간다. 그녀는 하얀 울타리가 쳐진 개신교회에 출석한다. _____

4. 기선은 개신교회로 가지만 다른 건물이다. 그 교회는 벽돌로 만들어졌다. _____

11.5 영화관

목표

학생들은 영화관의 위치와 영화 관람을 위해 거쳐야 할 과정에 대해 설명할 수 있을 것이다.

질문

교사 : 최근에 재미있는 영화를 본 사람이 있나요? 어떤 영화예요? 영화는 보고 싶은데, 비디오테이프를 빌려서 보는 것이 싫다면 어디에 가서 영화를 봐야 할까요? (가까운 영화관에요.) 선생님은 이곳에 대하여 아는 것이 없는 사람이라고 합시다. 그래서 영화관이 어디에 있는지, 영화 관람을 위한 표와 팝콘을 사는 방법 등 아무것도 몰라요! 누가 선생님을 도와줄 수 있나요? 영화관에서는 일하는 사람들은 어떤 분들이 있나요? (안내원, 검표 직원, 창구 직원 등)

연습장 11.5 : 다음 그림은 영화관에서 전형적으로 볼 수 있는 장면이에요. 어떤 것들이 보이지요? (매점, 화장실 등) 그림을 자세히 보고 각각의 상황에 대한 질문을 읽으세요. 설명이 제대로 되어 있는지에 따라 '예' 또는 '아니요'로 답하세요.

답변

1. 예 2. 아니요 3. 예 4. 아니요 5. 아니요 6. 예

보충 활동

1. 조심스러운 질문 : 영화에 관하여 학생들에게 세심한 관찰과 생각을 필요로 하는 추가적인 질문을 쓰도록 합니다. 질문을 서로 나누고 이에 대한 답을 찾을 수 있는 단서에 대해 의견을 나눕니다. 다른 사람보다 명확한 답을 한 사람이 있나요?
2. 등급제 : 미국 한 도시의 영화관에서 상영되는 영화 안내문을 신문에서 보고, 이들 중에서 학생들이 본 영화는 어떤 것인지 이야기를 나눠 봅니다. '전체 관람가', '부모 동반', '부모 동반 13세 이상 관람가', '18세 이상 관람가' 등급이 있어요. 학생들이 특히 즐겁게 본 영화에 대한 감상평을 적도록 합니다. 폭력적인 내용이어야만 재미가 있나요? 학생들이 자체적으로 영화에 대한 등급을 매기도록 합니다. 예컨대 웃긴다, 훌륭한 연기자들, 좋은 줄거리, 스릴 있다 등.

이름 ______________________ 날짜 ____________

11.5 영화관

다음의 사람들은 영화 〈뉴욕을 삼킨 돌연변이 개구리들〉을 관람하려고 합니다. 이 그림을 자세히 보면서, 관람객과 영화관에 관한 질문에 '예' 또는 '아니요'로 답하세요.

1. 영화가 곧 시작할 것이다. ____________
2. 10살짜리 남자아이들의 관람료는 5,000원이다. ____________
3. 이 영화관에는 두 가지 영화를 상영하고 있다. ____________
4. 검표 직원은 여자다. ____________
5. 매점에서 햄버거를 살 수 있다. ____________
6. 〈뉴욕을 삼킨 돌연변이 개구리들〉은 제2관에서 상영한다. ____________

11.6 스포츠 경기

목표

학생들은 지역사회 내 스포츠 경기가 진행될 장소, 시간, 입장료, 그리고 그 밖의 관련 정보에 따라 결정할 수 있을 것이다.

질문

교사 : 농구 경기를 관람해 본 사람 있나요? 어디에서 봤지요? 고등학교 운동장에서 개최된 축구 경기를 본 사람 있나요? 많은 사람들이 스포츠와 스포츠 행사에 관심을 갖는 이유가 뭘까요? (재미, 사교, 우승팀을 보고 싶어서요.) 여러분이 참여하거나 관람할 수 있는 지역 스포츠 행사는 어떤 것들이 있나요? 스포츠 행사와 관련이 있는 사람들은 누구일까요? (감독, 선수, 안내원, 방송 진행자 등) 관중이란 누구를 말하는지요? (경기를 보는 사람이요.) 관중은 경기를 하러 오는 사람이 아니라 경기를 보러 오는 사람이죠. 여러분은 어떤 경기의 관중이 되고 싶으세요?

연습장 11.6 : 여기 보이는 예시는 신문에서 한 번쯤 봤음직한 기사예요. 여러분이 참석할 만한 스포츠 경기에 대한 안내문이죠. 기사를 자세히 읽고 경기에 대한 질문에 답하세요.

답변

1. 경복고등학교 대 용산고등학교 2. 농구 3. 경복고등학교 체육관
4. 오후 6시 30분 5. 1,500원 6. 오후 7시 30분 7. 500원 8. 예

보충 활동

1. 스포츠 기사 읽기 : 학생들이 좋아하는 팀에 관한 기사를 가져 오게 합니다. 기사를 읽고, 기사에 관한 질문에 답하도록 합니다. 학생들끼리 질문을 바꿔서 하도록 합니다.
2. 스포츠 수학 : 1번에서와 마찬가지로, 학생들에게 경기나 선수 기록에 대한 통계 수치로 수학 문제나 읽기 문제를 만들도록 합니다. 학생들끼리 질문지를 교환하도록 합니다.

이름 ______________________ 날짜 ______________

11.6 스포츠 경기

다음은 지역 농구 경기에 대한 기사입니다. 자세히 읽고 다음에 제시된 질문에 답하세요.

경복고등학교와 용산고등학교와의 농구 경기 결승전이 10월 26일 금요일 오후 7시 30분에 열린다. 이 경기는 경복고등학교의 홈경기로 경복고등학교 체육관에서 개최된다. 이 경기의 입장은 오후 6시 30분부터이며, 입장권 판매는 체육관 정문과 양 옆문에서 판매될 예정이다. 입장료는 성인은 2,500원, 학생은 1,500원, 12세 이하의 어린이는 1,000원이다. 허용된 장소에서는 음식물 섭취도 가능하다. 선수명단 프로그램은 500원에 팔릴 예정이다.

1. 같이 경기하게 될 두 팀의 이름은 무엇인가? ______________________

2. 운동 종목은 무엇인가? ______________________

3. 경기 장소는 어디인가? ______________________

4. 경기장에는 몇 시에 들어갈 수 있는가? ______________________

5. 학생이 관람하려면 얼마가 필요한가? ______________________

6. 경기는 몇 시에 시작하나? ______________________

7. 선수명단 프로그램은 얼마인가? ______________________

8. 그곳에서 마실 것을 구입할 수 있는가? ______________________

11.7 공공도서관

목표

학생들은 공공도서관의 위치와 도서관에서 제공되는 일반적인 서비스에 대해 설명할 수 있을 것이다.

질문

교사 : 최근에 공공도서관에 가본 사람 있나요? 도서관이 있는 목적은 무엇인가요? (독서, 책 대출 등) 아하! 그런 대답을 할 줄 알았어요! 좀 더 깊이 생각해 보세요! 공공도서관은 책을 빌려 주는 일 외에도 많은 서비스를 제공해요. 여러분이나 여러분 부모님들이 공공도서관을 어떻게 이용했는지를 생각해 봅시다. (복사기, 비디오를 본다, 책이나 잡지의 컴퓨터 검색, 성인을 위한 야간 독서과정, 여름 독서 클럽, 다른 도시의 전화번호부, 신문, 음반, 어린이들을 위한 구연동화) 도서관에서 일하는 사람들은 누구죠? (사서, 연구원, 시청각 장비 기술자)

연습장 11.7 : 공공도서관은 많은 것들을 얻을 수 있는 아주 멋진 곳입니다. 연습장에 지역사회 공공도서관을 통해서 여러분이 얻을 수 있는 것들을 모두 적어 보세요. 조만간 도서관에 가서 목록에 내용을 추가하고, 빌리거나 활동하거나 배울 수 있는 것들을 배울 거예요.

답변

(답은 다양할 것이다.)

지역사회 도서관이 어디에 있는지 살펴보고, 그곳에서 제공하는 서비스의 종류를 알아보세요.

보충 활동

1. 도서관 방문 : 도서관 사서에게 부탁해서 학생들에게 도서관의 다양한 부문, 책의 분류법, 시청각 자료, 연구를 진행하는 요령과 도서관이 후원하는 특별 행사를 알려두도록 한다. 마무리는 학생들 각자에게 도서 대출증이 주어지는 것으로 합니다.
2. 도서관 연구 : 학생들에게 공공도서관이 어떻게 세워지고, 도서관이 보유하고 있는 도서의 수, 가장 인기 있는 책, 매년 대출되는 도서량 등을 조사하도록 합니다. 학생들이 관심을 가지고 있는 부분에 대한 질문을 하도록 합니다. 이러한 과제는 작은 집단이나 2인 1조로 도서관을 방문하여 답을 찾도록 합니다.

이름 ______________________ 날짜 ____________

11.7 공공도서관

공공도서관은 책을 빌려 주는 것 이외에도 많은 서비스를 제공합니다. 이들 서비스를 알아봅니다! 최소 일곱 가지 이상을 찾을 수 있나요?

1. ______________________________

____

2. ______________________________

____

3. ______________________________

____

4. ______________________________

____

5. ______________________________

____

6. ______________________________

____

7. ______________________________

____

11.8 박물관

목표

학생들은 박물관의 위치와 목적을 설명할 수 있을 것이다.

질문

교사 : 며칠 전에 선생님이 목걸이를 하고 있었어요. 그런데 어떤 사람이 다가와서는 "우와! 박물관에나 있을 만한 목걸이군요!"라고 말했어요. 그렇게 말한 뜻이 무엇일까요? (오래 됐다, 흥미롭다, 값어치 있다) 박물관이 뭐하는 곳이지요? (흥미롭고 가치 있는 물건들을 볼 수 있는 곳) 박물관은 사람들이 알고 싶어 하는 희귀하거나 흥미로운 물건들을 전시하는 곳이에요. 박물관의 종류는 어떤 것들이 있을까요? (지역 박물관, 자연사 박물관, 왁스 박물관) 박물관과 도서관은 어떤 점에서 비슷하지요? (일반인에게 개방한다. 특별한 것을 수집한다.) 그러면 다른 점은 무엇이지요? (집에 가져 갈 수 없다, 박물관에도 책이 있지만 대부분이 물건들이다.) 박물관에는 어떤 사람이 일하죠? (경비원/큐레이터, 관리인, 고고학자, 그 밖의 과학자들)

연습장 11.8 : 박물관에 가본 경험이 없다면, 한번 가보면 다양한 전시회가 있다는 사실에 흥미를 느낄 것입니다. 이 연습장에는 박물관에서 개최할 만한 몇 가지 전시회 목록이 있어요. 관심이 있는 전시회에 표시해 보세요. 여러분은 이와 유사한 전시회를 하는 박물관에 가볼 수도 있을 것이에요!

답변

(체크리스트 완성)

보충 활동

1. 박물관 관련 아이디어 : 많은 박물관에서는 무료 안내 책자나 광고지를 보내 줄 것입니다. 이것을 통하여 어떠한 전시를 하는지 확인하고 학생들의 참여를 통하여 박물관에 전화로 확인을 거쳐, 지역 박물관의 특별한 전시회에 대한 견학 계획을 수립해 봅니다.
2. 박물관에 대한 모든 것 : 날을 잡아 박물관을 견학한다면, 견학 후에 학생들이 본 흥미로웠던 물건들의 목록을 작성하도록 합니다. 이를 가나다 순으로 적도록 해도 좋습니다. 가=개미 농장, 나=곤충 전시회, 다=중국의 보물 등

이름 ______________________ 날짜 ____________

11.8 박물관

다음의 전시회는 박물관에서 개최할 만한 것들입니다. 관심이 가는 전시회나 궁금한 전시회에 표시해 보세요.

1. 고대 이집트의 미라

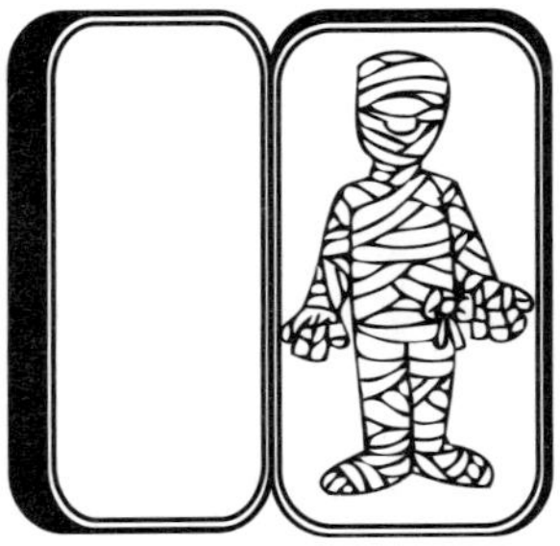

2. 1차 세계대전과 2차 세계대전 때 사용된 항공기

3. 걸어서 통과할 수 있을 정도의 거대한 심장

4. 2차 세계대전 때 독일군에 의해 나포된 잠수함

5. 달걀에서 부화하는 닭

6. 나바호 인디언에 의해 모래로 그려진 그림

7. 세계 인형들

8. 몇백 년 전의 생활상을 볼 수 있는 역사 속 마을

9. 우주에서 본 지구의 모습을 담은 영화

10. 유명한 야구 선수들이 썼던 야구 방망이와 장갑들

11.9 동물원

목표

학생들은 동물원 서비스나 동물의 주거에 대한 설명을 듣고, 동물원의 위치를 지도에서 찾을 수 있게 될 것이다.

질문

교사 : 우리 지역에는 동물원이 있나요? (지역 동물원, 동물 체험장, 대형 공공 동물원) 사람들은 왜 동물원을 좋아한다고 생각합니까? (희귀한 동물들을 볼 수 있어서, 가족과 함께 시간을 보내기에 좋은 방법이니까) 동물원의 관리인이나 사육사가 동물들을 다룰 때 특히 고려해야 할 점은 무엇일까요? (동물들이 우리 안에 있도록 하는 것, 식단, 날씨) 동물원에서 할 수 있는 일은 무엇일까요? (동물들을 관리하는 일, 사람들에게 특별 행사를 개최하는 일, 사람들의 안전을 관리하는 일, 동물들의 건강을 돌보는 일) 동물원에 있는 동물 중에서 여러분이 가장 좋아하는 동물은 어떤 동물인가요? 그 이유는요?

연습장 11.9 : 동물원의 지도를 보세요. 각각의 설명을 보고 어느 곳에 해당하는 설명인지 맞는 그림의 기호를 써 보세요.

답변

1. C 2. D 3. A 4. F 5. B 6. E

보충 활동

1. 동물원 동물 카드 : 학생들은 자신들이 좋아하는 동물을 하나씩 선택한 후, 그 동물의 그림과 그 동물에 관한 정보가 적힌 동물원 카드를 준비하도록 합니다. 학생들끼리 각자 준비한 카드를 교환하게 하여 그 카드에 있는 동물에 관하여 알게 합니다. 이렇게 하여 알게 된 재미있는 사실에 대하여 이야기를 나누도록 합니다.
2. 동물원 수의사 되기 : 학생들은 책과 인터넷과 도움을 주는 자료 제공자를 통해서 동물원 동물들의 건강을 돌보기 위해서는 어떠한 일들이 필요한지 배우도록 합니다. 코끼리는 하루에 어느 정도나 먹나요? 코뿔소에게 필요한 예방 접종은 무엇이 있나요? 원숭이들을 행복하게 해 주는 방법은 무엇인가요? 학생들은 외부에서 보는 것과 달리 동물원 내부적으로 많은 일들이 일어나고 있다는 사실을 알게 될 것입니다.

이름 ______________________ 날짜 ____________

11.9

동물원

동물원의 지도를 보세요. 각각의 설명을 보고 어느 곳에 해당하는 설명인지 맞는 그림의 기호를 써 보세요.

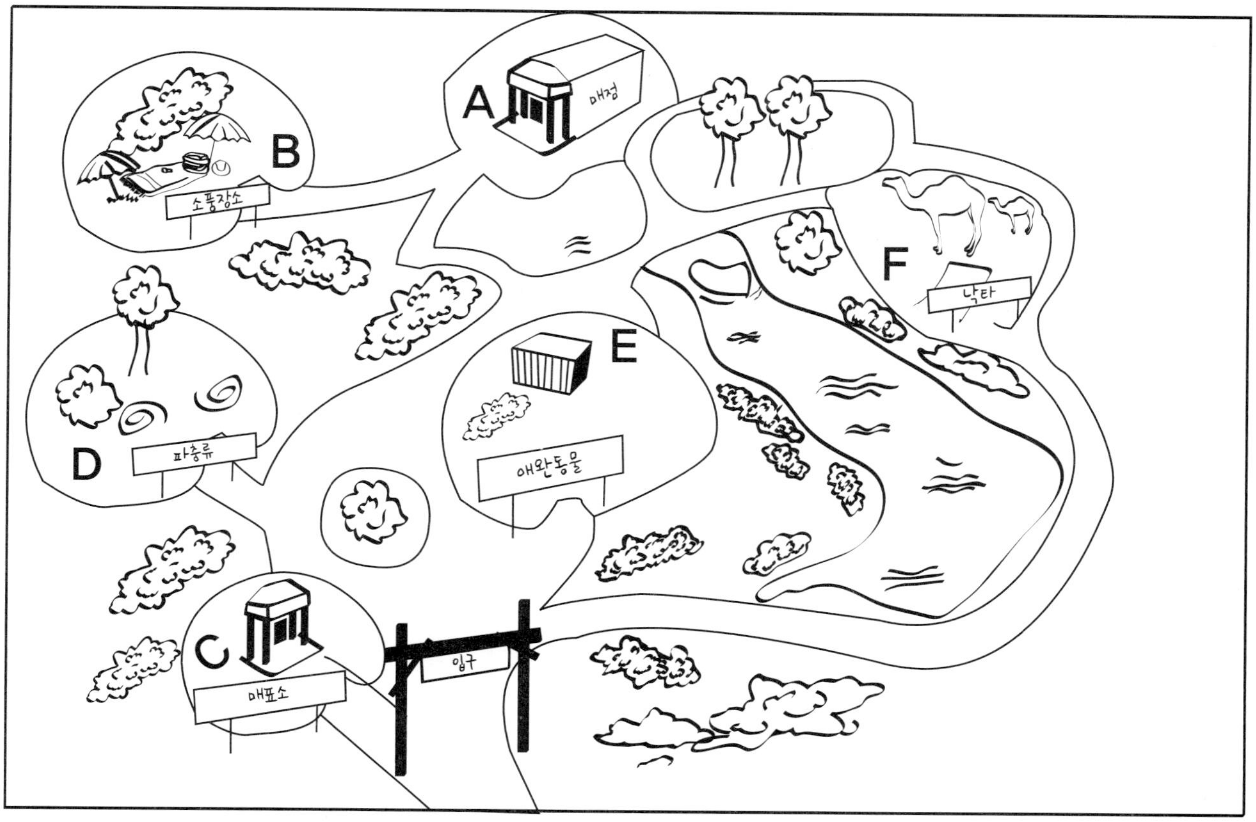

1. 동물원으로 입장하기 위하여 표를 사는 곳

2. 뱀을 볼 수 있는 곳

3. 음료수를 구입할 수 있는 곳

4. 낙타가 먹이를 먹는 것을 볼 수 있는 곳

5. 생일 파티를 열 수 있는 곳

6. 동물들을 직접 쓰다듬으며 볼 수 있는 곳

11.10 슈퍼마켓

목표

학생들은 슈퍼마켓의 용도별로 이름 붙여진 진열대에서 그에 따른 물품을 찾을 수 있게 될 것이다.

질문

교사 : 여러분의 가족은 어디에서 음식물을 구입하나요? (슈퍼마켓, 월마트, 식품점) 슈퍼마켓에서는 몇 가지 물품을 찾을 수 있을까요? (수천 가지) 그래서 슈퍼마켓의 통로를 잘 정리해야 하는 것입니다. 물건 하나를 찾으려고 슈퍼마켓 전체를 돌아다니고 싶지는 않겠지요. 물품이 있을 만한 위치로 가면 찾을 수 있기를 바라죠. 슈퍼마켓에서는 어떤 사람들이 일을 하고 있을까요? 물건을 사는 사람, (계산원, 진열대에 물건을 배치하는 사람, 정육점 주인)

연습장 11.10 : 슈퍼마켓. 각각의 물품이 어디에 위치하고 있을지 빈칸에 적어 보세요.

답변

1. 통로 3　2. 통로 2　3. 통로 5　4. 통로 4　5. 통로 1　6. 통로 5
7. 통로 3　8. 통로 5　9. 통로 4　10. 통로 1　11. 통로 2　12. 통로 3

보충 활동

1. **슈퍼마켓 탐색** : 학생들은 각자 각기 다른 열 가지 물품을 선택한다. 그 물품의 목록이 있는 슈퍼마켓 몇 군데를 방문하여 각각의 물품 가격을 적도록 합니다. 마켓마다 가격차가 큰가요? (학생들이 같은 물품에 대한 가격을 기록한 것인지 반드시 확인할 것)
2. **가격 맞추기** : 학생들에게 구입하고자 하는 물품 다섯 가지를 쇼핑 목록에 적도록 합니다－가격은 상관없어요! 물품의 예상 금액을 적도록 한 후 슈퍼마켓에서의 실제 가격을 알아보도록 합니다. 예상 금액과 어느 정도나 일치하나요?

이름 ______________________ 날짜 ____________

11.10 슈퍼마켓

쇼핑 목록에 적힌 물품은 다음 슈퍼마켓 그림의 어느 통로에 있을까요? 각각의 물품 옆에 그 통로의 번호를 적어 보세요.

1번 통로	2번 통로	3번 통로	4번 통로	5번 통로
신선한 야채와 과일	종이제품	캔류	빵류	냉동식품

1. 완두콩 1캔 ____________

2. 냅킨 ____________

3. 냉동 피자 ____________

4. 핫도그 빵 ____________

5. 당근 1망 ____________

6. 아이스크림 ____________

7. 참치 ____________

8. 빙과류 ____________

9. 롤 ____________

10. 바나나 ____________

11. 종이접시 ____________

12. 콩 통조림 ____________

11.12 우체국

목표

학생들은 우체국과 우체국 서비스에 관한 일반적인 질문에 대한 답변자료를 사용할 수 있을 것이다.

질문

교사 : 만약 여러분이 누군가에게 편지를 쓴다면 그들이 그 편지를 어떻게 받을 수 있게 될까요? (우체통에 넣으면 끝이다.) 당신이 누군가에게 편지를 보낸다면 그 사람이 편지를 받기까지 어떠한 절차가 필요합니까? (누군가 분류를 해야 한다, 배달해야 한다.) 우체국은 당신이 편지를 보내고 받고, 소포를 배달하고, 여권을 배달받고 그밖에 당신이 모르는 여러 가지 서비스를 제공받을 수 있어요. 어떤 사람들이 우체국에서 일을 합니까? (우편배달원, 편지 분류하는 사람, 사무직, 트럭 운전수)

연습장 11.12 : 당신은 우체국과 그곳 서비스에 관한 몇 가지 질문에 대해 답을 할 수 있습니까? 아마도 당신은 간단한 조사를 해야 하거나 동네 우체국에 방문하여 알아보는 과정이 필요할 것입니다.

답변

(답변은 각기 다를 가능성이 높다.)

1. 어디든 당신에게서 가장 가까운 지점
2. 여러 가지 답변
3. 여러 가지 답변
4. 유명한 사람이나 특별행사를 알아보게 한번 발행한 우표
5. 가격이 적혀 있지 않은 우표 : 이것은 언제든지 요금이 올라도 일급 우편요금으로 충분하다.
6. 현재 300원
7. 50g까지
8. 편지의 앞면 왼쪽 위 코너
9. 파란색 우편 모집함에 넣거나 우체통에 넣는다.
10. 현재 4만 원

보충 활동

1. 우편수집 : 학생들은 우표수집에 몰두하게 된 이유를 조사합니다(www.usps.com). 학생들은 최근 발행된 기념우표에 대해 흥미가 있어 할 것입니다.
2. 우표 디자인 : 학생들은 자신들의 삶에서 무엇인가 축하할 일이나 존경할 누군가를 기념하기 위해 우표를 디자인해 봅니다. 포스터 판을 이용하여 우표전시를 합니다.

이름 ______________________ 날짜 __________

11.12 우체국

당신은 우체국과 그곳의 서비스에 관한 몇 가지 질문에 대해 답할 수 있습니까? 아마도 당신은 간단한 조사를 해야 하거나 동네 우체국에 방문하여 알아보는 과정이 필요할 것입니다.

1. 가장 가까운 우체국은 어디에 있나요? ______________________

2. 집의 우편번호는 무엇입니까? ______________________

3. 거주하고 있는 지역의 약자는 어떻게 되나요? ______________________

4. 기념우표가 무엇인가요? ______________________

5. 무제한 우표는 무엇인가요? ______________________

6. 특급 우편의 가격은 얼마인가요? ______________________

7. 특급 우편의 제한 무게는 어떻게 되나요? ______________________

8. 반송 주소는 편지의 어느 위치에 쓰나요? ______________________

9. 편지를 발송하는 세 가지 방법은 무엇인가요? ______________________

10. 16세 미만일 경우 여권 발급비가 얼마인가요? ______________________

12 Chapter

유용한 정보

부모에게 보내는 편지 제12호 : 유용한 정보

부모님께

우리는 자녀들이 안전에 관심을 집중하고 그에 관한 상식을 키워나감으로써 지역사회에서 가능한 한 독립적으로 생활하기를 희망합니다. 다음 수업시간에는 메뉴판 읽는 법, 지도 읽는 법, 계획표 해석하는 법과 같은 지역사회에서의 유용한 정보 활용법에 대해 초점을 두어 지도할 것입니다.

또한 학생들이 길을 잃었을 때 어떤 행동을 취해야 하는지, 인터넷을 활용하는 상식에 등에 대한 건전한 사고기술을 발전시킬 수 있기를 희망합니다.

가능하면 지역사회 내에서 여행함으로써 계획표를 해석하는 데 도움이 되는 시간학습을 할 수 있게 하시고, 돈과 관련된 내용을 분명히 알려 주시고, 정보수집 방법에 대해서도 이해시키며, 자녀들이 인터넷을 통하여 무엇을 하는지 부모님들도 인터넷에 대하여 관심을 가져 주세요. 그러한 것들이 부모님들께도 충전의 기회가 됩니다.

자녀들을 위해 이러한 일을 하는 것은 부모님들의 일상을 미루는 것인데, 그것이 그렇게 쉬운 일은 아닙니다. 하지만 시간을 할애해 자녀들이 문제해결을 하고 계산과제를 수행하도록 도움을 주세요.

건강을 기원합니다.

다음에 또 뵙겠습니다.

____

교사 드림

유용한 정보

관련 기술 항목 연습장 12 : 학습 진행사항

+ 숙달
✔ 익히는 과정
– 익히지 못함

학생 이름	안전한 보행	안전한 자전거 주행	안전한 야간보행	메뉴판 사용법	팁 주기	화장실 위치	지도 읽기	쇼핑센터 안내판 활용	영업시간 이해하기	TV 편성표 이해하기	신문 활용하기	카탈로그 활용하기	길을 잃었을 때 취할 행동	안전한 컴퓨터 사용하기	컴퓨터 사용상의 상식	비고

12.1 안전한 보행

목표

학생들은 여기저기 산책을 할 때 지켜야 할 안전 수칙을 알고 있을 것이다.

질문

교사 : 여러분들이 도보로 갈 수 있는 몇 군데를 든다면 어디를 들 수 있나요? (지역의 가게들) '도보(on foot)'의 의미는 무엇입니까? (걸어 다니는) 보행자(pedestrian)의 의미를 아는 사람 있나요? 간단히 말하면 걸어 다니는 사람이란 뜻입니다. 어디든지 걸어 다닌다면 당신은 보행자입니다. 보행자로서 동네를 도보로 다닐 때 발생할 수 있는 위험한 상황은 어떤 것이 있나요? (교통상의 문제, 길을 잃어버리는 것)

연습장 12.1 : 이 연습장에서는 걸어 다니는 학생의 사례를 보여 주고 있습니다. 각 사진은 걸어 다니는 학생들이 지켜야 할 규칙을 나타내고 있습니다. 각 사진을 보고 이에 대해 이야기해 봅시다.

답변

1. 도보 시의 교통문제
2. 도보 시 횡단보도 신호
3. 인도에서 기다리기
4. 갈 방향을 탐색하기
5. 어른에게 도움 요청하기
6. 길을 건너기 전 좌우 살피기

보충 활동

1. 보다 좋은 규칙 : 삽화 등으로 만든 보행안전 목록 갖고 다니기(주차장에서 갑자기 뛰어나오지 않기, 길가에서 놀지 않기, 지갑 잘 소지하기 등), 포스터에 안전수칙 전시하기
2. 지역 도보산책 : 학생들에게 동네의 중심지에서 변두리까지 산책을 하거나 본인이 선호하는 주요 장소를 둘러보도록 합니다. 가고자 하는 여러 목적지에 도달하는 방법(방향)을 기록하되, 차도를 횡단할 때 보행자로서 지켜야 할 안전수칙, '안전한 지점'을 표시해 두도록 합니다. 학생들은 다른 사람들이 사용할 수 있도록 하기 위한 도보여행 지도를 발간하길 원할 수도 있습니다.

이름 ______________________________ 날짜 ______________

12.1 안전한 보행

아래의 학생들은 도보로 지역 내를 살펴보고 있습니다. 각 상황에 적합한 안전수칙은 무엇입니까?

12.2 안전한 자전거 주행

목표

학생들은 자전거를 타고 돌아다닐 때 지켜야 할 안전 절차를 알 수 있을 것이다.

질문

교사 : 우리는 이따금 걷는 것을 원치 않을 때도 있어요. 이유가 뭐지요? (너무 멀거나, 너무 오래 걸리기 때문) 그렇다면 우리들이 돌아다닐 수 있는 다른 방법들은 무엇이 있을까요? (자전거, 스케이트보드, 승마) 오늘 우리는 자전거 타기와 자전거를 탈 때의 안전수칙에 대해서 알아볼 것입니다. 여러분이 생각하기엔 자전거 탈 때의 안전수칙과 보행의 안전수칙이 비슷하다고 생각합니까? (예 – 다른 무언가를 조심해야 한다. 아니요 – 자전거는 걷는 것보다 차량과 같은 이동수단에 더 가깝다.)

연습장 12.2 : 자전거 보행자가 지켜야 하는 규칙들은 무엇이 있나요? 빈칸에 한 가지씩만 써보세요. 만약 생각이 잘 나지 않는다면 제시되어 있는 단서를 사용해도 됩니다. 그렇다면, 각자의 답을 비교해 봅시다.

답변

(예시 답안들이다.)

전조등 없이는 밤에 자전거를 타지 않는다.
인도에서는 자전거를 타지 않는다.
무리지어 자전거를 탈 때는 일렬종대로 탄다.
회전을 할 때는 적절한 수신호를 한다.
길가에서는 정지하라. 정신없이 왔다 갔다 하지 마라.
신축성 있는 옷을 입어라, 밤에는 밝은색의 옷을 입어라.
자전거를 타기 좋은 최상의 상태로 유지하라.
정지신호 및 양보신호를 포함하여 모든 교통표지 수칙을 지켜라.
철로 건널목을 지날 때는 수직으로 건너라.
헬멧을 착용하라.
깃발을 포함하여 주의표식을 자전거에 부착하라.

보충 활동

1. 장애물 코스 : 학교나 그 밖의 주차공간이나 넓고 평편한 공간에 장애물 코스를 설치하세요. 원뿔(pylons)을 설치하여 학생들이 자전거를 타고 정해진 길로 가는지, 지정된 장소에서 정지를 하는지, 정확한 수신호를 사용하는지 등의 과제를 반드시 수행하도록 하세요. 경우에 따라서는 자전거 타기에 참여한 학생들을 관찰하고 평가하기 위하여 다른 학생의 참여를 원할 수도 있습니다.
2. 자전거 여행 : 날씨가 허락된다면(모든 학생들이 자전거를 탈 수 있다면) 가까운 곳으로 목적지를 정해 놓고 그곳으로 자전거를 타고 가는 집단 활동을 만드세요. 아마도 점심시간을 이용한 소풍이 될 수도 있을 거예요. 부모님들도 기꺼이 동참해 도움을 줄 수 있을 것입니다.

이름 ______________________ 날짜 ____________

12.2 안전한 자전거 주행

자전거를 탈 때는 반드시 지켜야 할 규칙이 있어요. 아래의 자전거 그림 옆의 빈칸에 반드시 지켜야 할 규칙 한 가지씩을 적어 보세요. 잘 생각 나지 않을 때는 주어진 단서를 활용해 보세요.

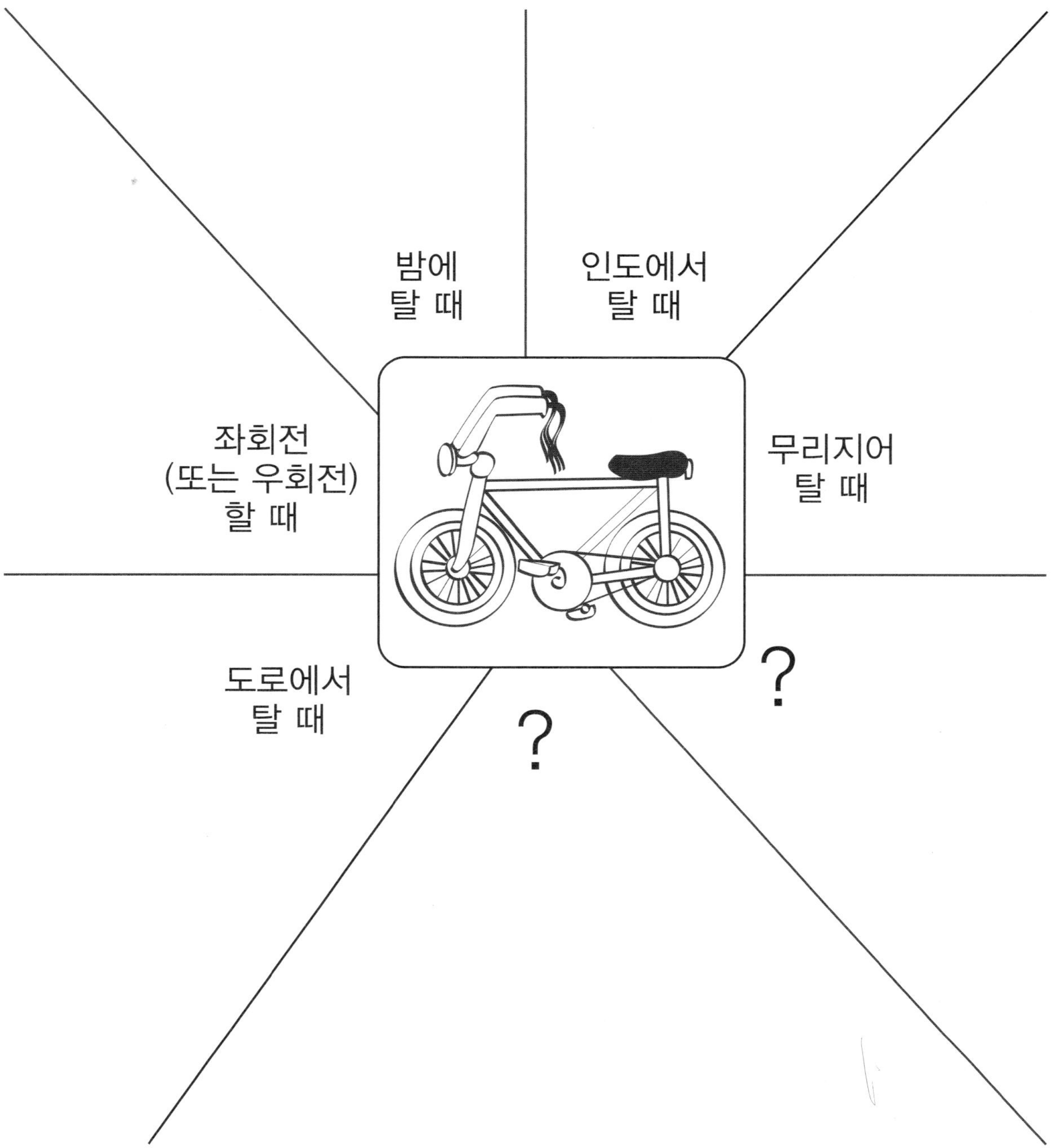

12.3 안전한 야간보행

목표

학생들은 심야시간에 개인의 안전을 보장하는 방법을 알 수 있을 것이다.

질문

교사 : 지난 시간에는 가고 싶은 집 주변 동네를 산책하는 방법에 대해 이야기를 나누었고, 또 필요한 경우 도움을 줄 만한 사람을 찾아보았습니다. 또한 집 주변을 보행하거나 자전거 승차 시의 안전에 대해서도 이야기를 나누어 보았어요. 여기에 새로운 상황이 있습니다. 어두워지면서 주변은 어떻게 달라지나요? (어두워지기 전에 일찍 다녀라.) 저녁엔 몇 시까지 집에 들어가야 하나요? 왜 부모님들은 저녁에 돌아다니는 것에 시간제한을 두거나 통행금지를 하는 걸까요? (여러분의 안전을 위해서입니다.)

연습장 12.3 : 다음의 다섯 가지 그림이 야간에 밖에 있는 학생들의 모습입니다. 각 그림은 컴컴하더라도 안전하게 돌아다닐 수 있는 방법들에 관한 것입니다. 어떠한 것이, 어떠한 사람이 더 안전하거나 도움을 주는지 알 수 있어요. 그 사람이나 물건에 표시해 보세요.

답변(예)

1. 어른　2. 무리지어　3. 전등　4. 집에 전화 걸기　5. 밝은색 옷

보충 활동

1. 야간경계 : 저녁 늦은 시간에 다니는 사람들을 관찰하도록 학생들에게 과제를 줍니다. 저녁엔 어떤 색의 옷이 더 잘 보이나요? 안전한 행동 혹은 안전하지 못한 행동들을 본 적이 있지요? 야간의 안전과 관련한 자신들의 목격담이나 이를 주제로 이야기해 보세요.
2. 할로윈 : 사람들은 종종 할로윈데이에 아이들이 사탕을 얻으러 나가는 저녁시간의 안전에 대해 신경을 씁니다. 안전과 관련하여 규정된 규칙이나 좋은 방법들이 있나요? 1년 내내 쓸 수 있는 방법이 있나요? (눈에 잘 띄는 옷을 입거나, 무리를 지어 다니거나, 전등을 들고 다녀라.)

이름 ______________________ 날짜 ______________

12.3 안전한 야간보행

다음의 그림은 야간에 안전을 지키는 것과 관련된 것입니다.

12.4 메뉴판 사용법

목표

학생들은 음식을 주문하기 위한 메뉴판이 주어졌을 때 이를 보고 음식들의 가격과 종류들을 알 수 있을 것이다.

질문

교사 : 여러분들이 음식점에 갔을 때 음식을 고를 수 있도록 도움을 주는 것이 있어요. 그것이 무엇일까요? (메뉴판) 메뉴판에는 어떤 정보가 들어 있을까요? (가격, 음식에 관한 설명 등) 음식의 종류들은 어떻게 묶여 있나요? (메인메뉴, 디저트, 어린이세트 등) 음식점에는 왜 메뉴판이 있는 걸까요? (종업원이 음식에 대해 설명을 일일이 할 필요가 없고, 특별메뉴 홍보 등을 위해)

연습장 12.4 : 여기에는 여러분이 관심을 가질 만한 어느 식당의 음식들을 보여 주는 메뉴판 일부가 있습니다. 물음에 답해 보세요.

답변

1. 950원　2. 샌드위치　3. 두 종류　4. 많은 재료들이 더 들어가므로　5. 로스트비프
6. 커피와 청량음료　7. 앙트레, 감자, 샐러드　8. 디저트　9. 핫도그　10. 답은 각기 다를 수 있다.

보충 활동

1. 메뉴판 수학 : 동네 식당의 메뉴판을 이용하여 음식에 대한 것을 종합하여 조사판을 정리해 보세요. 학생들에게 제시된 조사판의 음식을 메뉴판에서 찾아 그 음식의 가격들을 모두 합산해 보도록 합니다. 메뉴판을 여러 장 복사해서 제시된 각각의 음식값을 빨리 합산해 제시하는 팀이 우승하는 '푸드레이스'를 할 수도 있습니다.
2. 주문하기 : 대부분의 학생들이 친구들이나 가족과 함께 음식점에 가본 경험들이 있지만 자신들이 직접 음식을 주문하지는 않고 다른 사람들이 주문한 음식을 먹기만 했을 것입니다. 학급의 학생들은 집단으로 나누어 종업원과 손님 군으로 편성한 후 역할극을 합니다. 맑은 목소리, 눈 맞춤, 음식을 정하는 결단력을 연습합니다. 가능하다면 학생들의 부모님들께 양해를 구한 후, 자녀들을 식당에 데리고 가서 음식을 직접 주문해 보게 합니다.

이름 ______________________ 날짜 ______________

12.4 메뉴판 사용법

여기에 메뉴판이 제시되어 있어요. 이것의 정보를 이용하면 물음에 답할 수 있어요. 묻는 말에 대한 답을 빈칸에 적어 보세요.

존의 식당을 찾아주셔서 감사드립니다.

음료

커피....750원
청량음료....950원, 650원

주스....550원

샌드위치

햄버거....1,350원
치즈버거....1,650원
핫도그....1,250원
베이컨, 상추, 토마토....1,400원

주 메뉴
(앙트레, 감자, 샐러드 선택)

로스트비프....6,950원
폭....7,350원
베이크햄....8,750원
미트로프....6,350원

디저트

치즈케이크....2,500원
컵케이크....1,990원

1. 청량음료 큰 용량은 얼마인가요? ______________
2. 햄버거는 메뉴판 어디에 있지요? ______________
3. 디저트는 몇 종류가 있나요? ______________
4. 주 메뉴의 가격이 샌드위치 가격보다 비싼 이유가 무엇인가요? ______________
5. 로스트비프와 미트로프 중 어떤 것이 더 비싼가요? ______________
6. 음료에는 어떤 것이 있나요? ______________
7. 주 메뉴에는 어떤 것들이 포함되나요? ______________
8. 메뉴에 초코 케이크를 더 넣는다면 어디에 포함시키면 될까요? ______________
9. 샌드위치 중에서 가장 가격이 싼 것은 무엇인가요? ______________
10. 당신이 원하는 음식을 주문해 보세요. 주문한 음식은 무엇 무엇인가요? ______________

____

12.5 팁 주기

목표

학생들은 팁 주기 서비스의 적절성을 알아, 팁 주기를 알맞게 할 수 있을 것이다.

질문

교사 : 여러분들이 식당에서 식사를 마치면 반드시 받는 것이 무엇인가요? (계산서) 당신은 음식값을 지불해야 합니다. 그러나 대부분의 사람들은 식탁 위에 약간의 돈을 놓아둡니다. 왜 그렇게 하지요? (봉사료, 서비스를 해 준 종업원에 대한 감사 표시) 봉사료는 식당에서 당신에게 봉사한 종업원에게 주는 돈입니다. 팁을 받는 사람들로는 어떤 분들이 있을까요? (택시기사, 미용사, 배달원) 대부분의 사람들은 봉사를 받은 대가로 총 금액의 약 15% 정도를 봉사료로 지불합니다. 팁을 계산하는 가장 쉬운 방법은 지불 총액에서 계산기로 0.15를 곱하거나, 총액의 10%를 계산하고 그 절반을 더하는 겁니다. 예를 들어, 계산서에 40,000원이 나왔다면 10%는 4,000원이고, 그 절반은 2,000원입니다. 그러면 총 팁은 6,000원이 됩니다.

연습장 12.5 : 이번 연습장에는 당신이나 당신 가족에게 봉사한 사람들이라 가정하고 팁을 제공하는 경우의 예가 제시되어 있어요. 각 상황을 읽고 그 사람들이 어떤 사람들이고 어느 정도의 봉사료를 주어야 하는지를 빈칸에 적어 보세요. (앞서 설명한 총액 대비 15% 비율을 이용하라.)

답변

1. 여종업원 1,500원 2. 배달원 1,800원 3. 세차원 1,200원 4. 이발사 또는 스타일리스트 3,000원

보충 활동

1. 이 정도면 금액이면 되나요? 이전 시간에 배웠던 메뉴판 사용법을 활용하여 학생들과 함께 음식값을 계산해 보세요. 여기에 부가세(부가세율은 그 나라의 원칙에 준하여 적용)와 팁을 더하세요. 당신이 집 밖에서 먹는 음식값의 정확한 가격은 얼마인가요?
2. 좋은 서비스? 나쁜 서비스? 학생들에게 팁을 주는 고객들과 면담을 하도록 하여 고객들이 기대하는 서비스가 무엇인지 알아보도록 하세요. 종업원들이 보다 많은 팁을 받기 위해 제공하는 좋은 서비스란 무엇인가요? (친근함, 능률) 잔디관리사에게 있어 좋은 서비스란 어떠한 서비스인가요? (약속시간 지키기, 휴식시간 준수하기) 서비스업에 종사하는 사람이 팁을 많이 받기 위해서는 그들이 현업에서 성실한 업무태도를 보여야 함을 교훈으로 받아들이도록 활용하세요.

이름 ______________________ 날짜 ______________

12.5 팁 주기

이번 연습장에는 당신이나 당신 가족에게 봉사한 사람들이라 가정하고 팁을 제공하는 경우의 예가 제시되어 있어요. 각각의 사람들에게 15%의 팁을 지급하려고 한다면 각각의 사람에게 얼마를 주어야 하나요? (필요한 경우 계산기를 사용할 수 있어요.) 이들은 어떠한 일을 하는 사람들이고 어느 정도의 팁을 주어야 하는지 빈칸에 적어 보세요.

직업 : ______________
팁 : ______________

직업 : ______________
팁 : ______________

직업 : ______________
팁 : ______________

직업 : ______________
팁 : ______________

12.6 화장실 위치

목표

학생들을 공공시설물이나 지역사회의 건물에서 공중화장실을 찾을 수 있을 것이다.

질문

교사 : 친구들과 함께 동네 패스트푸드점에서 햄버거로 점심을 먹었던 이야기를 나누어 보세요. 콜라를 마셨고, 물을 마셨기에 당신은 반드시 들려야 할 곳이 있었을 텐데 어디를 찾았을까요? (화장실) 많은 공공건물들에는 화장실을 설치하는 이유가 무엇일까요? (사람들이 많이 왕래하므로, 집으로 가기엔 거리가 너무 멀기 때문에) 여러분이 알고 있는 공중화장실이 설치된 장소를 말해 보세요. 공중화장실은 어떻게 표시되어 있으며 어떻게 찾을 수 있나요? (남자 화장실, 여자 화장실 표지판, 화장실 표지판)

연습장 12.6 : 여기에 기수와 숙경 두 학생이 보입니다. 이들은 백화점에서 쇼핑을 하다가 화장실을 찾게 되었어요. 이 두 사람 주변을 둘러싸고 있는 제안서는 화장실을 찾도록 도움을 주는 글입니다. 이들 중 좋은 생각을 찾아 ○표하고 좋지 않은 생각에는 ×표시 하세요.

답변

좋은 생각 : 2, 3, 4, 6

보충 활동

1. 표시 목록 : 여러 건물들마다 각각 다른 용어(표식)로 화장실을 나타냅니다. 특히 테마를 가진 식당의 경우는 더욱 그러합니다. (항해사와 인어를 주제로 한 해산물 전문 식당) 학생들에게 남녀 화장실을 구분하는 여러 가지 그림, 글자, 표식들을 찾아보도록 하세요. 또한 국제적으로 통용되는 문자 없는 표식을 찾아보도록 하세요.
2. 그 표식들은 어떻게 읽나 : 학생들이 화장실 문에 표시한 여자화장실, 남자화장실을 나타내는 귀엽고 기발한 구분방법을 찾아보는 활동을 하도록 해 보세요. 말 애호가(수말과 암말), 영화배우(남배우와 여배우), 사냥꾼(수사슴과 암사슴) 등

이름 ______________________ 날짜 ______________

12.6 화장실 위치

기수와 숙경 두 학생은 백화점에서 쇼핑을 하다가 화장실을 찾게 되었어요. 화장실을 찾는 데 도움이 되는 방법에는 ○표, 도움이 되지 않는 방법에는 ×표시 하세요.

1. 백화점에서 배회하는 사람을 따라간다.

2. 백화점의 한 상점 종업원에게 물어본다.

3. 백화점 배치도를 보고 찾아간다.

4. 남녀 화장실의 표지판을 찾는다.

5. 아이에게 물어본다.

6. 비상구를 찾는다. 이따금 화장실이 비상구 근처에 있기 때문이다.

7. 집으로 전화를 걸어, 어머니를 오시게 하여 도움을 받는다.

8. 혼자서 벤치에 앉아, 누군가가 도움을 제안할 때까지 기다린다.

12.7 지도 읽기

목표

학생들에게 특정한 지역의 지도를 주면, 그들은 지도의 단서를 확인하여 원하는 지역의 위치를 찾을 수 있을 것이다.

질문

교사 : 한 지역에서 다른 지역으로 가는 길을 찾는 데 도움을 주는 것이 있다고 생각해요. (학생들 중에 '나침반'이라고 대답하는 학생이 있다면, 나침반은 그들이 현재 가고 있는 방향에 대한 정보만 줄 뿐, 가는 길이 제대로 된 길인지 아닌지에 대한 정보를 주지 못함을 알려준다.) 바로 지도예요! 당신은 얼마나 많은 종류의 지도를 보았습니까? 혹은 얼마나 많은 지도의 종류가 있다고 생각하나요? (동네지도, 도시지도, 세계지도 등) 지도로 어떤 정보를 얻을 수 있나요? (내가 어디에 있는지, 어떤 거리가 있는지, 특정 장소의 방향이라든지, 산과 강이 어디에 있는지 등)

연습장 12.7 : 이것은 우리 동네의 지도입니다. 나침반을 보고 북쪽이 어느 방향인지 확인해 보세요. 자 이제 이 지도를 이용하여 돌아다니면 질문에 대한 답을 찾을 수 있습니다.

답변

1. 1가
2. 3채
3. 2가
4. 1가
5. 북쪽
6. 북쪽 호수
7. 학교를 출발하여, 서쪽 호수로를 따라 쭉 가다 동물원로를 지나면, 동물원이 당신 왼쪽에 나타날 것이다.
8. 동물원 입구에서 나와 우회전 해서 호수로까지 두 블록을 가서 좌회전하여 북쪽으로 호수로를 따라 두 블록 이상을 상록수로가 보일 때까지 간다. 거기서 좌회전하여 공항에 도착할 때까지 굴곡진 길을 따라간다.

보충 활동

1. 지도 만들기 : 학생들에게 자기가 좋아하는 장소에 대한 자기만의 지도를 그리도록 합니다. 학생들은 이 지도에서 거리를 다시 나누어 이름을 짓고 스포츠센터나 동물보호소 혹은 그 밖의 지역사회의 중요한 건물들을 배치시키며 즐거워할 것입니다. 그런 후 지도 위에 길의 방향을 그리게 하거나 한 지역에서 다른 지역으로 이동하는 방법을 묻는 문제를 다른 학생들을 위해 내도록 합니다. 학생들에게 지도의 단서와 나침반을 포함시켜야 함을 확실히 알게 하세요.
2. 우리 동네 지도 : 학생들에게 동네 지도에 실제 상황에 적용시키도록 하세요. 예컨대, 집에서 학교 운동장까지 가는 최적의 방법이나 반 친구들의 집을 찾게 하거나 친구들의 집들 중에서 가장 북쪽에 살거나 가장 남쪽에 사는 친구는 누구인지 확인하는 것 등을 시켜 보세요. 학생들에게 지도의 단서를 주어, 목적지를 찾아내는 추리게임도 할 수 있어요. 학생들은 자기 집에서 이어지는 단서들을 들어가며 즐겁게 참여할 것입니다.

이름 ______________________ 날짜 ______________

12.7 지도 읽기

지역사회와 관련된 질문을 지도를 이용하여 답해 보세요. 빈칸에 답을 써 보세요.

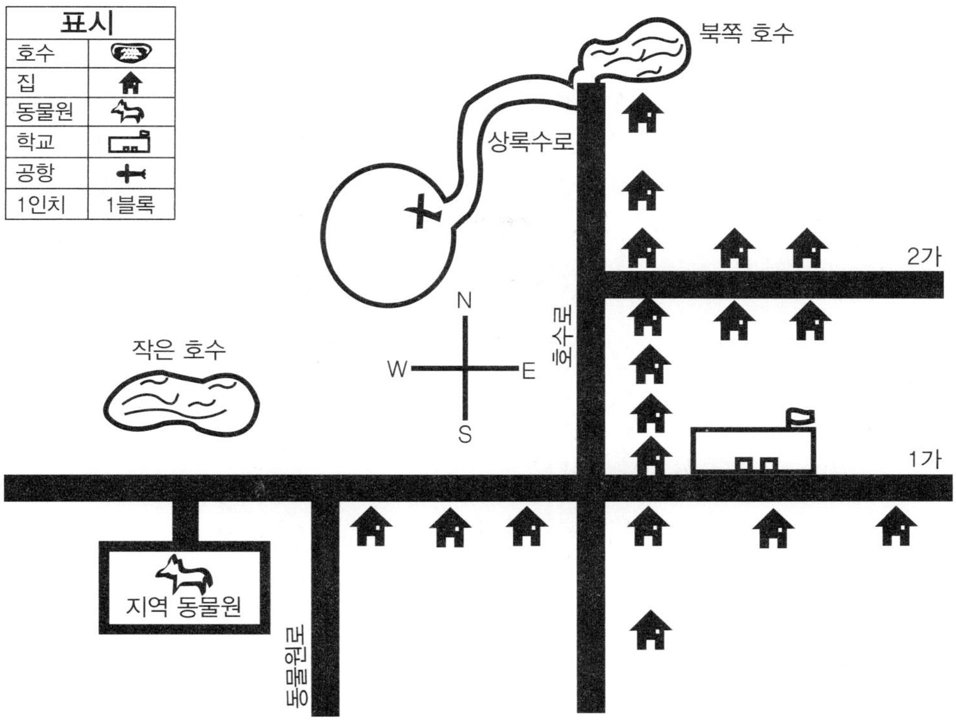

질문

1. 지역 동물원 입구는 어느 거리에 있나요? ______________________
2. 동물원거리에서 호수로 사이에는 집이 몇 채 있나요? ______________________
3. 1가의 북쪽에는 어떤 거리가 위치해 있나요? ______________________
4. 학교가 위치한 거리는 어떤 거리인가요? ______________________
5. 작은 호수는 동물원의 북쪽에 있나요 아니면 남쪽에 있나요? ______________________
6. 당신이 호수로 끝까지 가면 어디에 도착하게 되나요? ______________________
7. 학교에서 동물원까지 가려면 어떻게 가야 하나요? ______________________
8. 동물원에서 공항까지 가려면 어떻게 가야 하나요? ______________________

12.8 쇼핑센터 안내판 활용

목표

학생들은 안내표지판을 이용하여 다양한 상점이나 쇼핑 지역을 찾을 수 있을 것이다.

질문

교사 : 당신은 최근까지 쇼핑센터에 몇 번이나 다녀왔나요? 그곳에는 몇 개의 상점들이 있을지 짐작해 보았나요? 만약 우리 지역에 초행길인 사람이 찾고 싶은 상점을 빠르게 찾으려면 어떻게 하면 될까요? (누구에게 물어보거나, 안내표지판을 이용한다.) 보통 건물의 상점들이 촘촘히 모여 있거나 건물 층수가 많을 때는 안내판을 설치합니다. 안내표지판에는 상점들의 간단한 소개와 어디에 있는지 표시되어 있습니다. 안내판이 우리에게 어떤 도움을 주는지 생각해 보세요. (시간 절약, 가고자 하는 상점을 대상으로 계획하기가 쉽다.)

연습장 12.8 : 대부분의 쇼핑센터는 입구에서 가장 가까운 곳에 안내판을 설치하고 있습니다. 다음 연습장에 제시된 것은 안내판의 한 예입니다. 질문에 답하세요.

답변

1. 두 군데
2. Fashions and More
3. Bert's Flowers
4. Furry Friends Pet Store
5. Silverman's Cafe
6. Designs by Denny
7. Johnson's Shoe Repair, Furry Friends Pet Store

보충 활동

1. 다른 안내판들 : 비슷한 활동을 하는 다양한 사무실 건물의 안내판(다른 층을 나타내는)이나 백화점 안내판(범주별로 구분된 건물들), 비록 학교 안내판이기는 하지만, 이것을 이용하면 다양한 사무실과 교실의 위치에 대한 목록을 만들 수 있을 것입니다. 만약 여러분 학교에 안내판이 없다면 그것을 만들어 보도록 하세요. (회의 때나 공개 날에 도움이 될 것입니다.)
2. 내 방의 안내판 : 학생들에게 자기 방 안의 물건들을 제자리에 두고 정리하는 가벼운 활동을 하도록 합니다. 아마도 연필, 각종 서류나 신문, 양말 등을 제 위치에 두시는 어머니를 돕기 위해 방문 밖에 걸어둘 수도 있습니다. 학생들을 동서남북으로 방을 4등분하여 나누든지 그 외 방법으로 나누어 각자 방의 물건들을 정리할 수 있도록 결정하게 합니다.

이름 ______________________ 날짜 __________

12.8 쇼핑센터 안내판 활용

아래에는 쇼핑센터 내부 안내도의 예시자료가 제시되어 있어요. 이 안내도를 자세히 살펴보면서 아래의 질문에 답하세요.

WELCOME to SPRINGVILLE MALL

B
Bert's Flowers ...1-A
Big and Tall Clothes 3-B

D
Designs by Denny 2-A

F
Fashions and More 3-A
Furry Friends Pet Store 1-B

J
Jenny's Cookies and Fudge.....3-B
Johnson's Shoe Repair 5-A

R
Restrooms ....RR

S
Silverman's Cafe 2-B

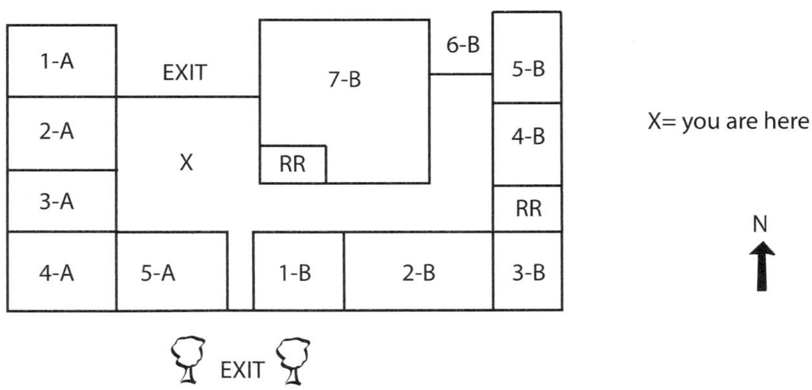

1. 이 쇼핑센터에는 화장실이 몇 군데에 설치되어 있나요? ______

2. 3-A의 상호는 무엇인가요? ______

3. 꽃을 사려면 어디로 가야 하나요? ______

4. 애완견이 있는 상점은 어느 상점인가요? ______

5. 먹을 것을 찾으려면 어느 가게에 가야 하나요? ______

6. Designs by Denny와 Big and Tall Clothes 중에서 안내판에서 더 가까운 가게는 어디인가요?

7. 친구를 남쪽 비상구 가까이에서 만나기로 했다면, 그곳과 가장 가까운 가게 두 군데는 어디인가요?

______

12.9 영업시간 이해하기

목표

학생들은 '영업시간' 안내문을 읽고, 상점들이 몇 시에 문을 여는지 알 수 있을 것이다.

질문

교사 : 당신이 알고 있는 24시간 영업을 하는 가게는 어떤 가게인가요? (주유소, 편의점) 모든 가게들이 하루 종일 영업을 하지 않는 이유는 무엇일까요? (사람들도 자야 하고, 밤에는 바쁘지 않기 때문에) 만약에 영업 중인 상점을 찾거나 개점 시간을 알고 싶으면 어떤 방법으로 찾아야 하나요? (가게에 직접 전화하기, 친구에게 물어보기, 상점 문에 부착된 안내문 보기) 그러한 정보들을 찾아보는 좋은 방법들이 있습니다. 그 방법을 찾아봅시다. 가게들의 문에 걸려 있는 표지판에는 어떤 종류들이 있을까요? (영업 중) 그 표지판으로는 가게가 문을 여는 '영업시간' 표시나 '영업 중'이라는 안내를 합니다. 상점들이 왜 이런 표지판을 문에 걸어 둔다고 생각하나요? (손님들에게 방문할 수 있는 시간을 알 수 있도록 하기 위해서)

연습장 12.9 : 이 연습장에는 영업시간을 알리는 두 표지판이 제시되어 있어요. 표지판의 정보를 보고 물음에 답하세요.

답변

1. 목요일　2. 아니요　3. 월요일, 화요일　4. 월요일~금요일
5. 오후 8시　6. 토요일　7. 일요일　8. 귀금속 가게

보충 활동

1. 개점시간은? 학생들에게 자기 집 근처의 두 가게를 골라 그곳의 영업시간 안내판을 그대로 적어오도록 합니다. 그리고 그 안내판을 가지고 정보를 분석하도록 합니다. 가장 빨리 문을 여는 가게는 몇 시에 여는지요? 주말과 평일의 영업시간이 어떻게 다른지 분석해 보세요. 저녁시간에 가장 많이 열려 있는 가게는 어떤 가게인가요? 나름대로의 결론을 내어 보도록 하세요.
2. 소매점과 서비스업점? 학생들에게 지역사회의 여러 가게들을 도/소매점과 서비스업점(미용실, 치과, 애견용품점)으로 구분해 보도록 하세요. 학생들에게 도/소매점의 주인이나 서비스업점의 사람들과 인터뷰하는 과제를 부과세요(전화 또는 직접 만나서). 일련의 질문 "어떠한 방법으로 영업시간을 정하게 되었는가?", "저녁과 낮 시간 중 어느 때에 손님이 더 많은가?", "가게를 원활하게 운영하려면 몇 명의 종업원을 고용해야 하는가?" 등을 만들어 보세요. 학생들이 교실로 돌아와 자신이 상점 주인인 것처럼 가게 운영에 대한 질문에 대답하도록 할 수도 있어요.

이름 ______________________________ 날짜 ______________

12.9 영업시간 이해하기

아래에는 두 상점의 영업시간 안내문이 소개되어 있어요. 이 안내문을 활용하여 질문에 답해 보세요.

귀금속 보석가게

영업시간

월	오전 8시~오후 5시
화	오전 8시~오후 5시
수	오전 8시~오후 4시 30분
목	오전 8시~오후 9시
금	휴무
토	오전 8시~정오
일	휴무

복사점

영업시간

매일	오전 7시 30분~오후 4시 30분
토	정오~오후 8시

일요일 휴무

1. 당신은 목걸이를 하나 사려고 한다. 그러나 9시에나 갈 수 있다. 귀금속 가게에는 무슨 요일에나 갈 수 있나요?
   ____

2. 당신은 반지를 세척하려고 한다. 그래서 수요일 아침 8시 10분 전에 가게에 도착하였다. 그 시간에 가게는 열려 있었을까요? ______________________

3. 귀금속 가게의 영업시간이 같은 요일은 언제 언제인가요? ______________________

4. 복사점이 오전 7시 30분에 개점하는 날은 언제인가요? ______________________

5. 복사점은 토요일 몇 시에 폐점하는지요? ______________________

6. 복사점이 오후에만 영업하는 날은 언제인가요? ______________________

7. 각 상점이 휴일로 정한 날은 언제인가요? ______________________

8. 당신이 토요일에 두 상점 모두에 들르려고 한다면 어디를 먼저 들러야 할까요?

   ____

12.10 TV 편성표 이해하기

목표

학생들은 TV 프로그램의 방영 시간과 채널, 그리고 방송 프로그램이 얼마나 지속되는지를 알아보기 위해 TV 편성표를 활용할 수 있을 것이다.

질문

교사 : 당신이 가장 좋아하는 TV 프로그램은 무엇인가요? 그 프로그램은 몇 시에 시작하나요? 어떻게 하면 방영시간을 빨리 말할 수 있을까요? (지속적으로 시청하면) 내가 어떤 특별한 쇼에서 흥미로운 특집(특별히 관심을 끄는 인물)을 방영할 것이라고 말하면서도 무슨 요일, 몇 시에 방영하는지는 확실히 모른다면 어떻게 하면 이를 알 수 있을까요? 여러분들은 이를 어떻게 찾겠어요? (TV 프로그램 목록을 보거나 친구에게 전화를 걸거나 신문을 뒤져본다.) 대부분의 신문들은 매일 유명한 TV쇼나 특별한 쇼에 대한 정보를 강조하여 발행합니다. 이러한 목록에는 어떤 유형의 정보가 있나요? (시간, 채널, 프로그램에 대한 정보) 이제부터 안내책자를 보고 특정 TV 프로그램을 찾는 연습을 할 거예요.

연습장 12.10 : 이 연습장에는 어떤 한 날의 TV 편성표 일부분이 제시되어 있어요. 왼쪽 편에는 어떤 프로그램이 방영되는지 나와 있고, 오른쪽에는 이 프로그램 일부에 대한 간단한 설명이 나와 있어요.

답변

1. 4개　　2. "The Day the Principal Went Away"　　3. 18　　4. 7 : 00
5. 30분　　6. 유럽의 명소(Famous places in Europe)

보충 활동

1. 지금 어떤 프로그램이 방영되나요? 학생들에게 지역방송의 편성표를 이용하여 어떤 방송이 방영되는지에 대한 질문에 답하도록 하세요. 팀을 정하여 편성표를 보고 정답을 대는 팀에게 1, 2, 3점을 부여하는 게임을 해 보세요. 예를 들어 2점짜리, 목요일 8 : 30에 야구 경기를 하는 채널은 몇 번인가?
2. 영화, 뉴스, 기타 프로그램의 검토 : 학생(혹은 그룹으로)들에게 주말 저녁에 편성된 특정 프로그램을 보게 한 후 그 프로그램에 대한 보고서를 쓰게 합니다. 사전에 준비된 질문으로는 1) 이 프로그램은 얼마 동안 지속되었나요? 2) 재미있었나요? 3) 흥미로운가요? 4) 광고방송은 몇 편이나 있나요? 반드시 학생들이 자신에게 할당된 TV프로그램에 표기하도록 한 후 쇼에 대한 보고서나 요약서를 완성하게 합니다. 학생들은 아마 뉴스는 따분하다고 생각할지 몰라도 왜 봐야 하는지 알게 될 것입니다.

이름 ________________ 날짜 ________________

12.10 TV 편성표 이해하기

여기에는 지역사회를 위한 TV 프로그램 편성표의 일부가 소개되어 있어요. 이 편성표를 보고 질문에 답하세요.

TUESDAY, Nov. 13
Evening

6 : 00
(2) "*Nightly News*"
(4) "*Local News*"
(18) "*Cartoon Friends*"
(22) *Movie Time*

6 : 30
(2) "*News* "(*Continued*)"
(4) "*Local Happenings*"
(18) "*Cooking with Fred*"
(22) "*Movie* (*Continued*)"

7 : 00
(2) "*A Tour of Europe*"*
(4) "*Adventures with Math*"
(18) "*The Three Goofs*"
(22) *Movie* (*Continued*)

***Special**
(2) 7:00 "*A Tour of Europe*"—*famous places to visit in Europe are shown in this program.*

Movies
(22) 6:00 "*The Day the Principal Went Away*" (*comedy*). *A high school goes crazy when the principal decides to take a day off to go fishing.*
(18) 9:00 "*Return of the Slimeman*" (*science fiction*). *A town is terrorized by an alien who resembles slime.*

1. 이 편성표에는 몇 개의 채널이 소개되고 있나요? ________________

2. 6 : 00에는 어떤 영화가 방영되나요? ________________

____

3. 6시에 만화를 방영하는 채널은 어떤 채널인가요? ________________

4. "The Three Goofs"는 몇 시에 방영되나요? ________________

5. "Local Happenings"는 방영시간이 얼마나 되나요? ________________

6. "A Tour of Europe"은 어떤 내용의 방송인가요? ________________

12.11 신문 활용하기

목표

학생들은 신문에 있는 다양한 유형의 정보를 찾기 위해 신문의 목차를 사용할 수 있을 것이다.

질문

교사 : TV 쇼가 언제 방영되는지를 찾기 위해 신문이 어떻게 도움이 될 수 있을까요? 신문이 주는 또 다른 정보로는 어떤 것들이 있을까요? 다음 시간에는 이러한 정보들을 찾는 연습을 하고, 신문을 통해 우리가 다른 정보들을 찾는 연습을 하려고 하니 신문을 복사해 오세요. (신문을 구독하지 않는 학생들은 친구들과 나누거나, 여분의 복사본을 나누어 줄 수 있다.) 우리 사회에서는 왜 신문을 발행한다고 생각하지요? (해당 지역의 정보를 얻기 위해) 일본의 신문은 왜 우리 동네에서 상영 중인 영화에 대한 정보를 제공하지 않을까요? 만약 어느 가게에서 신발 세일을 하는지 알고 싶다면, 지역신문은 우리에게 어떤 도움이 될까요?

연습장 12.11 : 이번 활동은 진짜 신문을 활용할 필요가 있을 것입니다. 활동에 앞서, 신문에 실려 있는 정보를 얻기 위해 다양한 부분을 보도록 합시다. 그러면 물음에 대한 답을 찾고자 신문에서 찾아보고 답을 써 보세요.

답변

(답은 각기 다를 것이다.)

보충 활동

1. 신문사 견학 : 대부분의 신문사에서는 신문기사를 작성하고 편집하고 인쇄하는 분들의 역할을 간결하게 설명하는 것을 포함하여 여러 학교 학생들을 위해 교육 목적의 견학 기회를 기꺼이 제공하고 있어요. 이 견학은 학생들에게 아주 흥미로운 경험이 됩니다.
2. 편집자에게 편지쓰기 : "지역사회를 위해 스케이트 보드장을 만들어야 하는가?", "지역 영화관에서는 전체 관람가 등급 영화의 상영 횟수를 늘리지 않는가?" 등의 우리 지역의 적절한 특종을 골라보세요. 그리고 학생들에게 그 기사에 대한 자신의 개인적인 견해를 적어 편집자에게 편지를 쓰게 해 보세요. 그리고 우리의 프로젝트에 대한 간단한 소개를 써서 동봉해 보세요. 그리고 그에 대한 견해가 신문에 실리는지 지켜 보세요.

이름 ______________________________ 날짜 ______________

12.11 신문 활용하기

지역신문을 이용하여 다음의 질문에 대한 답을 찾아보세요.

1. 당신이 구독하는 신문의 이름은 무엇인가요?

2. 당신이 구독하는 신문은 몇 개의 영역으로 구분되어 있나요? (대체로 신문의 상단에 이를 제시하고 있다.)

3. 지역의 날씨정보는 어디서 찾을 수 있나요? (영역, 페이지)

4. 이번 신문의 톱기사 제목은 무엇인가요?

5. 목요일 저녁 8시에 방영하는 TV 프로그램은 어떤 것인가요?

6. 만화 특집란은 어느 정도나 되나요?

7. 신문 첫 페이지에 실린 사진은 무엇인가요?

8. 고양이를 위한 광고는 몇 종류나 되나요?

9. 우리의 지역 안에는 어떤 영화가 상영 중인가요?

10. 이번 신문에는 어떤 쿠폰이 들어 있나요? 어떤 상품이 소개되었나요? 어떤 가게가 소개되었나요?

12.12 카탈로그 활용하기

목표

학생들은 상품에 대한 정보를 찾기 위해 카탈로그를 이용하여 주문을 할 수 있을 것이다.

질문

교사 : 저는 수천 킬로미터 이상 떨어진 상점에서도 물건을 살 수 있고, 물건을 구입하고 10분 만에 집에 돌아오는 방법을 알고 있어요. 제가 어떻게 할 수 있었을까요? (카탈로그를 보고 전화로 주문, TV 쇼핑) 예, 좋은 생각이에요! 선생님이 생각한 방법은 여러 종류의 상품들을 분류하여 정리해 놓은 아주 특별한 책자를 이용하는 것입니다. 이것을 무엇이라고 하지요? (카탈로그) 카탈로그는 상점에서 볼 수 있는 모든 물건과 우리가 구매할 수 있는 모든 물건들의 목록이 포함되어 있는 아주 특별한 책입니다. 얼마나 많은 종류의 카탈로그(카탈로그에 포함된 상점의 수)가 있다고 생각하시나요? (장난감 가게, 초콜릿 상점, 백화점 등) 카탈로그를 보고 각각의 상품을 구매하는 방법은 무엇일까요? (주문서를 보내고, 물건을 받을 때까지 기다린다, 집을 나갈 필요도 없다.)

연습장 12.12 : 이것은 Crazy Joe's Weird Stuff라는 상점에서 만든 카탈로그의 일부분입니다. 왜 그렇게 이름을 붙였는지 알 수 있나요? 상품에 대한 설명을 읽어 보고 주문하고 싶은 상품 2개를 골라 보세요. 부가세(약 5%)와 배송비를 포함한 주문서를 작성해 보세요. 맨 마지막 줄에는 총 합계를 쓰세요.

답변

(답변은 각기 다를 것이다. 학생들은 물건의 색깔, 크기, 그 밖의 특징을 고려하여 정확하게 주문을 할 것으로 봅니다.)

보충 활동

1. 추가 주문하기 : 학생들에게 여러 상점의 카탈로그를 가져 오게 합니다. 주문서를 작성하는 것을 연습하고, 각 학생들에겐 상한액 100달러까지 사용하여 다른 친구들을 위해 물건을 구입할 수 있도록 합니다. 학생들은 추가로 얼마까지 살 수 있습니까?
2. 우리 반의 카탈로그 : 학생들에게 상품이나 물품을 그리고 그에 대한 생김새, 색깔, 가격, 주문정보 등을 기술하도록 하세요. 여러 상품들을 학급 카탈로그로 만들어 보세요. 그리고 주문서를 만들어 보세요. 일반적으로 카탈로그에는 어떠한 정보들이 실리나요? 어떠한 방법으로 상품들을 유목화하고 고유번호를 부여하여 체계화시키나요? 학생들의 상품을 짧은 문장으로 가장 좋게 묘사하는 방법은 무엇일까요? 어떤 문구가 고객들을 흥미롭게 할 수 있을까요? 학생들은 창의적이고 건설적인 자신만의 기발한 아이디어에 즐거움을 느낄 것입니다.

이름 ______________________________ 날짜 ______________

12.12 카탈로그 활용하기

여기에는 카탈로그의 일부 페이지가 제시되어 있습니다. 여기에서 두 가지 물품을 사기 위한 주문서를 작성해 보세요.

물품번호 107-A
초콜릿 몬스터

2파운드의
식용 몬스터............$15.00

물품번호 124-C
원격조정 비행기

빨강, 파랑, 노랑의 3종
.....................$150.00

물품번호 174-F
애완용 보아뱀

살아있음! 상자에 담겨 있지 않음
.......................$29.95

물품번호 274-F
고급 롤로스케이트

흰색과 검정 2종
특별한 규격............$39.00

물품번호 643-H
동력 스케이트보드

빨강과 검정 2종
.....................$290.00

물품번호 860-A
세계에서 가장 큰 피자

직경 2미터
.......................$237.00

CRAZY JOE'S WEIRD STUFF
New York, New York

지불방법 : 체크카드____ 신용카드____
현금으로 보내지 마세요.

구매자 정보
성명 ______________________ 거리주소 ______________________
도시 ______________________ 주 ____________ 우편번호 ____________

주문품 정보 상품번호	수량	단가	색깔/규격/기타	금액

주문량 합계 : ____________
부가세(5%) ____________
택배비
$3.00~$20.00 이하
$5.00~$20.00 이상 ____________

주문 총액 [ ]

12.13 길을 잃었을 때 취할 행동

목표

학생들은 누군가가 길을 잃었을 때 취해야 할 안전한 절차를 알고 있을 것이다.

질문

교사 : 여러분은 지금까지 몇 번이나 길을 잃어버린 경험이 있나요? 길을 잃어버릴 때의 상황은 어떠했나요? (무리 중에서 뒤처졌다가, 엄마와 아빠가 너무 빨리 걸어가서, 다른 길로 들어갔다가, 앞서 가는 사람이 어디로 가는지 보지 못했을 때) 어떤 느낌이었죠? (무섭고, 혼란스럽고, 걱정됨) 분명한 것은 여러분이 그때 누군가에게 발견되었었기에 지금 여기에 있는 것입니다. 그러나 당시 여러분은 어떻게 행동했었나요? (어른들에게 말하거나, 일행에게 발견될 때까지 기다렸거나, 핸드폰을 사용했었음) 당신이 길을 잃어버렸다는 것을 아는 것은 매우 놀라운 경험일 것입니다. 누군가가 길을 잃었을 때 도움이 될 만한 것들은 무엇이 있을까요? (약도로 주변을 둘러보고 지금 어디 있는지 살핀 다음 도로 표지판이나 상점 건물 등을 찾아보고, 공공기관에서 일하는 사람에게 도움을 요청하거나, 주변 어른들에게 도움을 청한다.) 그다지 안전하지 않은 방법들은 어떤 것이 있나요? (약도를 가지러 누군가의 집에 들어간다든가, 누군가에게 발견되기를 희망하며 이리저리 돌아다닌다든가, 낯선 사람의 차에 타는 것이다.)

연습장 12.13 : 이 학생들은 길을 잃었다. 이 학생들이 한 말 중에서 가장 옳은 대답을 고르세요.

답변

1. b　2. a　3. b　4. b　5. a

보충 활동

1. 지역사회의 협력자 : 만약 가능하다면 학생들은 데리고 근처 경찰서에 가서 길을 잃었을 때 가장 안전한 방법에 대하여 이야기를 나누세요. 길을 잃었을 때 학생들이 갈 만한 안전한 집이나 장소가 있나요? 가장 가까운 도서관이나 공공기관의 건물이 어디에 있나요? 도움을 청하려면 어디에 가서, 누구에게 해야 하는지 이야기해 주세요.
2. 안전한 계획 : 학생들에게 길을 잃었을 때나 일행과 떨어졌을 때 어떠한 행동을 어떻게 취해야 하는지 부모님과 함께 계획을 세우게 해 보세요. 길에서 부모님과 떨어졌을 때 서로를 찾기 위해 어떠한 행동을 할 것인지 좋은 아이디어를 공유하세요. 아마 좋은 아이디어가 많이 나올 수도 있을 거예요.

이름 ______________________ 날짜 ______________

12.13 길을 잃었을 때 취할 행동

이 학생들은 길을 잃었어요. 이 학생들이 한 말 중에서 가장 옳은 대답을 고르세요.

1. 종수는 학교에서 현장학습을 나왔다. 그러다가 종수는 자신의 반에서 떨어지게 되었음을 알았다. 종수는 어떻게 행동해야 하는가?
   a. "길을 잃었어요!" 소리친다.
   b. 주변 어른을 찾아 도움을 요청한다.

2. 문주는 가족과 함께 쇼핑센터에 갔다. 어느 가게에서 신발을 구경하다가 고개를 들었을 때, 가족들이 없어졌다. 조금 전까지만 해도 주변에 있었는데 금방 없어진 것이다. 문주는 어떻게 행동해야 하는가?
   a. 가족이 다시 이 자리로 오기를 기다린다.
   b. 계속 다른 곳으로 이동하며 쇼핑을 한다.

3. 미영은 자전거를 타다가 길을 잘못 들어섰다. 처음 와본 길이었고 날씨까지 점점 어두워졌다. 그는 어떻게 행동해야 하는가?
   a. 근처의 집에 약도를 얻으러 노크한다.
   b. 주유소나 편의점에 들러 약도를 구한다.

4. 명자는 애완견을 데리고 산책을 하다가 강아지를 놓쳐 몇 블럭을 강아지를 쫒아갔다. 강아지는 잡았지만 그곳이 어디인지 알 수 없어 길을 잃었다. 그녀는 어떻게 행동해야 하는가?
   a. 강아지를 집까지 안내하도록 한다.
   b. 주변의 어른에게 약도를 구해 본다.

5. 명철은 방과 후에 친구들과 축구경기를 하러 갔다. 친구들은 시합을 일찍 마치고 집에 돌아갔으나 명철은 축구를 더 하고 싶어 남았다. 명철은 핸드폰을 가지고 있었지만 여기가 어딘지 잘 몰랐다. 그의 엄마는 아들의 전화를 기다렸다. 명철은 어떻게 행동해야 하는가?
   a. 축구장이 어디에 있는지 찾은 다음 엄마에게 알려준다.
   b. 엄마가 데리러 올 것 같은 방향으로 걸어간다.

12.14 안전한 컴퓨터 사용하기

목표

학생들은 엄선되고 안전하게 관리되는 컴퓨터 사이트에 방문하여 글을 올릴 수 있을 것이다.

질문

교사 : 집에서 얼마나 자주 인터넷에 접속하나요? 재미있고 교육적이거나 단순히 흥미로운 좋은 사이트는 무엇인가요? 여러분들이 안전한 사이트에 접속하는 걸 부모님이 중요하게 생각한다는 이유는 무엇이라고 생각합니까?(학생들에게 적절하지 못한 사이트가 여럿 있으며, 부모님들은 여러분들이 어느 사이트에 접속하는지 알아야 합니다.) 여러분들에게 유용한 사이트도 많지만, 영화 사이트의 경우는 여러분에게 적절한지 아닌지 구별할 줄 알아야 합니다. 지금부터 여러분들에게 유용한 사이트를 찾아보도록 하겠습니다.

연습장 12.14 : 다음은 학생들이 게임을 하거나 농담을 하거나 학습의 도움을 받거나 흥미로운 사이트입니다. 이 사이트에 방문해 본 사람은 어느 정도인지 조사해 보세요. 선생님들은 당신들에게 도움이 되는 유용한 사이트를 제시하실 것입니다.

답변

(답은 각기 다를 것이다.)

보충 활동

1. 추천 사이트 : 학생들에게 지정된 사이트를 제시한 후 그 사이트에 대한 비평을 한 후 간단한 비평문을 사이트 보고서로 제출하게 합니다. 다른 학생들에게 재미있어 하거나 흥미로워할 만한 사이트의 정보도 알려 주세요. 그런 사이트들을 수집하고 종류별(교육, 게임, 농담 등)로 구분하여 게시판에 게시해 보세요.
2. 학생 도전 : '사이트 탐색의 주'를 정한 후, 한 주간 동안 탐색 대상 사이트의 기능을 익숙하도록 하세요. 만약 게임을 위한 사이트면 학생들이 서로 도전하게 하고 개인의 점수를 부여하도록 하세요.

이름 ______________________________ 날짜 ______________

12.14 안전한 컴퓨터 사용하기

다음은 학생들이 게임을 하거나 농담을 하거나 학습의 도움을 받거나 흥미로운 사이트입니다. 이 사이트에 방문해 본 사람은 어느 정도인지 조사해 보세요. 선생님들은 당신들에게 도움이 되는 유용한 사이트를 제시하실 것입니다.

- ☐ www.iknowthat.com
- ☐ www.bigfishgames.com
- ☐ www.funschool.kaboose.com
- ☐ www.spellingcity.com
- ☐ www.learninggamesforkids.com
- ☐ www.funbrain.com
- ☐ www.factmonster.com ______________________
- ☐ www.pics4learning.com ______________________
- ☐ www.thinkquest.org ______________________
- ☐ www.kidsclick.org ______________________
- ☐ www.askkids.com ______________________
- ☐ www.kids.yahoo.com ______________________

12.15 컴퓨터 사용상의 상식

목표

학생들은 컴퓨터와 관련된 활동들이 적절한지 그렇지 않은지 평가할 수 있을 것이다.

질문

교사 : 어른들은 왜 여러분이 컴퓨터 하는 것을 염려하실까요? 특히 여러분이 집에 혼자 있을 때 이를 더 걱정하십니다. (부모님들은 채팅사이트에서 문제를 일으키거나 성인사이트에 접속하거나 컴퓨터로 인해 많은 시간을 허비하는 것을 바라지 않습니다.) 여러분은 집에서 하루에 어느 정도나 컴퓨터를 하지요? 부모님께서는 여러분이 집에서 컴퓨터를 하는 데 따른 규칙을 정해 주셨나요? (시간제한, 형제자매와 같이 하기, 소리 줄이기, 불법사이트 접속금지) 이번 시간엔 여러분이 컴퓨터를 하는 데 있어 지켜야 할 몇 가지 규칙에 대해서 이야기해 보도록 하겠습니다.

연습장 12.15 : 여러분은 컴퓨터를 하거나 인터넷에 접속할 때 몇 가지 일반적인 상식이 있어야 합니다. 다음 행동들은 정상적인 행동인지 답해 보세요.

답변

1. 아니요　2. 예　3. 예　4. 아니요　5. 아니요
6. 아니요　7. 예　8. 예　9. 예　10. 예

보충 활동

1. PC 사용 막대그래프 : 학생들에게 일주일 동안 집에서 컴퓨터를 하는 시간을 기록하게 하세요. 컴퓨터 사용하는 시간을 분 단위와 시간단위로 기록해 보고, 평균시간으로 기록해 보며, 막대그래프로 그려 보세요. 학생들의 그래프를 보며 서로에게 할 질문을 작성해 보세요. 예컨대, 누가 컴퓨터를 가장 많이 했나요? 컴퓨터 사용시간의 반 평균은 몇 시간인가요? (조언 : 각 학생들에 대한 정보는 익명으로 하거나 개인번호를 부여하도록 하세요. 집에 컴퓨터가 없는 학생들에게는 세심한 배려가 필요하다.)
2. 부모와 학생의 만남 : 학생들과 부모님들이 만나 학생들이 집에서 컴퓨터를 사용할 때 허용하는 범위를 계약서로 작성하도록 합니다. 이 계약에는 이메일 허용여부, 비밀번호 설정, 개인적인 사생활 부분, 시간제한 등이 포함되어야 할 것입니다.

이름 ______________________ 날짜 ______________

12.15 컴퓨터 사용상의 상식

여러분은 컴퓨터를 하거나 인터넷에 접속할 때 몇 가지 일반적인 상식이 있어야 합니다. 다음 행동들은 정상적인 행동인지 답해 보세요.

1. 야간에 수업이 있어도 컴퓨터 게임을 한다. ______________

2. 만약 누군가가 컴퓨터 하기를 기다리고 있다면, 내가 하고 있는 것을 끝마치고 다음 사람에게 기회를 준다. ______________

3. 인터넷에 접속하기 전에 부모님이나 선생님의 동의를 구한다. ______________

4. 컴퓨터가 정상적으로 작동되지 않으면 키보드를 세게 친다. ______________

5. 인터넷에서 게임이나 음악을 다운로드할 때, 부모님의 신용카드를 찾아 사용할 것이다. ______________

6. 누군가가 나에게 이메일로 나쁜 메시지를 보내온다면, 나도 나쁜 메시지로 답장할 것이다. ______________

7. 누군지 모르는 사람에게 메일이 온다면, 부모님께 보여준다. ______________

8. 부모님이 저장해둔 개인적인 메시지는 부모님의 동의 없이 지우거나 설정을 변경하지 않는다. ______________

9. 만약 게임이나 사이트에 접속하는 데 계정을 설정해야 한다면 부모님께 적어 보여드릴 것이다. ______________

10. 만약 내가 모르는 누군가가 인터넷으로 주소, 이름, 전화번호 등 개인 정보를 물어 온다면 제일 먼저 부모님께 말씀드린다. ______________

PART 04

타인과의 관계

13
Chapter

좋은 시민 되기

부모에게 보내는 편지 제13호 : 좋은 시민 되기

학부모님께

일상생활 기술 단원이 좋은 시민 되기에 초점을 맞추어 시작합니다. 이 단원에서는 타인에게 친절하기, 자원봉사로 타인 도와주기, 지역사회 장소(영화관, 볼링장 등)에서 적절히 행동하기와 타인과의 관계에서 말썽의 소지가 있는 무례한 행동이나 심한 농담을 피하는 것을 배우게 됩니다.

우리가 지역사회에 대해 생각해 보면서, 당신이 방문하기를 원하는 장소, 지역사회에서의 이용 가능한 자원(도서관이나 지역사회 센터)과 지역사회 후원(도서 차량, 퍼레이드 등)에 대해서 자녀와 함께 이야기하는 것은 도움이 될 것입니다. 자녀가 지역사회에서 긍정적인 측면을 볼 수 있도록 도와주십시오.

지역사회 사업에 도움을 주는 자원봉사는 지역사회 참여뿐만 아니라 가족 전체에게 있어서도 좋은 기회가 됩니다. 만약 지역사회 사업, 박람회나 여러분들이 도울 수 있는 구체적 기회가 있다면 참여하십시오. 자녀가 이웃이나 마을과 같은 집단에 참여하는 일의 중요성에 대해 볼 수 있는 기회를 마련해 주십시오.

건강을 기원합니다.

____

교사 드림

좋은 시민 되기

관련 기술 항목 연습장 13 : 학습 진행사항

+ 숙달
✔ 익히는 과정
– 익히지 못함

학생 이름	타인에게 예의 바르게 대하기	언짢은 날에도 바른 태도 취하기	큰 소리로 말하기	도움 받기	자원봉사	정중하기	영화관에서의 행동	도움 주기	무례한 행동	공공시설의 파괴와 못된 장난	비고

13.1 타인에게 예의 바르게 대하기

목표

학생들은 누군가가 타인에게 공손하게 대하는 방법의 예를 제시할 수 있을 것이다.

질문

교사 : 좋은 시민 되기는 타인에게 공손하게 대하는 것을 의미합니다. '공손하다'가 무엇을 의미한다고 생각하나요? (좋은 태도를 보여주고, 타인이 먼저 지나가도록 한다.) 왜 당신은 알지 못했던 누군가에게 예의 바르게 대해야 하나요? (당신이 바른 행동을 할 수 있음을 보여주세요, 존중을 보여주세요.) 당신처럼 메일 누군가에게 예의 바르게 행동하는 사람은 누구입니까? (버스 운전사, 교사)

연습장 13.1 : 이 연습장에는 당신의 삶의 일부분이 되는 사람들이 나와 있어요. 당신이 예의 바른 사람이라는 것을 어떻게 하면 그들에게 보여 줄 수 있나요? 당신이 각 사람에게 예의 바름을 보여 주기 위해 할 수 있는 행동이나 말을 적어 보세요.

답변

(답은 각기 다를 것이다.)

1. "안녕하세요."
2. 다른 사람이 먼저 가도록 양보한다.
3. 문을 열어 준다.
4. "제 이름은 ○○○입니다."

보충 활동

1. 예의바름상 : 타인에게 예의 바르게 행동한 학생을 찾아, 그들의 노력을 인정하는 표시로 작은 리본, 특별한 상장이나 다른 형태의 강화물을 제공합니다. 어떠한 행동을 했고 왜 그 행동이 예의 바르다고 할 수 있는지 반드시 이야기해 주세요.
2. 예의 바름 연습 : 타인에게 예의 바른 행동의 구체적인 예를 정한 후, 이를 하루 또는 일주일 동안 연습할 수 있는 기회를 제공합니다. '감사합니다'라는 말을 건네는 것과 같은 처음에는 간단한 것으로부터 시작할 수 있어요. 누군가에게 진심으로 감사를 표현해야 할 때에 대하여 의견을 나누고 그날 그렇게 해야 할 감사거리를 찾아보세요.

이름 ______________________ 날짜 ______________

13.1 타인에게 예의 바르게 대하기

이 연습장에는 당신의 삶의 일부분이 되는 사람들이 나와 있어요. 당신이 예의 바른 사람이라는 것을 어떻게 하면 그들에게 보여 줄 수 있나요? 당신이 각 사람에게 예의 바름을 보여 주기 위해 할 수 있는 행동이나 말을 적어 보세요.

____

____

____

____

____

____

____

____

____

____

____

____

13.2 언짢은 날에도 바른 행동 취하기

목표

학생들은 좋은 태도를 보여 주는 사람들의 특징을 알 수 있을 것이다.

질문

교사 : 이따금 당신이 원치 않는 일이 있어날 수 있어요. 예컨대, 당신이 책을 읽을 차례인데 선생님이 갑자기 당신을 건너뛰어 다음 사람을 시킬 수 있어요. 또는 어머니가 늦게 데리러 오시는 바람에 비를 맞고 혼자 귀가하다가 감기에 걸렸을 수도 있을 테고요. 이러한 일들은 당신의 기분을 나쁘게 할 수도 있어요. 좋은 태도를 갖는 것이 중요하다고 생각하나요? (예) 왜 그렇다고 생각하나요? (당신도 누군가가 하루 종일 언짢은 기분으로 보내게 하고 싶지는 않을 거예요.)

연습장 13.2 : 다음의 사람들은 무엇인가 언짢은 상황에 놓여 있어요. 각각의 상황 중에서 언짢은 일임에도 불구하고 좋은 태도를 보여 주는 사람이 있어요. 그 사람에게 표시해 보세요.

답변

1. a　　2. b　　3. b　　4. a

보충 활동

1. 좋은 말로 표현하라(Turn it around). 연습장에 있는 장면처럼 처음에는 나쁜 태도를 보이고, 그다음에는 좋은 태도를 보이는 역할극을 재연하도록 하세요. 이것이 실제 상황이라면 학생에게 '좋은 말로 표현하라(turn it around)'라는 단서를 제공하여 새로운 반응을 할 수 있도록 하세요.
2. "주는 만큼 받는다(You get what you get)". 이렇게 행한다는 짧은 문구가 있어요 : "너는 괜찮고 남은 안 된다." 선생님이 학생들 앞에 어떤 물건들(색연필, 종이, 게임, 책)을 내어 놓고 무작위로 가져가라고 했을 때 그들이 개인적인 선호("하지만 나는 저것을 원해요!") 없이 받아들이는 상황을 보이도록 연습하도록 합니다. 무작위는 일상 그리고 학교생활의 실상입니다! 적절한 시기에 이러한 짧은 문구를 학생들에게 읽어 줌으로써 학생들도 때때로 그들에게 주어지는 상황을 그대로 받아들여야 한다는 사실을 기억할 수 있게 됩니다.

이름 ______________________ 날짜 ______________

13.2 언짢은 날에도 바른 행동 취하기

다음의 사람들은 무엇인가 언짢은 상황에 놓여 있어요. 각각의 상황 중에서 언짢은 일임에도 불구하고 좋은 태도를 보여 주는 사람이 있어요. 그 사람에게 표시해 보세요.

1. 순철이가 아이스크림 바를 사려고 줄을 서서 기다렸는데 자기 차례 바로 앞에서 그것이 다 팔려버렸다.
   a. 나는 정말 그 아이스크림 바를 좋아한다. 그러나 다른 아이스캔디도 역시 좋아한다. 그래서 그것을 하나 샀다.
   b. 불공평해요! 나는 그 아이스크림 바를 정말 좋아해요. 누구 내 것이랑 바꿀 사람 없어요!

2. 선생님께서는 지난 주말에 있었던 일에 대해 이야기할 사람 있으면 손을 들고 말하라고 요청하셨다. 소라는 지난 주말 정말 재미있었던 일을 발표하려고 하였다. 그러나 선생님께서는 소라 대신 영숙이의 이름을 불렀다.
   a. 왜 선생님은 내 이름을 부르지 않는 거예요? 나도 영숙이처럼 발표하겠다는 말을 하며 손을 들었어요!
   b. 아마도 나의 주말 이야기는 쉬는 시간에 선생님께 이야기할 수 있겠어.

3. 학생들은 쉬는 시간에 킥볼을 하려고 합니다. 그런데 비가 오기 시작하여 할 수 없이 교실에 그대로 남아 있었어요.
   a. 우리가 킥볼을 하려고 할 때마다 비가 오고 난리야!!!
   b. 내일은 날씨가 좋을 거야. 내일 킥볼을 하자.

4. 재일이는 깜박하고는 숙제를 못했어요. 그래서 선생님은 재일이 숙제장에 상표를 붙여주지 않았어요.
   a. 내일 숙제를 가져오면 상표를 받을 수 있을까?
   b. 이것은 나의 실수가 아니야. 엄마가 나에게 숙제를 하는 말을 잊었기 때문이야.

13.3 큰 소리로 말하기

목표

학생들은 적절한 반응을 나타낼 필요가 있는 상황을 알 수 있을 것이다.

질문

교사 : 만약 당신이 주방으로 들어갔을 때 수도꼭지에서 물이 흐르고 있음을 알았다면 어떻게 반응하겠어요? (일단 물을 잠그고, 주변에 누군가가 있는지 확인한다.) 만약 주방에 아무도 없는데 싱크대에서 물이 넘쳐흐르는 것을 보았다면 당신은 아마도 물을 잠글 것입니다. 만약 당신이 옳지 않은 방향으로 일이 전개되고 있는 것을 본다면, 당신은 그것에 관하여 누군가에게 이야기를 해야 하는지를 생각해야 해요.

연습장 13.3 : 여기에는 어려운 문제 상황에 직면한 사람들에 대한 몇 가지 예가 나와 있어요. 바른 시민이라면 이러한 문제 상황을 보고 큰 소리로 어떻게 말했을지 그림이나 글로 표현해 보세요.

답변(예)

1. 동물 보호소에 전화한다.
2. 어른에게 낙서에 대해 이야기한다.
3. 그녀가 괜찮은지 물어본다.
4. 아이와 함께 있으면서 어른에게 연결한다.

보충 활동

1. **훌륭한 시민 포스터 대회** : 학생들에게 지역사회에서 아동들이 좋은 시민 상을 보여 준 일들을 주제로 한 포스터를 보여 주고 이를 디자인하고 색칠하도록 합니다. 학교나 지역사회 건물에 포스터를 게시해 보세요. 적절할 시기에 포스터에 대한 시상을 해 보세요.
2. **또래 이야기** : 고학년들은 훌륭한 시민이 되는 것이 왜 중요한지에 관해 교실에서 이야기하도록 합니다. 아마도 그들은 자신들이 누군가를 도와주었던 구체적인 사건에 대해 어린 후배 학생들에게 이야기해 줄 수 있을 것입니다.

이름 ______________________ 날짜 ____________

13.3 큰 소리로 말하기

여기에는 어려운 문제 상황에 직면한 사람들에 대한 몇 가지 예가 나와 있어요. 바른 시민이라면 이러한 문제 상황을 보고 큰 소리로 어떻게 말했을지 그림이나 글로 표현해 보세요.

1. 커다란 개가 이웃 아이들의 주변을 뛰어다니고 있다. 그 개는 개목걸이가 없었고 아이들에게 돌진하였다.

2. 몇몇 고학년 학생들이 이웃의 건물 외벽에 나쁜 욕설로 낙서를 하고 있다.

3. 한 숙녀가 인도를 걷다가 얼음이 있는 부분에서 미끄러져 넘어졌다.

4. 한 어린 여자아이가 울면서 엄마를 부르며 공원 주변을 헤매고 있다. 식구들 중에서 혼자 떨어진 것 같았다.

13.4 도움 받기

목표

학생들은 도움이 필요한 사람들과 도와줄 수 있는 방법을 연결할 수 있을 것이다.

질문

교사 : 어떤 사람이 누군가에게 도움을 요청하거나 손을 빌려야 할 때가 있어요. 당신은 누군가를 도와주었을 때를 생각해 볼 수 있어요? (문을 열어준다, 방청소를 도와준다.) 당신은 누군가로부터 도움을 받았던 때를 생각해 볼 수 있나요? (숙제를 도와준다, 놀이에서 탈 것을 내어 준다.) 좋은 시민이 된다는 것은 할 수 있는 한 누군가를 도와주는 것을 의미해요.

연습장 13.4 : 연습장의 왼쪽에 있는 사람들은 누군가의 도움이 필요한 사람입니다. 왼쪽에 있는 사람들에게 도움을 주려는 시도를 하려는 오른쪽 사람과 연결해 보세요.

답변

1. c　　2. a　　3. d　　4. b

보충 활동

1. 연결 게임 : 열 쌍의 카드를 준비하세요. 10장의 카드에는 누군가의 도움이 필요한 상황을 설정하세요. (예 : 나는 연필이 필요해.) 다른 10장의 카드에는 적절한 도움을 제공하는 상황을 설정하세요. (예 : 나는 연필을 갖고 있어.) 학생들은 20장의 카드를 바닥을 엎어 놓고 그 카드에서 한 번에 2장의 카드를 뒤집는 것으로 관계의 쌍으로 연결하라고 합니다. 학생들이 짧은 단락을 읽거나 그림 단서를 사용하여 쌍들을 연결할 수 있도록 매우 간단해야 합니다.
2. 도와주기 포스터 : 학생들은 색도화지에 자신들에게 필요한 도움의 개요를 그립니다. 그런 다음 학생들은 각각의 도움의 필요성에 대한 도움의 문장을 완성합니다. "나는 ________으로 도와줄 수 있어."(각자의 학생이 할 수 있는 무엇을 작성한다.) 교실 주변에 도움 포스터를 게시한다.

이름 ________________________________ 날짜 ______________

13.4 도움 받기

다음의 왼쪽에 있는 사람들은 누군가의 도움이 필요한 사람입니다. 왼쪽에 있는 사람들에게 도움을 주려는 시도를 하려는 오른쪽 사람과 연결해 보세요.

1. 나는 잔디 깎는 도움이 필요해요.

2. 나는 일주일 동안 여행을 가려고 합니다. 누가 우리 정원에 물을 주었으면 합니다.

3. 아니, 나의 개가 또 다시 집을 탈출했어요!

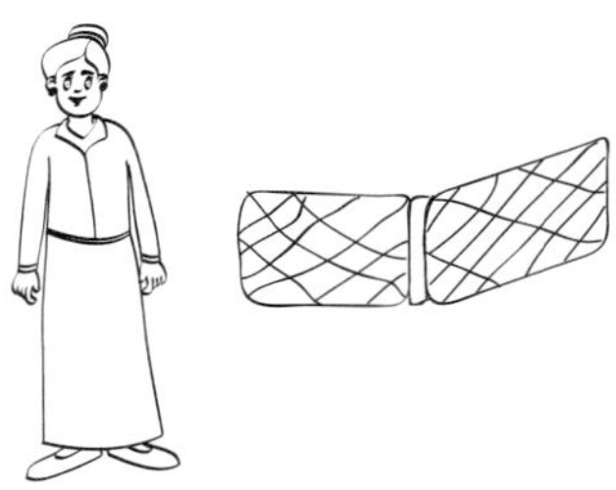

4. 강한 바람이 쓰레기통을 넘어뜨려 그 속에 있던 음료수 캔이 쏟아졌어요!

a. 나는 당신의 꽃을 보살피는 일을 하려고 해요.

b. 나는 새로운 봉투를 받았는데, 거기에 쓰레기를 주워 담으려고 해요.

c. 나는 잔디 깎는 방법을 알고 있어요.

d. 랄프야! 여기 있었구나! 이리와!

13.5 자원봉사

목표

학생들은 지역사회 내에서 자원봉사하는 방법을 알 수 있을 것이다.

질문

교사 : 모든 지역사회 내에는 자원봉사 할 수 있는 기회가 있어요. 자원봉사가 무엇이지요? (누군가를 돕기 위해 보수 없이 시간을 내어 주는 지원복지) 보수 없이 일하는 이유는 무엇일까? (그런 생각은 봉사이고 이익이 아니다.) 자원봉사자들이 우리 지역사회 안에서 봉사활동을 할 수 있는 장소에 대하여 생각할 수 있나요? (헤비타트, 식사 배달 등)

연습장 13.5 : 도움을 주기 위해 봉사자를 활용하는 지역사회의 조직이나 장소에 대해 생각해 보세요. 빈칸에 여러분이 생각할 수 있는 한 많은 봉사조직과 그 기능에 대해 적어 보세요.

답변

(답은 각기 다를 것이다. 한 분의 제안 : 지역병원의 자원봉사 기회, 요양시설 방문, 위문품 포장, 노숙인을 돕기 위한 과자 자선판매 봉사, 기타)

보충 활동

1. 학급 프로젝트 : 해외 봉사자들을 위한 편지 쓰기, 음식 저장소를 위한 통조림 제품 수집, 질병예방 기금을 위한 국토순례대행진 참여, 그 밖에 학급활동으로 적합한 지역사회 이벤트 개최에 참여하도록 합니다. 목표를 설정하고 어떠한 방법으로 참여할 것인지를 결정하고, 이러한 프로젝트의 한 부분에 모두가 참여합니다.
2. 요구 조사 : 지역의 쟁점이나 마을 신문에서의 쟁점을 수집하여 이들을 위한 자원봉사 지원방안을 조사하도록 합니다. 학생들은 자원봉사를 통하여 자신들에게 유익이 될 수 있는 장소(병원, 진료소, 물건 포장 등)에서 활동할 수 있는지의 여부를 부모에게 물어봅니다. 당신의 학급이 집단이나 개별적으로 자원봉사 할 수 있는 각기 다른 50개의 방법을 찾아 이를 개별적으로나 집단적으로 실천할 수 있는지 살펴보세요. 가능하다면 거기서부터 실천에 옮기세요!

이름 ______________________ 날짜 __________

13.5 자원봉사

도움을 주기 위해 봉사자를 활용하는 지역사회의 조직이나 장소에 대해 생각해 보세요. 빈칸에 여러분이 생각할 수 있는 한 많은 봉사조직과 그 기능에 대해 적어 보세요. 두 가지 예시는 여러분의 생각을 펼치도록 제시한 것입니다.

조직/장소	활동 내용
1. 미 우체국 식품 배달서비스	필요한 사람들에게 나누기 위한 캔음식 수집
2. 동물 보호소	반려견 우리 청소 및 산책

3. ______________________

4. ______________________

5. ______________________

6. ______________________

7. ______________________

8. ______________________

13.6 정중하기

목표

학생들은 자신들이 본 정중한 행동과 무례한 행동에서 바른 행동을 구분할 수 있을 것이다.

질문

교사 : 우리는 다음 몇 번의 수업을 통하여 정중하기에 관해 이야기를 나눌 것입니다. 누가 정중하기의 뜻에 대해 이야기해 볼래요? (타인에게 친절한 것, 좋은 매너예요.) 정중한 것은 이해심 있고 타인에게 공손하게 대하는 것을 의미해요. 정중함의 반대는 무례함입니다. 여러분이 지역사회에 있을 때 혼자 있는 것과 친구들과 함께 있는 것은 차이가 있어요. 어떻게 차이가 있나요? (다른 사람들이 주변에 있어요.) 여러분이 다른 사람에 대해 주의를 기울이거나 다른 사람들과 이야기를 나누어야 하는 지역사회 장소에 대해 생각할 수 있나요? (도서관, 운동장 등) 정중하게 하는 것이 중요한 이유기 무엇인가요? (장소에서 쫓겨나지 않는다. 타인에게 불쾌감을 주지 않는다.)

연습장 13.6 : 이 연습장에는 지역사회 내에 있는 학생들을 제시하고 있습니다. 일부 학생들은 정중한 행동을 보이는 반면 그렇지 않은 학생도 있어요. 어떤 학생이 정중하게 행동하고, 또 그렇지 않은지 표기해 보세요. 그 후에 이를 가지고 의견을 나누려고 합니다.

답변

1. ×(시끄럽고 버릇없이 행동함) 2. ×(비판적인 의미로 말함) 3. ○
4. ×(뻔뻔스럽게 말함) 5. ×(분별없는 행동임) 6. ○

보충 활동

1. 공공장소에서의 행동관찰 : 학생들은 공공장소에서 조심해야 할 정중한 행동의 예를 찾아 기록합니다. 올바른 행동의 좋은 예에 해당하는 그림에는 스마일 스티커나 얼굴을 붙여 줍니다.
2. 오늘 나는… : 학생들은 조만간 방문하게 될 지역사회의 공공장소에서 정중하게 행동하기 위해 이를 주제로 이야기를 나누고, 또 그렇게 행동하기로 약속을 합니다. 공손한 말이나 비언어적으로 나타내는 이타적 행동, 누군가를 응원하기 위한 비밀 카드와 같이 간단하면서도 구체적으로 어떤 정중한 행동을 할지를 미리 결정합니다. 이후에 학생들이 자신들이 한 정중한 행동에 관해 어떻게 느꼈고 타인들은 어떻게 느꼈을지에 관하여 토론을 합니다. 만약 그것에 관하여 주의하지 않았다고 하더라도 어쨌든 그것은 가치가 있지 않았겠어요?

이름 ______________________________ 날짜 ______________

13.6 정중하기

지역사회의 공공장소에 있는 학생들의 그림을 살펴보세요. 그들의 행동은 정중했나요? 그렇다고 생각되면 넘어가고, 그렇지 못했다면 ×표시 하고 왜 정중하지 못한 행동인지 그 이유를 적어 보세요.

13.7 영화관에서의 행동

목표

학생들은 영화관에서 매너 있는 행동을 하는 방법에 대하여 설명할 수 있을 것이다.

질문

교사 : 당신도 이전에 이와 같은 일을 경험했었나요? 당신이 영화관 안으로 들어가서, 자기 좌석으로 가기 위해서는 다리를 움직일 수 없는 미리 와 앉아 있는 네 명의 손님들을 넘어야 하고, 겨우 팝콘과 엎질러진 음료가 있는 끝자리에 앉는다. 당신은 어떤 기분일 것 같나요? (그 장소에 다시 가고 싶지 않아요.) 영화를 보러 가는 핵심은 무엇인가요? (영화를 보기 위해서요.) 영화관에 있는 동안 매너 좋은 행동을 보여 줄 수 있는 방법은 무엇인가요? (조용히 하기, 쓰레기 버리지 않기 등) 영화관에서 사람들이 매너에 관해 무관심한 이유가 무엇이라고 생각하나요? (어둡고, 누가 그랬는지 아무도 모르고, 쓰레기를 버리는 데 너무 수고스럽고 등)

연습장 13.7 : 나는 어떤 행동이 영화관에서 받아들여지는 행동이고, 또 그렇지 않은 행동인지 여러분이 생각해 보았으면 합니다. 여러분이 목록을 읽고 받아들여지는 행동에는 '좋아요'를 그렇지 않은 행동에는 '나빠요'를 표기하세요. 그런 다음에 우리는 여러분의 답을 가지고 의견을 나누도록 하겠습니다.

답변

1. 나빠요	2. 좋아요	3. 나빠요	4. 나빠요	5. 좋아요
6. 나빠요	7. 좋아요	8. 나빠요	9. 나빠요	10. 좋아요

보충 활동

1. 학급 영화 : 교실에 의자를 가로줄로 배치, 팝콘의 제공(원한다면), 그리고 교실에서 재미있는 영화를 상영하는 것으로 영화관에서의 좋은 행동 보이기에 대한 모의연습을 하세요. 입장권 받는 사람, 줄, 매점 계산원의 역할을 원할 수도 있어요. 좋은 매너를 연습하세요!
2. 영화관에서의 행동 점검 : 만약 학생들이 영화관에 다녀왔다면 다른 영화 팬들의 행동을 평가하는 '영화관에서의 행동 점검표'를 작성해 보세요. 청중들은 전체적으로 공손했나요? 예의 바르지 못한 매너뿐만 아니라 좋은 매너를 보여 준 행동은 어떤 것이었나요?

이름 ______________________________ 날짜 ______________

13.7 영화관에서의 행동

다음과 같은 영화관에서 일어날 수 있는 행동을 읽으세요. 좋은 행동이라고 생각되면 '좋아요'를, 그렇지 않은 행동일 경우에는 '나빠요'를 써 보세요.

1. 영화 상영 중에 화장실이나 전화를 받기 위하여 여섯 번 자리에서 일어난다. ______________

2. 자기 자리로 찾아 들어가기 위하여 미리 와 앉아 있는 사람들에게 "실례합니다."라는 말을 하며 간다. ______________

3. 영화를 보는 동안 큰 소리로 웃는다. 심지어 재미없는 장면에서도 그렇게 한다. ______________

4. 앞 줄 몇 칸 떨어져 있는 손님에게 팝콘을 던진다. ______________

5. 팝콘이나 사탕을 조심스럽게 옆 사람에게 전달한다. ______________

6. 친구가 줄서서 기다리는 무리를 넘어 새치기하도록 허용한다. ______________

7. 빈 컵과 팝콘 용기를 출구에 있는 쓰레기통에 던져 넣는다. ______________

8. 발을 앞좌석 위에 올려 놓는다. ______________

9. 나갈 때 오래 기다리지 않기 위하여 영화 끝 무렵에 무리를 밀치며 나간다. ______________

10. 아이들이 화면을 잘 볼 수 있도록 뒤에 앉히지 않고 앞에 앉힌다. ______________

13.8 도움 주기

목표

학생들은 도움을 필요로 하는 상황에 놓인 사람을 도와주는 구체적인 방법을 알 수 있을 것이다.

질문

교사 : 만약 당신이 무거운 가방을 들고 문으로 가는 사람을 보았다면 어떻게 도와줄 수 있나요? (문을 열어줘요.) 그 사람이 "저리 비켜, 나 혼자 할 수 있어."라고 말할 것으로 생각하나요? (아마도 아닐 거예요.) 그들은 어떻게 말할 것 같습니까? (도와주셔서 감사합니다.) 도움이 필요한 사람을 도와준다면 그 사람은 고맙다고 생각할까요? (예. 비록 그들이 말로 하지는 않는다고 해도 그럴 것이다.) 최근에 누군가를 도와주었다면 어떻게 도와주었나요? 그렇게 하는 것이 왜 좋은 태도인가요? (당신 자신보다도 남에 대해 생각하는 것을 보여 준 것이다.)

연습장 13.8 : 도움이 필요한 사람을 도와주는 것으로 좋은 태도를 보이는 방법은 여러 가지가 있어요. 이 연습장의 왼쪽에는 도움이 필요한 사람들의 내용이 있어요. 오른쪽에 그들을 도와줄 수 있는 사람들을 기호로 연결해 보세요.

답변

1. d 2. c 3. g 4. f 5. b 6. a 7. e

보충 활동

1. 그림 완성하기 : 학생들은 도움이 필요한 사람의 장면을 그림으로 그리지만 도우미는 그림에서 제외시킵니다. 학생들은 그림을 친구들과 교환하고 그 그림에 도우미를 그려 넣는 것(예를 들면, 낙엽을 갈퀴로 모으는 사람, 신발 끈 매주기 등)으로 그림을 완성합니다. 이 문제는 그림을 교환하기 전에 그림 내용이 꽤 명확해야 합니다.
2. 좋은 태도상 : 교실에서 서로에게 도움을 주는 학생들에게 특별히 관심을 가져 주세요. 학생들에게 작은 티켓(교환 가능한 작은 상 또는 캔디)을 수여하고 왜 그들에게 그러한 상을 수여했는지 설명해 줍니다.

이름 ______________________ 날짜 __________

13.8 도움 주기

왼쪽 사람들은 오른쪽 사람들의 도움을 필요로 하고 있어요. 누가 도움을 주어야 할 지 기호로 연결해 보세요.

1. 종민은 몸이 허약합니다. 그의 집 둘레에는 풀이 무성하게 자라 있어요.

____

2. 현기는 수학숙제를 해결하지 못하고 있어요. 그녀는 월요일에 중요한 시험을 쳐야 합니다.

____

3. 영미의 가족은 일주일간 휴가를 가려고 합니다. 그들은 2마리의 고양이와 1마리의 강아지를 집에 두고 떠나려고 합니다.

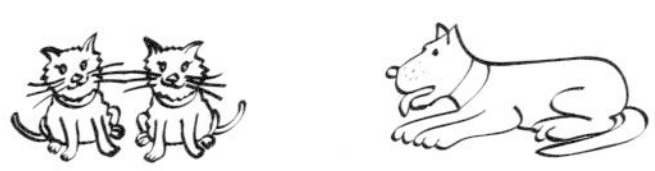

____

4. 경철은 소프트볼 시합에서 실수를 하여 자기 팀이 패배했어요. 그는 그 경기를 잊지 못하고 마음에 두고 있어요.

____

5. 미자 할머니는 식품이 담긴 커다란 봉투 2개를 아파트 2층으로 옮겨야 합니다.

____

6. 모르는 남자가 서둘러 학교로 걷다가 지갑을 빠뜨렸어요.

____

7. 작은 소녀가 편지를 발송하려고 해요. 그러나 키가 작아 우체통 입구까지 닫지를 않아요.

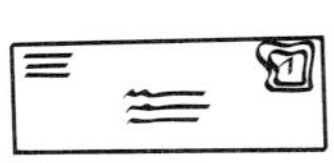

____

a. 상수는 지갑을 주워, 그 남자에게 돌려줬어요.

b. 문수는 2개의 봉투를 2층 계단까지 옮겨 주었어요.

c. 매화는 찾아가서 수학문제 풀이하는 법과 검토하는 법을 주말까지 도와주었어요.

d. 재일은 잔디 깎는 기계를 아버지에게 빌려 잔디를 깎아 주었어요.

e. 재수는 그 소녀의 편지를 넘겨받아 우체통에 넣어 주었어요.

f. 순철는 그 사람에게 사람은 언제든지 어려움에 봉착할 수 있다고 말해 주면서 두려워하지 말라고 했어요. 그리고 배트연습을 도와주었어요.

g. 호영과 병인은 가족들이 여행에서 돌아올 때까지 애완동물들을 먹이고 산책을 시켜 주었어요.

13.9 무례한 행동

목표

학생들은 누군가가 자신에게 무례하게 행동할 때, 그에 대해 할 수 있는 적절한 행동을 말할 수 있을 것이다.

질문

교사 : 당신은 비록 좋은 매너를 가졌지만 그렇지 않은 사람에게 무엇을 해야만 하나요? 만약 당신이 누군가에게 예의 바르게 대했는데, 그들은 불쾌하게 대했다고 하면. 당신은 어떻게 하겠어요? (다시 친절하게 말하지 않는다, 아무 말도 하지 않는다, 좋지 않은 매너를 가졌다고 그들에게 말해 준다.) 당신은 다른 사람들이 당신에게 무례하거나 좋은 않은 매너를 보일 때, 어떻게 대처할 것인지 그 방법에 대하여 생각해 봅시다.

연습장 13.9 : 당신은 이 활동에서 각각의 그림처럼 당신에게 무례하게 행동하는 사람과 함께 있는 것처럼 행동하게 됩니다. 이런 상황에서도 당신은 어떻게 하면 좋은 매너를 잃지 않고 행동하거나 말할 수 있겠습니까? 당신이 말하거나 행동하는 내용을 적어 보거나 그려 보세요.

답변

(답은 각기 다를 것이다. 이것들은 제안에 해당한다.)

1. 내가 너무 오랫동안 가지고 있었다면 미안해. 나에게 그것을 빌려줘서 고마워.
2. 보라색은 비록 모든 사람들이 선호하는 색은 아니라고 생각하지만 그 드레스는 귀여웠다고 생각해.
3. 미소만 지을 뿐, 아무 말도 하지 않는다.
4. 네가 원한다면 그것을 빌릴 수 있어. 하지만 임의로 채 가지는 말아줘.

보충 활동

1. TV 예 : 학생들은 텔레비전 쇼를 보고 그 프로그램에서 무례하게 한 예를 각자 찾아냅니다. 어떤 쇼에서 재미있게 보였지만 실제 생활과 텔레비전은 상당히 다를 수 있음을 꼭 인식시켜 주세요. 비록 텔레비전에서는 그들 자신들에 대해 무엇인가를 헐뜯는 것이 누군가에게는 재미있을 수 있지만 그것이 왜 실제 상황에서는 잔인한 것이 될 수 있는지에 대하여 의견을 나누도록 하세요.
2. 나쁜 예들의 좋은 예로의 활용 : 누군가가 우리에게 무례하게 했을 때, 빠른 대응을 하지는 않는 것이 일반적인 현상입니다. 교실에서 무례함의 예를 수집하고 그러한 상황(줄을 자르고 돌진하는 학생, 다른 학생을 놀리는 것, 허락 없이 남의 물건을 가져가는 것)에서 어떻게 반응하는지 그 예들을 익명으로 하여 만들어 봅시다.

이름 ______________________ 날짜 ______________

13.9 무례한 행동

당신이 다음의 상황에서 행동하는 사람이라고 가정합니다. 이 상황에서 당신은 어떻게 말하거나 행동할지 그림이나 글로 표현해 보세요. 기억할 것은 무례하게 행동할지라도 당신은 좋은 태도를 보여 주어야 한다는 것입니다.

1.

2.

3.

4.

13.10 공공시설의 파괴와 못된 장난

목표

학생들은 공공시설 파괴 및 못된 장난의 예를 확인한 후, 그러한 행동이 타인에게 해가 되는지 그 이유를 말할 수 있을 것이다.

질문

교사 : 당신은 전에 전화를 받고 상대방으로부터 어리석은 내용의 말을 들어본 경험이 있었나요? 아니면 누군가가 고의로 잘못된 번호로 전화를 걸어서는 자신들이 100만 달러를 가진 사람이라는 말을 들은 경험이 있나요? 그러한 종류의 전화는 재밌게 들릴 수 있지만 그들 역시 비열해질 수 있어요. 왜 그럴까요? (타인에게 겁주기, 어른들은 그들이 강탈하지 않을까 두려워할 것이다, 시간 보내기) 당신이 들었던 다른 조롱이나 못된 장난은 어떤 것이 있었나요? 공공시설의 파괴란 어떤 것인가요? 공공시설 파괴는 타인의 재산을 고의적으로 손상시키는 것입니다. 그것은 또한 공공의 재산을 의미할 수 있습니다. 공공시설 파괴의 예를 들어 줄 수 있겠어요? (벽에 낙서하기, 묘지의 비석을 치기) 다른 사람들에게 왜 그런 해를 입히는 것일까요? (다른 사람이 그것을 위해 지불하도록 하려고, 그것을 수리하는 데 시간을 내도록 하려고) 공공시설 파괴와 못된 장난은 나쁜 매너일 뿐만 아니라 법적으로 문제가 되며, 다른 사람들을 심각하게 해치거나 겁먹게 합니다. 조롱은 당신이 어떤 사람을 다치게 하거나 겁먹게 하려는 의도로 놀리는 것의 한 예이지만 그것은 그러한 의도를 뛰어넘게 됩니다. 오늘 왜 이러한 것들이 잘못된 것이고 그들이 다른 사람들을 어떻게 다치게 하는지에 대해 생각해 보시길 바랍니다.

연습장 13.10 : 이 연습장에는 공공시설의 파괴와 못된 장난의 예를 소개하고 있어요. 이는 매우 중요한 주제이기에 우리는 다 함께 이들 예를 가지고 함께 이야기를 해 보려고 합니다. 첫째, 각 상황에 등장하는 사람들은 어떻게 다른 사람들에게 상처를 주는지 말해 보고, 둘째, 당신이 그들 집단의 일부로 그 자리에 있거나 무슨 일이 일어날지 알고 있다면 어떻게 행동하겠는지 말해 보세요.

답변

(이것은 예이다.)

1. 도시는 낙서를 제거하는 데 예산을 들이고, 사람들은 낙서로 손상된 다리를 보아야만 한다. (특히 낙서에 자신의 이름이 써있다면 본의 아니게 경찰에 불려갈 것이다.)
2. 문철은 할 일이 없어져 난감할 것이다. 서류가 없어져서 걱정한다.
3. 아마도 미옥은 자신이 웃음거리가 된 것에 대해 매우 기분 나빠 할 것이다.
4. 아마도 소년은 학교에서 무엇인가를 할 돈이 필요하다. 지금 그는 그것을 할 수 있는 돈이 없을 것이다.
5. 수애는 웃음거리가 되고 그 집단에서 제외된다. 짱이 되는 소녀의 생각에 따라 다른 아이들은 나쁜 리더를 따르게 된다(그리고 그 아이들이 그녀를 계속 따르면 따르는 그 아이들도 웃음거리가 되었음을 발견할 것이다.)
6. 절도는 범죄이다. 그리하여 그 소년들은 경찰로부터 체포될 수 있고 범죄 기록도 남는다.

보충 활동

1. 경찰의 방문 : 지역 경찰관이 방문하여 개인, 가족, 그리고 지역사회에 대한 공공시설 파괴의 결과를 설명하는 것은 매우 좋은 기회가 됩니다. 슬쩍 훔치는 행위는 다른 영역으로서 반드시 짚고 넘어가야 할 사항입니다. 학생들은 '법을 어기는 것'의 의미가 무엇인지를 알아야 합니다.
2. 집단에서 빠져나가기 : 종종 못된 장난과 공공시설 파괴는 한 명 이상의 사람들이 관련되기 발생됨을 반드시 알아두어야 합니다. 왜 그럴까요? 왜 혼자서는 전혀 하지 못하던 행동을 집단으로 하면 하기 쉬워지는 것일까요? 그 행동이 잘못된 것임을 알았을 때, 그들을 집단이나 활동에서 빼낼 수 있는 방법은 어떤 것이 있는지 의논해 봅시다.

이름 ______________________________ 날짜 ______________

13.10 공공시설의 파괴와 못된 장난

이 사람들은 타인들에 저항하여 공공시설의 파괴와 못된 장난을 일삼고 있습니다. 각 상황에서 (1) 이들은 타인들을 얼마나 힘들게 하는지 그리고 (2) 각 상황에서 당신은 어떻게 할 수 있는지에 대하여 이야기해 보세요.

14
Chapter

타인과 함께 일하기

부모에게 보내는 편지 제14호 : 함께 일하기

학부모님께

이번에 배울 일련의 학습기술은 공동 작업을 통하여 다른 사람들과 함께 지내는 방법과 연관된 것입니다. 함께 일하는 동료가 예의 바르고 이해심이 많으며, 잘 참아가며 항상 도움을 주려고 함은 물론 유머감각까지 갖추고 있는 사람이라면 정말 금상첨화 아닐까요? 하지만 이끄는 자와 따르는 자의 관계, 정해진 마감일, 명확하지 않은 지시, 각기 다른 개성 등과 같은 요인들이 함께 일하는 과정에서 작용하므로 좋은 관계를 유지할 수도 있지만 나쁜 관계가 형성되기도 합니다. 따라서 우리가 지금까지 해 왔던 것보다 한층 더 협동해야 합니다.

자녀가 학교에서든, 집에서든, 지역사회 내에서든, 그리고 직장에서든 다른 사람들과 함께 관계를 잘 유지할 수 있도록 하기 위한 기술들을 습득하는 일은 매우 중요합니다. 이번의 학습내용은 주어진 과제를 잘 이해하고, 각자의 기술을 사용하며, 의사표현을 적절하게 하며, 상식과 기본적인 상호 교류를 하도록 교육의 초점이 맞추어져 있습니다.

부모와 자녀가 다른 사람에 관하여 이야기를 나눌 때, 다른 사람과의 관계에서 감정적으로 열 받는 순간(분노, 짜증, 불만 등)이 있지만 이는 시간이 지나면 곧 약화된다는 점을 분명히 확신시켜 주시기 바랍니다. 화를 내고 나중에 후회하지 말고 상황을 이해할 때까지 자기 자신의 감정을 잘 다스리도록 하세요. 자녀가 이해하지 못한 것을 묻는 때가 중요합니다. 상식적인 쉬운 예로 이해시키고, 중요한 것이 아니면 '조금씩 양보'하는 마음가짐을 갖도록 이야기해 주십시오.

건강하십시오.

____

교사 드림

타인과 함께 일하기

관련 기술 항목 연습장 14 : 학습 진행사항

+ 숙달
✔ 익히는 과정
– 익히지 못함

학생 이름	단체의 일원으로서 일하기	과제(과업)에 대한 이해	자신의 역할에 대한 이해	직무 관련 기술	자신의 의견 표현하기	믿음직한 행동	그대로 두기/그만둘 때 알기	다른 관점(입장)	토론하기	주장하기	명확한 용어 구사	상식	비고

14.1 단체의 일원으로서 일하기

목표

학생들은 단체의 일원으로서 일을 하는 데 활용할 수 있는 몇 가지 유용한 단서들을 알 수 있을 것이다.

질문

교사 : 우리는 지금부터 다른 사람들과 함께 일을 하는 것, 특히 단체의 일원으로 일하는 것에 대하여 이야기를 나누도록 하겠어요. 여러분이 알고 있는 단체에는 어떤 단체들인가요? (야구팀, 치어리더 팀, 기타) 단체에서는 개인한 사람보다 그 이상인 여러 사람들을 중요하게 생각하는 이유는 무엇인가요? (직무를 완료하려면 한 사람보다 더 많은 사람이 필요하기 때문이다.) 단체가 일을 잘할 수 하도록 이끌어 주는 인솔자를 어떤 방법으로 도와줄 수 있을까요? (전체의 일을 감독할 수 있도록, 큰 그림을 그릴 수 있도록, 개인이 해야 할 일에 대해 이야기할 수 있도록 등)

단체의 일원으로서 일을 할 때는 단체에 속한 모든 사람들이 각자의 역할을 충실히 수행하는 것이 매우 중요합니다. 예를 들어, 만약에 단체의 일원인 여러분 모두가 저마다 인솔자가 되겠다고 나선다면 어떠한 일이 발생하겠습니까? (혼란스럽거나 분규가 일어날 것이다.) 만약 단체 안에서 인솔자가 없다면－저마다 책임을 떠안을 책임자가 나타나기만을 기다린다면－어떤 일이 일어날까요? (되는 일이 아무것도 없을 것이다.) 이 부분을 생각해 봅시다. 만약 인솔자가 일처리를 어떻게 해야 하는지 몰라서 사람들에게 묻는다면 어떻게 될까요? (또 다른 혼란이 초래된다.) 우리는 단체의 일원으로서 함께 일하는 데 도움이 되는 몇 가지 방법을 배울 것이다. 그것들은 다음과 같습니다.
1. 자신의 강점 활용하기 2. 인솔자 따르기 3. 모든 사람들과 함께하기

연습장 14.1 : 위에 함께 일하는 데 도움이 되는 방법을 적어 놓았어요. 예를 읽고 방법 1, 2, 3 중에 단체의 일원이 따라야 할 것을 골라보세요.

답변

1. 3　2. 1　3. 2　4. 1　5. 3　6. 2

보충 활동

1. 인솔자와 따르는 자의 역할 : 몇몇 학생들은 함께 일할 수 있는 과제를 선택합니다. 인솔자 역할의 학생은 작업지시와 함께 과제를 따르는 학생들에게 할당해 줍니다. 다른 사람들은 말없이 지시를 따를 것입니다. 학생들은 몇 분 동안 돌아가면서 또는 휴식시간까지 인솔자가 되어 봅니다. 인솔자 역할에 대한 어려운 점과 쉬운 점에 대해 의견을 나누어 봅니다. 만약 인솔자의 지시가 잘못되거나 비효율적인 것처럼 보인다면 그 지시를 따르는 것이 어려운 일일까요? 학생들은 인솔자가 되는 것을 좋아할까요, 아니면 따르는 자가 되는 것을 좋아할까요?
2. 인솔자의 날 : '인솔자의 날'을 정한 후, 학생들은 돌아가며 일상적인 일에서 인솔자로서 대열의 앞에 서거나, 점심시간에 맨 앞줄에 서서 인솔하거나 국기에 대한 서약에서 서약문을 낭독하는 역할을 진행해 봅니다. 좋은 인솔자는 무엇인가 수행을 잘해 내는 사람임을 강조합니다.

이름 ________________________________ 날짜 ______________

14.1 단체의 일원으로서 일하기

다음에는 함께 일하는 데 도움이 되는 방법을 적어 놓았어요. 예를 읽고 방법 1, 2, 3 중에 단체의 일원이 따라야 할 것을 골라 보세요.

방법 1 : 자신의 장점을 활용하라.
방법 2 : 인솔자를 따르라.
방법 3. 모든 사람과 함께하라.

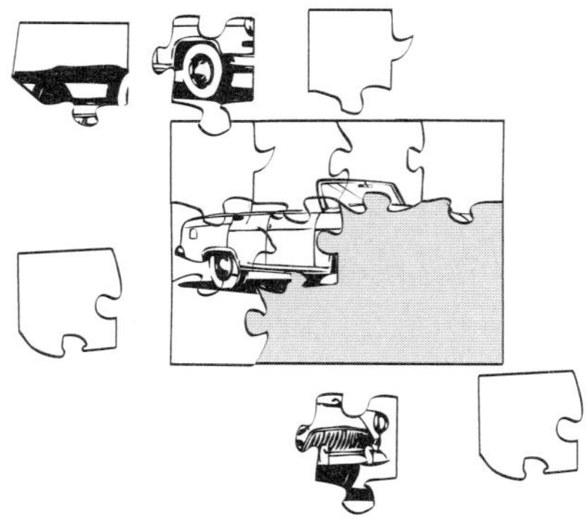

학생들에게 학급의 과제로서 큰 퍼즐을 함께 맞추는 일이 주어졌다. 주안은 학급의 인솔자이다. 다른 구성원은 은정, 호걸, 지상, 명헌이다.

_____ 1. 주안은 상자 안에 있는 모든 퍼즐 조작을 꺼내 놓았다. 은정과 호걸은 바로 옆에 있는 퍼즐 조각을 오른쪽이 위로 가도록 돌려놓았다. 지상은 방의 마루를 깨끗이 치워 놓았다. 명헌은 가장자리에 있는 조각을 찾기 시작하였다.

_____ 2. 은정은 색깔 맞추는 것을 잘한다. 그리고 그녀는 빨간색 퍼즐 조각을 모두 맞추었다.

_____ 3. 주안은 구성원에게 먼저 가장자리에 있는 조각을 찾아볼 것을 제안하였다. 그리고 모두 가장자리에 있는 퍼즐을 찾기 시작하였다.

_____ 4. 호걸은 사소한 부분에도 주의를 기울였고 작은 실마리를 찾는 것을 좋아한다. 그래서 그는 같은 형태로 이루어져 있는 퍼즐의 부분을 모두 맞추었다.

_____ 5. 명헌은 몇 분 동안 퍼즐을 맞춘 후에 피곤해하였다. 그녀는 그만하기를 원했지만 다른 구성원들은 모두 퍼즐을 끝마치는 것을 경험하도록 하기 위해서 그녀에게 퍼즐 박스를 잡고 있으라고 말하였다.

_____ 6. 지상은 잃어버린 퍼즐 조각을 찾으려고 하였다. 그러나 주안은 계속 퍼즐을 맞추어 나가다보면 잃어버린 퍼즐 조각은 나중에 나타날 것이라고 하였다. 정말이지 조각을 맞추다보니 잃어버린 퍼즐 조각은 바닥의 또 다른 퍼즐 조각 아래에 있었다.

14.2 과제(과업)에 대한 이해

목표

학생들은 과제의 최종 결과와 그 과제를 완성하기 위한 과정을 알 수 있을 것이다.

질문

교사 : 사람들이 과제나 일을 함께 할 때, 그 과제의 목표를 마음속에 간직하는 일은 매우 중요합니다. 만약 모든 사람들이 과제의 목표가 무엇이었는지 이해하고 그 목표를 실현하려는 선상에 있다면 쉽게 그 목표를 완수할 수 있을 것입니다. 예컨대, 함께 피자를 만들어 판매하는 조직에서 함께 일하는 사람들의 절반 정도가 TV만 보고 있다면 어떤 일이 생기겠습니까? 또는 피자를 만들 재료를 구입하여 이것으로 햄버거를 만들어 판다면 어떤 일이 벌어지겠습니까? (시간과 돈을 낭비하게 될 것이고, 본래 목적을 이루지 못하게 된다 등)

연습장 14.2 : 여기에는 각 과제와 그 목적을 제시했어요. 각 과제를 완수하는 데 필요한 각 단계를 적어 보세요.

답변

1. 쿠키 만들기 : 재료를 산다. 큰 그릇과 스푼을 준비한다. 오븐을 준비한다(작동한다). 쿠키를 박스에 담는다.
2. 세차하기 : 세차할 곳을 정한다. 광고를 한다. 이용할 수 있는 세제, 수건과 물을 준비한다.
3. 벽화 그리기 : 먼저 도안을 구상한다. 그림에 맞는 페인트의 색을 결정한다. 재료들을 정리한다. 그림이 마를 때까지 기다린다.

보충 활동

1. 함께 해 보자. 지역사회 신문이나 공공 언론매체를 통하여 여러 사람이 단체로 진행할 만 한 과제를 찾아보도록 합니다. 학생들은 여러 과제들의 목록(소풍, 모금활동, 연극, 건축 등)을 작성한 후 브레인스토밍을 통해 그 목표를 완성하는 데 필요한 세부사항에 관하여 목록화하도록 합니다.
2. 학급 과제 : 목적 달성을 위한 학급 과제를 선택해 보세요. 학생들의 연령과 관심사항에 부합하는 적절한 과제를 선정하여, 그 과제의 작은 과업들과 과정으로 분석해 봅니다. 공공사업 제안, 동물 보호를 위한 모금, 학교 교정 청소, 조부모님의 날 행사를 위한 아침 준비 등 여러 아이디어가 나올 수 있을 것입니다. 이 과정을 마친 후, 한 가지 목적을 달성하기까지 얼마나 많은 사람들과 함께 일해야 할지에 관하여 이야기해 보도록 합시다.

이름 ______________________ 날짜 ____________

14.2 과제(과업)에 대한 이해

여기에는 각 과제와 그 목적을 제시했어요. 각 과제를 완수하는 데 필요한 각 단계를 적어 보세요. 각 문제마다 예시로 주어진 것은 생각을 제시하는 데 도움이 될 것입니다.

과제 1. 쿠키 만들기

____

____

____

____

우리 단체는 제과판매를 위해 몇 가지 과자를 만들려고 합니다.

- **필요한 것** : 어떤 종류의 과자를 만들 것인지 결정한다.

과제 2. 세차하기

____

____

____

____

우리 단체는 학급의 프로젝트를 위한 기금 마련을 위해 세차를 하려고 합니다.

- **필요한 것** : 기금모금을 위한 세차활동 요일을 결정한다. 토요일? 일요일? 아니면 둘 다?

과제 3. 벽화 그리기

____

____

____

____

우리 단체는 아이들이 좋아할 벽화 그림을 장식하려고 합니다.

- **필요한 것** : 우리에게 어떤 색깔의 페인트가 필요한지 확인합니다.

14.3 자신의 역할에 대한 이해

목표

학생들은 단체작업에서 각자의 역할을 알 수 있을 것이다.

질문

교사 : 다른 사람들과 함께 작업해야 하는 일이 있다면, 무엇보다도 여러분은 그 일의 성격과 그 일에서의 역할을 파악해야 합니다. 피자를 만들어 파는 과제를 다시 생각해 보도록 합시다. 큰 목적을 이루기 위해서는 모든 작업을 당신 혼자서 다 하는 것이 아니라, 맡은 부분에 최선을 다하는 것입니다. 함께 일할 때에는 당신이 맡은 일을 책임지고 수행해야 합니다. 당신의 역할이 피자포장상자에 가격표를 붙이는 일이라면, 피자에 페페로니를 몇 조각이나 넣어야 할지를 걱정해야 할까요? (아니요.) 주문 전화가 왔을 때 거기에 응대할 걱정을 해야 할 필요가 있을까요? (아니요.) 피자 상자에 붙일 가격표가 제대로 맞는 것인지에 신경을 써야 할까요? (예.) 만일 당신이 '피자 팔기'와 '가격표 붙이기' 역할을 명확히 이해하고 있다면, 당신이 맡은 부분에 최선을 하다는 것에 집중할 수 있을 것입니다.

연습장 14.3 : 제과 판매를 목적으로 과자를 만들기로 한 학생들이 있습니다. 이 목적을 달성하기 위한 각자의 역할이나 직무가 있습니다. 각 개별학생들이 맡은 바 직무를 잘하고 있는지 여부에 따라 '예' 또는 '아니요'로 표시해 보세요.

답변

1. 아니요 2. 예 3. 아니요 4. 예

보충 활동

1. 도와주세요. 과자를 굽는 작업에서 인숙과 성민은 자신들의 역할을 이해하지 못한 이유에 관하여 이야기를 나누어 봅시다. 학생들을 선택하여 '관리자'의 역할을 부여하고 그 역할을 시연해 보도록 합니다. 각자의 역할에 대하여 설명하면서 그들의 역할 중에서 잘못된 부분이 무엇이고, 역할을 더 잘하기 위한 조언에 대하여 생각해 봅시다.
2. 쿠키 검사관 : 과자가 얼마나 맛이 있는지 그 과자를 검사하는 역할을 맡고 싶어 하지 않는 사람은 없을 것입니다. 역할 지원자 학생들에게 이 역할이 매우 중요하므로 높은 자격을 갖추어야 함을 설명합니다.

이름 ____________________ 날짜 ____________

14.3 자신의 역할에 대한 이해

제과 판매를 목적으로 과자를 만들기로 한 학생들이 있습니다. 이 목적을 달성하기 위한 각자의 역할이나 직무가 있습니다. 각 개별학생들이 맡은 바 직무를 잘 수행할 것인지의 여부에 따라 '예' 또는 '아니요'로 표시해 보세요.

1. 인숙의 직무는 과자를 판매하는 곳과 시간을 사람들에게 알리는 일로, 이를 위해 표지판을 들고 학교 주변을 돌아다니는 것입니다. 그녀는 밝은 노란색 종이에 '과자 할인판매'라고 썼어요. 그녀는 학교 주변을 돌아다녔고 사람들이 과자를 사러 올 수 있도록 모든 복도에 표시해 놓았습니다.

   ____

2. 정숙의 직무는 큰 테이블에 세 가지 종류의 과자를 분류하는 것이었습니다. 그녀는 초코칩 과자를 한쪽 끝에, 땅콩버터 과자를 다른 쪽 끝에, 스니커두들을 중간에 놓았습니다. ____________

3. 성민의 직무는 과자 상자에 가격표를 붙이는 것이었습니다. 그는 몇 개의 상자에 '250원'이라는 가격표를 붙였습니다. 그러나 그는 가격표 붙이는 일을 하면서 하던 일에 확신을 가지지 못하고 우왕좌왕 하다가 하던 것을 멈추어 버렸습니다. 그는 과자를 분류하는 일이 더 재미있어 보였습니다. 그래서 그는 정숙에게 다가갔고 그녀를 도와도 되겠는지 물어보았습니다.

   ____

4. 유나의 일은 쿠키를 판 금액을 모아 봉투에 담는 것이었습니다. 소비자 중 한 명이 그녀에게 과자를 먼저 가지고 가고 돈은 나중에 지불해도 되는지를 물어보았습니다. 유나는 사람들이 많기 때문에 바로 돈을 지불해야 한다고 말했습니다. 다른 소비자들은 그에게 5천 원의 거스름돈을 달라고 했습니다. 유나는 거스름돈을 바꿀 수 있을 정도로 충분한 돈이 있다고 말했습니다. ____________

14.4 직무 관련 기술

목표

학생들은 과제나 직무에 알맞은 기술을 적용시킬 수 있을 것이다.

질문

교사 : 모든 사람이 어떤 일에 기여해야 하는 단체의 일원임에 대하여 이야기하고 있음을 기억하고 있지요? 오늘은 주어진 과제에 어떤 특정 능력과 기술이 필요한지 이야기할 것입니다. 예를 들면, 안내판을 만드는 작업을 할 때에는 글씨를 잘 쓰는 사람을 찾게 되겠죠? (예.) 연극의 시대의상(코스튬)을 만들 때는 어떤 종류의 기술을 갖고 있는 사람이 필요할까요? (바느질을 할 수 있는 사람)

연습장 14.4 : 학생들에게 조부모의 날 행사를 계획하도록 합니다. 파티준비에 도움이 되는 직무와 관련된 여러 가지 기술들을 찾아보도록 합시다.

답변

1. b 2. a 3. c 4. f 5. e 6. d

보충 활동

1. 내가 도울 수 있어요! 학생들이 조부모의 날 행사와 프로그램을 계획한다면, 그 일을 준비하는 데 도움이 되는 기술들은 어떤 것들이 있을까요?
2. 나의 기술은 어떤 것이지? 학생들이 짝을 지어 함께 일하면서 그동안 보여 주었던 기술들에 관하여 차례대로 이야기해 봅시다. 학생들이 가지고 있는 여러 가지 기술들에 대한 목록을 만들어 봅시다. '친절함'이나 '청소하기' 등 보잘 것 없어 보이는 것일지라도 최소한 하나 이상의 능력과 기술을 모든 학생들이 쓸 수 있도록 합니다.

이름 ______________________ 날짜 ______________

14.4 직무 관련 기술

학생들에게 조부모의 날 행사를 계획하도록 합니다. 파티 준비에 도움이 되는 직무와 관련된 여러 가지 기술들을 찾아보도록 합시다.

학생들의 기술

_____ 1. 글씨를 잘 쓴다.

_____ 2. 그림 그리기를 좋아한다.

_____ 3. 정리를 잘한다.

_____ 4. 카메라로 사진 찍기

_____ 5. 장식하기를 좋아한다.

_____ 6. 풍선으로 동물 만들기

조부모의 날에 해야 할 일

a. 할아버지, 할머니에 대한 그림을 손자와 함께 그리기

b. 어버이날에 대한 정보를 포스터에 쓰기

c. 방의 가장 좋은 위치에 음식과 게임을 놓기

d. 할아버지, 할머니에게 풍선으로 재미있는 동물모양 만들어 드리기

e. 방 안에 색테이프와 풍선 장식하기

f. 손주들이 할아버지, 할머니 사진 찍어 드리기

14.5 자신의 의견 표현하기

목표

학생들은 주어진 상황에서 자신의 의견을 적절하게 표현했는지 아니면 부적절하게 표현했는지 그 표현방법을 알 수 있을 것이다.

질문

교사 : 당신이 다른 사람들과 함께 일할 때가 되었을 때, 당신이 기여할 수 있는 일을 찾아야 할 것입니다. 아마도 당신은 다른 여러 사람들과 함께 일하면서 다른 사람들보다 더 나은 발상을 할 수도 있을 것입니다. 자신의 의사를 보다 잘 표현하는 방법으로는 어떤 것이 있을까요? (의사표현 할 수 있는 적절한 시간과 적절한 방법을 찾는 일 등) 당신이 의사표현을 하였는데, 다른 사람들이 그 의견을 달가워하지 않는다면 어떻게 하겠습니까? (그들의 의견을 수렴하고, 차후에 다시 시도하고, 더 나은 의견을 제시하려고 혼신의 힘으로 노력하기 등) 진정으로 그 상황에서 기여하고 싶다면, 당신의 생각을 말하는 것이 중요합니다. 당신이 그림을 잘 그릴 수 있다면, 굳이 포스터 붙이는 역할에 얽매일 필요는 없습니다.

연습장 14.5 : 이들 학생들은 도시 중심가에 있는 화단에 꽃을 심는 프로젝트를 수행하고 있습니다. 이 과정에서 몇몇 학생들은 각자 자신의 의견을 피력하고 있습니다. 이들 중 자신의 의견을 적절한 방법으로 피력한 사람을 골라 표시해 보세요.

답변

1. 예 2. 예 3. 아니요 4. 예 5. 아니요 6. 예

보충 활동

1. 제 의견이에요. 각기 다른 여러 가지 방법으로 자신들의 의견을 발표해 보도록 해 봅시다. 자신의 생각을 정리하여 표현하는 기술은 매우 중요합니다. 다음과 같은 질문을 해 보도록 하세요. "______에 대하여 어떻게 생각하나요?", "대철, 상숙의 생각에 동의하나요? 왜 그렇게 생각하지요?", "정환, 내가______한다면, 그것에 대해 어떻게 생각하나요?"(적절한 예를 제시한다.)
2. 추가 의견 : 자신의 의견을 발표할 때 그러한 의견을 뒷받침할 만한 세심한 고민, 경험, 적절한 발표 태도, 사실적 근거 등을 제시하는 것이 무엇보다도 중요함을 서로 이야기해 봅시다. 학생들과 의견을 나눌 때, 다음과 같은 질문을 하며 용기를 북돋아 줍시다. "재미있는 발상이군요. 어떻게 그런 생각을 하게 되었어요?" 혹은 "오호. 아주 흥분되는 생각인데요. 그런 생각을 하는 데 어떤 경험이 도움이 되었어요?"

이름 ______________________________ 날짜 ______________

14.5 자신의 의견 표현하기

이들 학생들은 도시 중심가에 있는 화단에 꽃을 심는 프로젝트를 수행하고 있습니다. 이 과정에서 몇몇 학생들은 각자 자신의 의견을 피력하고 있습니다. 이들 중 자신의 의견을 적절한 방법으로 피력한 사람을 골라 표시해 보세요.

1. **최은원** : 나는 양지 식물을 심어야 한다고 생각해요. 왜냐하면 경작자가 화분을 그림자가 많지 않은 곳에 놓아두고 싶어 하니까요.

2. **윤명균** : 매주 책임지고 꽃에 물을 줄 수 있는 사람을 종이에 표시해야 합니다.

3. **김양화** : 나는 빨간 꽃만 심어야 한다고 생각해요. 왜냐하면 내가 좋아하는 색이기 때문입니다. 나와 같은 생각이 아니라면, 너의 생각은 정말 말도 안 되는 생각에 불과해요.

4. **임시환** : 나는 정말 빨간 꽃이 싫어요. 하지만 나는 양화가 무엇을 심으려고 하는지 알고 있어요. 그래서 빨간 꽃은 몇 포기만 심고, 다른 종류의 꽃을 심도록 합시다. 공평한 조처라고 생각하지 않나요? 어때요?

5. **이효자** : 우리들은 식물을 사는 데 너무 많은 돈을 사용하고 있다고 생각해요. 가진 돈 모두를 식물을 사는 데 사용해야만 한다면 더 싸게 살 수 있는 것을 사야 해요. 조화가 좋겠어요. 그러면 우리는 전혀 물을 주지 않아도 되니까요.

6. **임태우** : 효자 씨, 그것을 시도하기에는 너무 늦었어요. 우리는 예산을 이미 책정했고 우리가 하려는 것은 이미 결정되었어요. 그러나 만약 당신의 생각이 그렇다면 다음번에 투표하기에 앞서 당신의 생각을 제시해 보세요. 우리는 모든 것을 열어놓고 고려하고 있으니까요.

14.6 믿음직한 행동

목표

학생들은 믿음직한 행동의 예를 알 수 있을 것이다.

질문

교사 : 만약 내가 당신에게 필요한 것을 내일 가져다주겠다고 말했다면, 당신은 나의 말을 기대하겠습니까? 왜 그렇지요? (과거의 믿음직한 행동을 보인 바 있어서 이 경험에 비추어보아) 당신이 실망하지 않도록, 나는 기대대로 그렇게 할 것입니다. 다른 사람들과 같이 일을 할 때, 믿음직한 행동을 한다는 의미는 당신이 말한 대로, 행동한 대로, 당신을 기대하는 대로 그대로 살아내는 것입니다. 다른 친구가 하겠다고 해놓고서는 하지 않아 당신이 실망해 본 경험이 있나요? (예를 들어 달라고 요청하지만, 특정한 사람의 이름을 사용하지 않는다.) 그때 기분이 어땠지요? 다음에도 그 친구를 믿을 수 있겠어요? (예를 든다.)

연습장 14.6 : 이들 학생들은 믿음직한 행동을 하고 있나요? '예' 또는 '아니요'로 적어 보세요.

답변

1. 아니요 2. 예 3. 아니요 4. 예 5. 예 6. 아니요

보충 활동

1. 양해 : 연습장에 있는 예제에 나타난 상황에 대하여 의견을 나누어 봅시다. 각각의 예로 제시된 상황에서 신뢰로운 행동을 하려면 어떻게 해야 할까요? 예 1, 3, 6에서는 어떠한 변명이 나왔을까요? 각 문제를 해결하기 위해서 학생들은 무엇을 할 수 있을까요?
2. 기록 남기기 : 어떤 학생들은 자신이 한 약속에 대한 책임이 있음을 알지 못하는 경우도 있어요. 학생들에게 믿음직한 행동을 '연습'할 기회를 주도록 합시다. 예를 들어, 학습용 도서를 빌려주거나, 학급용 귀중품(class treasure)을 주말 동안 집에 가지고 갈 수 있게 하는 등. 하지만 빌려 간 물건에 대한 기록은 잘 정리해 두도록 합니다. 한편 분실되거나 잊었을 경우에 문제가 발생할 수 있는 물건들은 집에 가져가지 못하도록 합니다. 학생들이 대여하고 싶다고 요청하면, 기록부에 빌려 간 물건에 대해 기록을 남기도록 합니다.

이름 ______________________ 날짜 __________

14.6 믿음직한 행동

이들 학생들은 신뢰로운 행동을 하고 있나요? '예' 또는 '아니요'로 적어 보세요.

1. 나는 종이가방을 학교에 가지고 가야 한다는 것을 말해야 함을 알고 있어요. 그러나 그 말하는 것을 깜빡했어요. __________

2. 여기에는 수선(복구)해야 할 책들이 있어요. 나는 작업할 시간이 충분히 있어서 가급적 그것들을 빨리 가지고 오려고 해요. __________

3. 나는 오늘 장식하는 것을 도와주기 위해 빨리 오려고 했어요. 그러나 엄마는 나에게 어린 여동생을 보라고 하네요. 누군가가 나를 불러야 한다면 정말 나는 바쁘다고 할 거예요. __________

4. 나는 고양이 먹이를 주는 것이 일정 목록표에 있어요. __________

5. 숙제를 다했어요. 아빠! 아이스크림 먹으러 가도 돼요? __________

6. 당신에게 나의 스웨터를 주기로 했는데 마음이 바뀌었어요. 파티를 위해 빌려준 옷이 다른 누군가에 의해 알게 될 수도 있어요. 그러니 다른 옷을 사러 쇼핑하러 가는 게 나을 것 같아요. __________

14.7 그대로 두기/그만둘 때 알기

목표

학생들은 어떤 상황에서는 좋은 의견일지라도 그 의견을 그만두어야 하는 이유를 제시할 수 있을 것이다.

질문

교사 : 좋은 의견임에도 불구하고 선생님이 의견 제시를 그만하라고 말하는 것을 듣고 싶지 않을지도 모른다. 하지만 다른 사람들과 같이 일하게 되면 그만두어야 할 때를 알아야 합니다. 무엇을 멈추어야 할까요? 언쟁을 멈추고, 자기주장을 내세우는 것을 멈추고, 어떤 한 가지에만 집중하지 말고 다른 문제도 돌아봐야 합니다. 왜 자기주장을 내세우며 언쟁하는 것보다 '내버려두는/그만두는' 것이 좋을까요? (악감정, 듣지 않으려 하고, 시간 낭비를 하고 등)

연습장 14.7 : '내버려 두기'가 필요한 친구들이 있어요. 왜 그래야 하는지 합당한 이유에 동그라미로 표시하세요.

답변

1. 그것은 결코 중요하지 않아.
2. 그 상태로 할 수 있는 게 아무것도 없어요.
3. 더 이상 듣지를 않는구나.

보충 활동

1. 역할놀이 : 학생들에게 대본을 쓰게 하거나 예제의 연극을 시연해 보도록 합니다. 어떤 사안이 중요해지면 다른 사안은 사소한 사안이 됨을 알려 줌으로써 학생들은 입장에 따라 사안을 구분할 수 있을 것입니다.
2. 내버려두기/그만두기(Let It Go) : 일주일 동안 '내버려두기'를 주제로 적용할 수 있는 일들을 유목화해 봅니다. 한 주가 끝날 때 학생들과 이야기해 봅니다. 새로운 일들이 일어날 때마다 이전에 교실에서 다루었던 '내버려두기'를 주제로 반추하도록 합니다.

이름 ______________________ 날짜 ______________

14.7 그대로 두기/그만둘 때 알기

이들 학생은 '내버려 두기'가 필요한 친구들이에요. 왜 그래야 하는지 그 이유에 해당하는 것에 표시하세요.

1. 명숙 : 지우개가 어디 있지. 필기체로 이름을 쓰려고 하는데 잘 안 되네.
   미애 : 아니야, 잘 썼어. 그대로 둬.
   명숙 : 싫어. 내 이름은 필기체로 쓸거야. 지금 글씨는 별루야.
   미애 : 벌써 몇 번째니. 괜찮다니까.
   명숙 : 지우개 줘! 다시 쓸 거야.
   그대로 두기. 그것은 결코 중요하지 않아. 혹은 지우개 값이 아깝다.

2. 학생 : 책상 틈에 손가락이 끼었어요. 밴드 좀 붙여주세요.
   교사 : 오늘 보건선생님이 안 계시다.
   학생 : 밴드 주세요. 손가락이 아파요.
   교사 : 피도 안 나는데 밴드는 필요 없어.
   학생 : 밴드를 붙여주지 않으면 교실로 돌아가지 않을 거예요.
   내버려두기. 밴드가 없구나. 혹은 그 상태로 할 수 있는 게 아무것도 없구나.

3. 문철 : 저 마커 펜은 빨간색이야.
   영신 : 아니야 진한 분홍색이야.
   문철 : 빨간색이라니까.
   영신 : 그 차이가 뭔데?
   문철 : 분홍이 아니라 빨강이라구.
   영신 : 봐줬다. 그래 빨간색이라고 하자.
   내버려두기. 그녀는 색감도 없는 사람이구나. 혹은 더 이상 듣지를 않는구나.

14.8 다른 관점

목표

학생들은 최소한 두 가지 관점에서 주어진 상황을 바라볼 수 있을 것이다.

질문

교사 : 어떠한 사안을 부모님이나 형제들이 보는 관점과 당신이 보는 관점이 서로 달랐던 경험을 해 보았나요? 누가 예를 한번 들어볼까요? (상대방의 입장을 이해하는 시간을 갖는다.) 사람들은 때때로 서로 다른 관점을 갖게 됩니다. 그 의미는 상대방과는 '달리 인식한다'는 것이지 틀렸다는 것을 의미하지는 않습니다. 단지 다른 면을 바라본다는 것일 뿐입니다. 다른 사람을 이해하기 위해서는 그 사람의 입장이나 관점을 보는 것이 도움이 됩니다.

연습장 14.8 : 연습장에는 모든 사람들이 같은 느낌을 갖지 않음을 보여주고 있습니다. 예를 들면 어떤 사람은 그것을 좋아하지만 그렇지 않은 사람들도 있다는 것입니다. 다른 사람의 관점을 이해하는 연습을 하는데 이 예들은 도움이 될 것입니다.

답변

(답은 각기 다를 것이다.)

1. 고양이랑 친해지면 재미있게 놀 수 있어.
2. 나는 나이도 됐고 용감하니까 충분히 탈 수 있어.
3. 내 생각에는 헤어스타일이 훌륭한 작품이라고 봐.
4. 자전거는 인도(보도)보다는 차도에서 타는 게 더 안전해.
5. 나는 살찔 정도로 초콜릿을 먹지는 않아.
6. 그 행동은 사람들에게 전화로 장난치는 속임수야.

보충 활동

1. '그래요. 하지만…' 게임 : 학생들은 짝과 등을 대고 앉도록 합니다. 서로 상반되는 관점을 가지고 30초 동안 이야기를 나누며 상대방의 주장을 듣고 또 자신의 주장을 펼치도록 합니다. 다른 학생들은 이 광경을 지켜보도록 합니다.
2. 두 가지 입장 : 반으로 접은 종이를 학생들에게 나주어 줍니다. 한쪽 면에는 '찬성' 의견을 쓰고, 다른 한 면에는 '반대' 의견 또는 다른 관점을 쓰도록 합니다. 학생들은 관심 있는 주제를 선택해 토론하도록 합니다.

이름 ______________________ 날짜 ______________

14.8 다른 관점

각각의 사람들은 주제에 대한 서로 다른 관점을 가지고 있다. 하나의 관점이 주어졌다. 다른 사람들의 관점은 어떤지 생각하는 대로 적어 보세요.

14.9 토론하기

목표

학생들은 두 편의 토론에서 주요 쟁점을 구분하고 설명할 수 있을 것이다.

질문

교사 : 대부분의 면담에서는 한 사람이 주로 질문을 하고 다른 사람은 이에 대답을 하게 됩니다. 이에 반해 토론은 두 사람 모두가 이야기하고 또 서로에게 질문도 하면서 서로에 대해 이해하려고 노력합니다. 당신이 이야기하고 싶거나 토론하고 싶은 주제를 목록화해 보세요. 친구들과 이야기해 보고 싶거나 토론하고 싶은 좋은 주제거리는 무엇입니까? (공유하고 싶은 주제를 칠판에 적어 보는 시간을 갖도록 한다.)

연습장 14.9 : 학생들이 토론하고 싶어 하는 주제의 예를 세 가지 제시합니다. 이 토론 과정에서 무엇을 찾아내야 할까요? (네 가지 규칙을 읽어 보세요.) 학생들은 훌륭한 토론을 하였는지 그렇지 못했는지 판단해 봅시다.

답변

1. 예－주제 : 괴물영화
2. 아니요－단일 주제가 없이 서로 자기 이야기만 한다. 그리고 양쪽 모두 상대방의 이야기를 듣지 않는다.
3. 아니요－주제 : 야구. 그러나 한 쪽에서만 말을 한다.

보충 활동

1. 이야기해 봅시다. 학생들은 무작위로 짝을 지어 관심 있는 분야에 대한 주제 목록을 적도록 합니다. 교실 앞으로 나와서 두 학생이 1분 동안 한 주제를 가지고 토론을 합니다. 토론이 얼마나 잘 진행되었는지 교사가 네 가지 규칙으로 평가를 합니다. 학생들도 그 토론에 대하여 평가를 해 봅니다. 양쪽 모두 이야기를 했고 또 상대방의 이야기를 경청했나요? 상대가 말한 것을 정확히 요약할 수 있나요?
2. 어떻게 생각하십니까? TV 녹화 프로그램을 보고 토론합니다. 학생들이 각기 다른 프로그램을 주제로 이야기를 하도록 합니다. (예를 들면, 드라마, 토크쇼, 상황 코미디 등)

이름 ________________ 날짜 ________

14.9 토론하기

토론의 규칙

1. 주제를 정하기
2. 양쪽 모두 말하기
3. 양쪽 모두 듣기
4. 상대방의 입장을 이해하기

아래 학생들은 토론을 하려고 합니다. 앞의 네 가지 규칙을 지켜가며 토론을 하고, 좋은 토론을 한 편을 정하기 위해 '예' 또는 '아니요'로 각각 표시해 보세요.

1.

2.

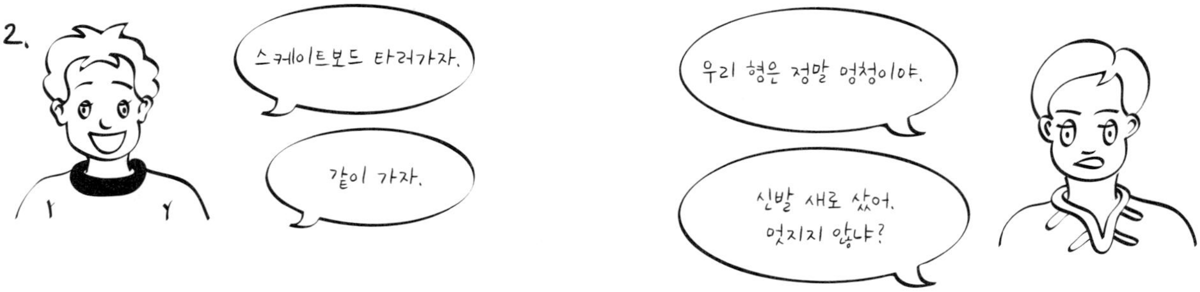

3.

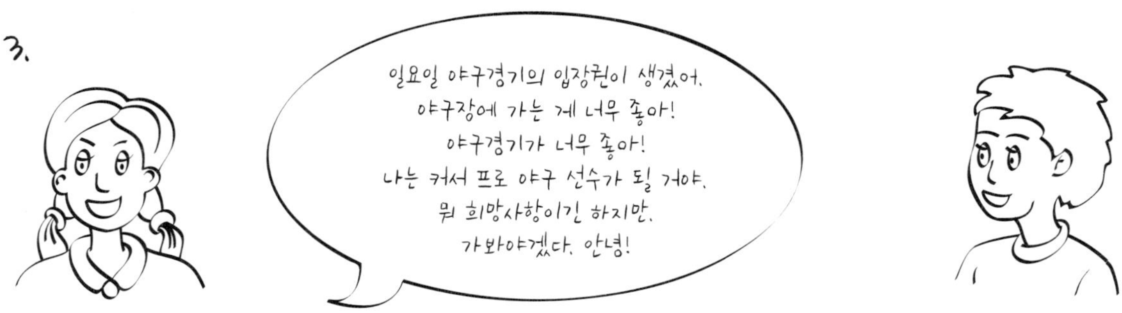

14.10 주장하기

목표

학생들은 두 편 사이에서 벌어지는 토론과 토의가 서로 어떻게 다른지 알 수 있을 것이다.

질문

교사 : 토의 과정에서, 양편은 경청을 통하여 상대방의 느낌과 요지를 이해하려고 노력합니다. '논쟁'은 토의와는 다른 의미를 가지고 있지만 나쁜 의미만 있는 것은 아닙니다. 우리의 목표는 다른 사람들과 잘 어울려 지내는 것이지만, 상대가 서로 경청하지 않고, 특별한 이유 없이 반대만을 한다면 '주장'이라는 단어를 사용할 것입니다. 과거에 어떠한 사안을 가지고 친구나 부모님과 언쟁을 벌인 경우가 있었다면 이를 나누어 봅시다.

연습장 14.10 : 이 연습장에는 자기주장을 하는 예들이 제시되어 있어요. 자기주장의 특징을 살펴봅시다. (네 가지 관점에서 살펴봅시다.) 어떤 인물이 자기주장의 발단이 되었는지 찾아봅시다. 대화에서 한 가지 이상의 바른 반응을 찾아봅시다.

답변

1. 1, 4
2. 1, 2
3. 1, 4
4. 1(동의하지 않는 사람이 있다.), 3(양쪽 모두 상대의 이야기를 들으려하지 않는다.)

보충 활동

1. 토론, 자기주장이 아님 : 연습장의 내용을 가지고 역할놀이를 해 보면서 자연스럽게 토론으로 바꾸어 보도록 합니다. 주의 깊게 듣고 대화함으로써 문제해결이 되는 과정을 보여 줌으로써 학생들에게 도움이 되도록 합니다.
2. 합당한 이유 : 학생들 사이에 논쟁거리가 되는 '뜨거운 쟁점'을 골라 왜 그러한 주장을 하는지에 대한 합당한 이유들을 찾아보고 이를 정리해 봅니다. 그 이유는 명확하고 타당한 근거인지, 그렇지 않는지 살펴보도록 합니다.

이름 ______________________ 날짜 ____________

14.10 주장하기

자기주장하기에서

1. 동의하지 않는다.
2. 이유가 그다지 타당하지 않다.
3. 양편 모두 상대방의 의견을 듣지 않는다.
4. 양편 모두 상대방의 입장을 이해하지 않는다.

이들 학생은 자기주장을 하고 있어요. 위의 네 가지 관점 중에서 어떤 것이 논쟁의 빌미가 되었다고 생각하세요? 원인에 되었다고 보는 상황의 번호를 적어 보세요.

14.11 명확한 용어 구사

목표

학생들은 자기 입장이 아닌 객관적인 입장에서 명확하게 입장을 설명할 수 있을 것이다.

질문

교사 : 대부분의 자기주장은 토의가 과열되어서 나타나는 경우입니다. 이는 양측이 실제로는 같은 사안을 다루면서도 해석을 달리 하기 때문에 그렇게 되는 경우가 대부분입니다. 만일 어떤 사람이 빌려줄 수 있다는 의미로 "너는 내 오래된 셔츠를 가질 수 있어."라고 말했는데, 이로 인해 언쟁이 발생할 수가 있어요. 이럴 경우에는 "돌려주지 않아도 괜찮아. 그냥 가져."라고 말하는 것이 명확하지 않을까요? '가지다(HAVE)'라는 단어가 영구적인 의미로 사용한 것인지 아니면 일시적인 의미로 사용한 것인지를 어떻게 알 수 있을까요? 다른 사람에게 전달하는 의미가 항상 명확할 수 있을까요? 모든 사람들에게 말하고자 하는 의미를 명확히 전달하기 위해서는 용어를 명확히 해야 합니다.

연습장 14.11 : 연습장에는 서로 이야기를 나누면서도 이해하지 못하는 대화의 예 네 가지가 소개되고 있어요. 양측 모두에게 명확한 의미전달이 될 수 있도록 첫 번째 화자의 말을 바꾸어 다시 적어 보세요.

답변

(답은 각기 다를 것이다. 이 답은 예시에 해당한다.)

1. 한 시간 안에 들어오거라.
2. 숙모에게 여행은 즐거우셨는지 물어보고 적어도 15분 동안 의자에 조용히 앉아 있다가 오거라.
3. 장난감 가지고 같이 놀아라. 때리지 말고.
4. 어떤 것도 만지지 말거라.

보충 활동

1. 내 말 뜻은 : 의미가 분명하지 않은 지시사항들을 지속적으로 적어 놓고, (옷을 잘 입어라. 네 방을 치워라. 씻어라.) 학생들에게 각 사항들을 구체적으로 설명하도록 합니다.
2. 다음에는 무슨 일이 : 네 가지 예에서 잘못 이해한 말로 인하여 발생할 수 있는 일을 적어 보거나 그려 보도록 합니다.

이름 ______________________ 날짜 __________

14.11 명확한 용어 구사

이 사람들은 같은 어휘를 사용하지만 서로에게 다른 의미로 전달되고 있어요. 의미가 명확히 전달되도록 하려면 어떻게 해야 할지 다시 써 보도록 하세요.

다시 쓰기

14.12 상식

목표

학생들은 상식을 통하여 갈등을 해소하는 능력을 보일 수 있을 것이다.

질문

교사 : 선생님이 들려주는 짧은 이야기를 듣고 이야기 속의 소년은 어떻게 되었을지 선생님께 말해 보세요.

어느 날 아침부터 비가 세차게 내렸어요. 소년은 잠자리에서 일어나 옷을 입고 등교 준비를 하고 있었어요. 소년은 빤히 보이는 자기 우산을 챙기지 못한 채 그대로 집을 나서는 통에 비를 맞게 되었어요. 비에 흠뻑 젖은 채로 학교에 도착한 소년은 친구들에게 엄마가 우산을 챙겨주지 않아서 비에 흠뻑 젖었다고 말했어요.

소년이 비에 젖은 것은 누구의 잘못인가요? 우산이 어디 있는지 알았으면 소년이 직접 우산을 챙겨야 하지 않았을까요? '상식'이라는 단어의 의미는 무엇일까요? 굳이 말하지 않더라도 그 의미를 명확히 알면 잘 사용하게 됩니다.

연습장 14.12 : 이 연습장에는 상식을 사용하는 방법에 대해 보여 주고 있어요. (먼저 위에 상식을 활용하는 방법을 읽어 보세요.) 아래의 예시에서 상식을 사용한 학생을 골라 동그라미를 표시하고, 네모 칸에는 어떠한 방법으로 상식을 사용했는지 그 이유에 해당하는 번호를 적어 보세요.

답변

1. 두 번째, 3. 이러한 유형의 상황은 예전에 어떻게 처리했었는지 생각해 본다.
2. 첫 번째, 1. 다음에 무슨 일이 일어날지 상황을 그려 본다.
3. 두 번째, 3. 이러한 유형의 상황은 예전에 어떻게 처리했었는지 생각해 본다.
4. 첫 번째, 2. 확실한 해답이 주변에 있는지 둘러본다.

보충 활동

1. 어리석은 이야기 : 학생들에게 상식적으로 행동하지 않는 주인공에 대한 이야기를 써보도록 합니다. 과장된 이야기는 굉장히 재미가 있습니다. (예를 들면 32도가 넘는 더운 날씨에 스웨터를 입는다든지, 결혼예복을 입고 진흙놀이를 한다든지 등).
2. 그런 말 한 적 없잖아. 시간을 정해놓고(10~15분), 학생들에게 상식을 배제한 채 구체적인 사안을 하나하나 시시콜콜하게 설명해 보도록 합니다. 구체적으로 꼼꼼히 말해 주는 것은 시간을 많이 잡아먹거니와 어리석고 우스꽝스럽기까지 함을 알게 될 것입니다.

이름 ______________________ 날짜 __________

14.12 상식

이 연습장에는 상식을 사용하는 방법에 대해 보여 주고 있어요.

1. 다음에 무슨 일이 일어날지 상황을 그려 본다.
2. 확실한 해답이 주변에 있는지 둘러본다.
3. 이러한 유형의 상황은 예전에 어떻게 처리했었는지 생각해 본다.

아래의 예시에서 상식을 사용한 학생을 골라 동그라미를 표시하고, 네모 칸에는 어떠한 방법으로 상식을 사용하였는지 그 이유에 해당하는 번호를 적어 보세요.

15

Chapter

사회생활하기

부모에게 보내는 편지 제15호 : 사회생활하기

학부모님께

학부모님들과 교사들 모두는 아이들이 친구들을 사귈 수 있기를 바랍니다. 또한 아이들이 친구들과 함께 놀고, 주변을 탐색하고 함께 웃으며 시간을 보내는 모습을 보길 바랍니다. 모든 아이들은 좋은 관계 속에서 많은 혜택을 얻습니다. 하지만 때때로 장애를 가진 아이들은 다른 사람들이 자신들을 어떻게 인식하고 있는지, 그리고 자신들의 행동이 무리 속에서 적절한 행동인지 스스로 판단하지 못합니다. 그들이 너무 많이 생각해서 그럴까요? 아니면 그들이 전술적 재치가 필요할 때, 너무 솔직하게 표현을 해서일까요?

이 단원에서는 친구들을 대하는 방법, 우정을 형성하는 방법, 바람직한 위생상태를 유지하는 방법, 대화를 시작하는 방법, 그리고 기꺼이 새로운 것을 시도하는 방법에 관한 기술들을 배우게 될 거예요.

여러분들은 지역 YMCA 교실, 스포츠 교실, 4-H그룹(head, hands, heart, health를 모토로 하는 미국 농촌 청년 교육 기관), 그리고 다른 단체 활동처럼 아이들이 친구들을 만나 좋아하는 활동을 할 수 있는 장소로 아이들을 데려다줄 수 있습니다. 만약 가능하다면, 아이들을 여러분의 집으로 초대하거나 공원으로 데려가서 안전하면서 즐거운 환경에서 친구들과 상호작용할 수 있도록 해 주세요. 즉 아이들에게 다른 사람들과 어울린다는 것이 무슨 의미이고, 또한 상대방이 듣기 좋아하는 말을 한다는 것이 무슨 의미인지 이해할 수 있도록 해 주세요.

또한 아이들에게 언제 그만두어야 하는지, 언제 공유해야 하는지, 언제 들어야 하는지 또는 언제 더 사교적이어야 하는지 알도록 단서를 알려 주세요. 아이들에게 특별행사를 베풀어 주세요. 그래서 만약 갑자기 광대가 나타나거나 차가운 수영장이 있거나 경쟁적인 게임을 하더라도 그것은 결코 놀랄 일이 아님을 알려 주세요. "친구를 사귈 수 있는 가장 좋은 방법은 무리와 하나가 되는 것이다."라는 상투적인 문구이지만 이것은 사실입니다. 아이들이 가능한 한 친구를 사귈 수 있는 기술을 개발할 수 있도록 도와주세요.

____
교사 드림

사회생활하기

관련 기술 항목 연습장 15 : 학습 진행사항

+ 숙달
✔ 익히는 과정
– 익히지 못함

학생 이름	사람 만나기	친구의 소중함 이해하기	친구 대하는 법 알기	무언가를 권하기	좋은 말 해 주기	청결한 위생관리	대화시도 문구 사용하기	새로운 일 시도하기	활동장소에 참여하기	비고

15.1 사람 만나기

목표

누군가를 처음 만날 때, 학생들은 상대방의 눈을 맞추고 적절히 악수하며 적절한 인사말을 할 수 있을 것이다.

질문

교사 : 여러분들이 가장 만나고 싶어 하는 사람은 누구입니까? (록 가수, 운동선수, 대통령) 만약 여러분이 만나고 싶어 하는 그 사람이 지금 당장 방으로 걸어 들어온다면 무엇을 할 것인가요? (당장 달려가서 사인을 요청해요.) 보통은 누군가를 처음으로 만나거나 소개받는다면, 누구인지 물어보고, 악수하고 무엇인가 말하는 것이 예의랍니다. 뭐라고 말해야 할까요? (예를 들면, 만나서 반갑습니다. 안녕하세요.) 오늘 우리는 누군가를 만났을 때의 예의에 대해 연습해 볼 것입니다. 유명한 사람을 만나거나 평범한 사람을 만나거나 똑같이 예의를 표해야만 합니다. 우리는 다음과 같은 것을 살펴보려고 합니다. 1) 눈 맞춤, 2) 악수하기, 3) 적절하게 인사말하는 것

연습장 15.1 : 이 연습장에는 학생들이 다른 사람들을 만날 때 표해야 하는 행동의 예들이 나와 있어요. 바람직한 예에는 ○ 표시를 하고, 개선이 필요한 것에는 × 표시를 하세요. 그리고 우리는 여러분들의 선택과 관련하여 이야기를 나누어 보도록 하겠습니다.

답변

1. ○　2. ×　3. ×　4. ○　5. ×　6. ○

보충 활동

1. 악수하기 : 학생들끼리 눈 맞춤을 유지한 채 서로 악수하는 것을 연습합니다. 다른 사람의 오른손을 1~2초 정도 힘 있고 진심을 담아 잡게 합니다. 학생들은 처음에는 어리둥절해할 수 있지만 누군가가 교실을 방문할 때마다 계속 연습을 시킵니다. 당신은 교사로서 아침마다 며칠 동안 아이들이 교실에 들어올 때마다 악수를 하며 맞아주도록 하세요.
2. 학생들과 학생들의 만남 : 만약 학생들이 그들 또래의 학생들을 만날 때, 악수로 인사하는 것은 적절한 인사 형태가 아닙니다. 몇몇 학생들은 그들만의 특별한 악수방법을 만들 수 있습니다. 학생들이 어떻게 서로 친해질 수 있고 새로운 사람이 집단에 들어왔을 때 환영받는다는 느낌을 받을 수 있도록 하려면 어떻게 해야 하는지 이야기를 나누도록 합니다.

이름 ______________________ 날짜 ______________

15.1 사람 만나기

아래의 학생들은 누군가를 처음 만나고 있습니다. (1) 눈 맞춤, (2) 악수, 그리고 (3) 적절한 인사말을 한 학생에게는 ○표를, 개선의 여지가 있는 학생에게는 ×표를 하세요.

15.2 친구의 소중함 이해하기

목표

학생들은 친구가 소중한 이유에 대해 최소한 세 가지 이상을 말할 수 있을 것이다.

질문

교사 : 여러분 잠시 생각해 보세요. 만약 딱 한 명의 친구와 함께 롤러스케이트를 타러 가거나 워터파크에 가야 한다면 누구랑 갈 거예요? 소리 내서 이름을 말하지 말고 마음속으로 생각해 보세요. 무서운 일에 직면하거나 어디에선가 길을 잃어서 누군가에게 도움을 요청한다고 생각해 보세요. 가족 이외의 사람과 이야기를 한다면 누구와 하고 싶나요? 두 상황 모두에서 같은 사람을 떠올렸나요? 그렇다면 한 번 더 생각해 봅시다. 정말 재밌는 일에 신나게 웃는다고 가정해 봅시다. 무엇을 보고 웃게 되었고, 누구와 함께 웃고 싶은지 생각해 보세요. 이번에도 이전에 떠올렸던 사람과 같은 사람인가요? 사람들은 다양한 이유로 친구를 원하고 있어요. 우리는 이번 시간에 우정에 대해 생각해 보고 또 이야기를 나누는 시간을 가져볼 것입니다.

연습장 15.2 : 왼쪽에 있는 각 사람에 대한 소개글을 읽고 오른쪽의 친구를 좋아하는 적절한 이유와 줄로 연결해 보세요. 여러분의 답에 대해 의견을 나누어 보세요.

답변

1. b(또는 d)　2. e　3. a　4. d(또는 b)　5. c

보충 활동

1. 너와 나! 학생들에게 자신의 사진이나 친구의 사진을 가져오게 합니다. 게시판에 사진들을 장식하게 합니다. 당신은 '우정을 예찬하라'와 같은 주제로 수업을 할 수 있을 것입니다.
2. F-R-I-E-N-D-S-H-I-P : '우정'이라는 단어의 각 알파벳으로 우정의 다양한 관점을 묘사해 보도록 하세요. 예를 들면, 우정이란 F(Funny : 웃기고), R(Really nice : 정말 좋고), I(Interesting : 흥미롭고), E(Enjoyable : 재미있고), N(Nice : 좋고), D(Devoted : 헌신하고), S(Special : 특별하고), H(Happy : 행복하고), I(Into roller skating : 롤러스케이트를 타는 것 같고), P(Pleasant : 기쁜 것).

이름 ______________________ 날짜 ______________

15.2 친구의 소중함 이해하기

왼쪽에 있는 각 사람에 대한 설명글을 읽고, 오른쪽의 친구를 좋아하는 이유와 관련성이 있는 것끼리 줄로 연결해 보세요. 여러분의 답에 대해 의견을 나누어 보세요.

1. 나는 혼자서 앉기 힘들 정도로 피곤하다. 그래서 나와 동행해 줄 누군가가 있었으면 한다.

a. 함께 웃어줄 친구

2. 나는 세계명작에 대해 말해 줄 사람을 원하고 있다. 누가 이 일에 흥미를 가질까?

b. 함께 무엇인가 해 줄 친구

3. 참 재미있는 영화다! 나는 이 영화를 다시 보면서 큰 소리로 웃고 싶다!

c. 도움을 줄 수 있는 친구

4. 이것은 굉장히 재미있는 게임이다. 그러나 같이 할 친구가 있으면 훨씬 재미있다.

d. 무엇인가 나눌 수 있는 친구

5. 나는 이 모형을 조립하는 방법을 모른다. 나는 이것을 이해하지 못한다.

e. 이야기를 나눌 친구

15.3 친구 대하는 법 알기

목표

학생들은 친구들을 다양한 상황에 맞게 적절하게 대하는 방법들을 알 수 있을 것이다.

질문

교사 : 친구가 있다는 것은 자신에게는 놀라운 선물이에요. 이 말은 누군가가 여러분들과 함께 시간을 보내거나 관심을 공유하고 싶어 한다는 것입니다. 또한 우정을 잘 지켜야 한다는 의미이기도 합니다. 여러분이 친구들을 보살피는 방법으로는 어떤 것들이 있을까요? (친구들의 말에 경청하고, 뒷담화를 하지 않는다.) 만약 친구와의 관계를 잘 유지하고 싶다면 친구들에게 무슨 일이 일어났는지 민감하게 반응할 필요가 있어요.

연습장 15.3 : 이들 학생들의 우정에는 문제가 있어요. 친구들 상호 간에 적절하게 예우하는 친구에게는 '예'라고 적어 보세요. 친구들끼리 서로 적절하게 예우하지 못한 친구에게는 '아니요'라고 적어 보세요. 답에 대해 이야기를 나누어 보세요.

답변

1. 아니요(그녀는 친구를 무시했다.)
2. 예(그는 친구를 놀이에 참여시키고 있다.)
3. 아니요(그는 친구를 돕기에는 너무 바쁘다.)
4. 아니요(그녀는 수다쟁이다.)
5. 예(그녀는 친구를 이해하기 위해 노력하고 있다.)

보충 활동

1. 우정에 관한 이야기책 : 아이들의 학년 수준에 맞는 책을 읽어 주세요. 그리고 그 이야기책 속에서 발견한 우정들을 열거해 보세요. 그리고 그 등장인물들이 친구라고 할 수 있는 이유는 무엇이고, 그들은 우정을 어떻게 보여 주는지 이야기해 보세요. (개구리와 두꺼비, 쌍둥이 이야기 등)
2. 친구 대 친근함 : 친구가 되는 것과 누군가에게 단순히 친근하게 대하는 것의 차이에 대해 이야기해 보세요. 모든 사람들이 너의 친구가 될 수는 없어요. 하지만 너희들이 만나는 대부분의 사람들에게 친근한 태도를 보여야 합니다. 친근해지는 것이 종종 친구가 되는 것으로 이어질 수 있어요. 이 사실을 간과해서는 안 돼요.

이름 ______________________________ 날짜 ______________

15.3 친구 대하는 법 알기

이들 학생들의 우정에 문제가 있어요. 친구들 상호 간에 적절하게 예우하는 친구에게는 '예'라고 적어 보세요. 친구들끼리 서로 적절하게 예우하지 못한 친구에게는 '아니요'라고 적어 보세요. 답에 대해 이야기를 나누어 보세요.

1. 안녕! 내 생각에는 우리가 자전거를 타러 가는 것이 좋겠어.

   아니, 나는 주미와 함께 스케이트를 타러 가기로 결정했거든.

2. 우리랑 같이 놀래?

   물론이지.

3. 새장에 페인트칠하는 것을 도와줄 수 있니?

   시간이 없어. 나는 낮잠을 자려고 하거든.

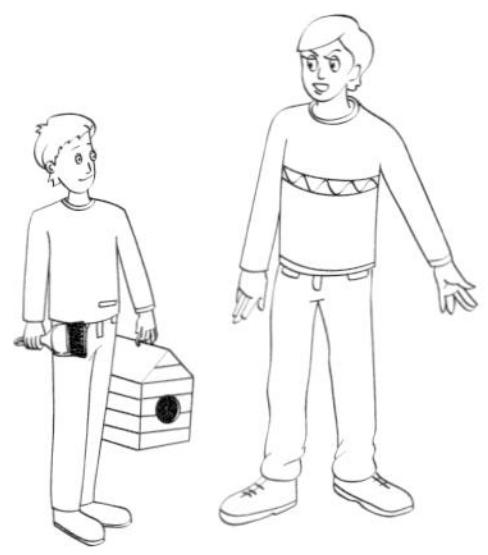

4 잘 가, 민경!

   너도 민경이가 수학 리포트 점수에서 D학점을 받았다는 말을 들었니? 그녀는 집에 가서도 마음이 너무 혼란스러울 거야!

5. 나도 모르겠어, 순애가 나와는 말을 하지 않으려고 하는 이유를.

   나쁘게 생각하지 마. 그녀는 바로 지금 응원지휘를 해야 하기에 매우 바쁘다고. 그래서 시간적 여유가 거의 없어서 그런 거야. 너 때문에 그런 게 아닐 거야.

15.4 무언가를 권하기

목표

학생들은 서로 친구가 되기 위해 누군가를 알고 있는 사소한 것까지도 서도 관심을 가지고 알아낼 수 있을 것이다.

질문

교사 : 만약에 선생님이 여러분들에게 자기의 친구들에 대해 말해달라고 하면, 그 친구에 대해 무엇을 말해 줄 건가요? (그 친구의 외모를 묘사하거나 그 친구들과 같이 할 수 있는 것을 말할 거예요.) 만약 여러분에게 친구가 있다면, 여러분은 남들이 알 수 없는 친구에 대한 모든 것들을 알 것입니다. 왜 그럴까요? (그 이유는 친구와 같이 시간을 보내고 그들과 함께 새로운 생각과 사고를 공유하기 때문이죠.) 만약에 누군가가 여러분에게 당신은 정말 좋은 친구냐고 물어본다면 뭐라고 대답할 것인가요? (이상적으로는 '좋은 친구'라고 말하겠죠.) 이런 말을 들은 적이 있을 거예요. "좋은 친구를 갖기 싫으면 먼저 좋은 친구가 되어라." 먼저 여러분 자신에 대해 생각해 보세요. 그러면 좋은 친구가 될 수 있을 거예요. 다른 말로 표현하자면, 친구를 찾는 누군가에게 무엇을 권할 수 있을까요?

연습장 15.4 : 당신이 좋은 친구임을 입증하기 위해 자신에 관한 정보 목록을 만드세요.

답변

(답은 각기 다를 것이다.)

보충 활동

1. 전화번호 광고 : 만약 담당하는 학급 수준이 적절하다면, 학생들에게 자신들을 묘사하는 사진이나 그림을 그리게 하고 자신이 좋은 친구임을 나타내는 글을 써서 짧은 광고를 만들게 해 보세요. 그리고 교실에 그 광고를 전시하도록 하세요. (당신은 '노란 페이지(Yellow Pages)'라는 단어가 직장을 광고하기 위한 전화번호부라는 것을 설명해 주어야 합니다.)
2. 누구인지 추측하기 : 연습장에 아이들이 작성한 내용을 가지고 반 전체가 참여하는 게임을 하도록 합니다. 당신은 누가 작성한 내용을 읽고 있는지 학생들이 추측하도록 하는 것입니다. 작성한 내용을 읽을 때는 최대한 긍정적인 말을 해 주고 내용의 특성을 확실하게 설명해 주도록 하세요. 만약 잘못 추측한 부분이 있더라도 그것은 작성한 사람에 대한 재밌고 우호적인 의미를 친구들에게 알려 주는 것이므로 오히려 칭찬이 될 수 있습니다. 가장 마음에 드는 말을 기억해 두었다가 끝날 즈음에 해당 학생들에게 꼭 전달해 주세요.

이름 ______________________ 날짜 ____________

15.4 무언가를 권하기

당신이 좋은 친구임을 입증하기 위해 자신에 관한 정보의 목록을 만드세요. 제시한 두 가지 사례는 시작하는 데 도움을 주기 위한 것입니다.

고민이 있는 친구에게 나는 좋은 경청자가 됩니다.

나는 누군가에게 빌린 물건이 있으면 반드시 돌려줍니다.

15.5 좋은 말 해 주기

목표

학생들은 다양한 상황에서 친구를 돕기 위하여 긍정적인 조언을 할 수 있을 것이다.

질문

교사 : 친구를 사귀는 방법 중 하나는 다른 사람들에게 좋은 말을 해 주는 것입니다. 하지만 여러분이 한 말에 진심이 담겨져 있어야 합니다. 예를 들어 만약 내가 결혼하지 않은 모든 사람들에게 말을 할 때마다 "제가 지금까지 만났던 사람 중에 당신이 가장 똑똑하고 상냥하고 재미있으세요."라고 말했다면 그들이 선생님을 믿을 것 같아요? (아니요.) 왜 그럴까요? (무슨 말인가 반복해서 들었을 때, 그 말은 더 이상 진실처럼 느껴지지 않기 때문일 거예요. 그 느낌에 대한 말들 중 일부는 정확하지도 않았으니까요.) 여러분 옆에 있는 사람을 바라보며 진심을 담아 해 줄 수 있는 좋은 말들을 생각해 보세요.

연습장 15.5 : 다음의 각 상황들을 읽어 보세요. 각 상황에서 할 수 있는 좋은 말들을 빈칸에 적어 보세요.

답변

(답은 각기 다를 것이다. 이 답은 예시에 해당한다.)

1. 스웨터가 정말 좋아 보이네요.
2. 이번 시험에서 좋은 성적을 내었군요.
3. 머리스타일이 정말 아름다운데요.
4. 다시 시도해 보세요. 다음번에는 틀림없이 팀을 구성할 수 있을 거예요.

보충 활동

1. 난 그렇게 말할 수 있기를 바라. 학생들이 흔히 사용하는 좋은 말들을 골라 이를 말로 표현하거나 '말풍선' (유머 책처럼)으로 써서 표현할 수 있도록 도와주세요. 학생들이 친구들의 얼굴 사진을 찾거나 그리게 한 후, 이들이 직접 말하는 것처럼 써 넣도록 하세요. 그리고 학생들 중에서 누군가가 좋은 말들이 더 이상 생각이 나지 않아서 망설이고 있을 때 전시해 놓은 벽이나 게시판을 가리키며 참고하도록 하세요.
2. 돌려쓰기 : 정중하지 않거나 호의적이지 못한 말들의 사례들을 수집하여 종이로 만든 탁구채 한쪽 면에 적도록 합니다. 이것을 학생들이 돌려가며 읽고 긍정적인 말이거나 평범한 말들로 편집해서 바꿔 쓰도록 합니다. 완성된 말들을 종이 탁구채 반대 면에 붙이도록 합니다. 만약 가능하다면, 이 내용을 인터넷에 올려 학생들이 양쪽 면 모두를 읽을 수 있도록 합니다. (예를 들어, 너는 정말 느려/너는 너의 일에 모든 시간을 바치는구나.)

이름 ______________________ 날짜 ______________

15.5 좋은 말 해 주기

다음의 각 상황들을 읽어 보세요. 각 상황에서 할 수 있는 좋은 말들을 빈칸에 적어 보세요.

1. 나는 방금 쇼핑을 다녀왔어!

____

____

____

2. 이것 봐라!

____

____

____

3. 내 모리 모양새가 영 마음에 들지 않아. 너는 어떻게 생각해?

____

____

____

4. 나는 운동할 팀을 구성하지 못했어.

____

____

____

15.6 청결한 위생관리

목표

학생들은 청결한 위생 상태를 유지하는 최소한의 다섯 가지 방법을 알 수 있을 것이다.

질문

교사 : 사람들의 마음에서 멀어지게 하는 가장 확실한 한 가지 요인은 불결한 위생 상태입니다. 불결한 위생 상태란 남들에게 비춰지는 외모, 체취, 또는 복장을 관리하지 않았다는 의미입니다. 그 어느 누구도 이를 닦지 않거나 머리를 감지 않거나 손톱을 다듬지 않아 악취가 나는 것을 좋아하지 않습니다. 그렇다면 청결한 위생 상태를 유지할 수 있는 가장 확실한 방법의 예들로는 어떤 것들이 있을까요? (목욕이나 샤워 정기적으로 하기, 머리 감기, 손톱 때 정리, 옷 갈아입기)

연습장 15.6 : 각 학생들이 청결해지기 위해서 무엇을 해야 할까요?

답변

1. 머리 감기
2. 땀에 젖은 셔츠 갈아입기
3. 상처 부위 소독하기
4. 목욕(샤워)하기
5. 양치질 하기

보충 활동

1. 비누와 치약 콘테스트 : 2분 안에 비누와 치약의 브랜드 이름을 많이 나열하도록 하세요. 학생들을 2개의 소그룹으로 편성할 수 있어요. 누가 가장 많이 나열할까요?
2. 특별한 이벤트 : 학생들이 자신의 청결 유지를 할 수 있도록 격려하는 차원에서 계획된 부모 이벤트를 활용해 보세요. 학생들이 무엇인가 하고 있거나 또는 어른들에게 인사를 할 때, 이 기회를 통해 위생 유지 기술을 연습할 수 있고 궁극적으로는 아주 좋은 모습을 보일 수 있을 것입니다.

이름 ______________________ 날짜 ______________

15.6 청결한 위생관리

각 학생들이 청결해지기 위해서 무엇을 해야 할까요? 빈칸에 답을 적어 보세요.

1. 영숙이는 주말 파티에 참석하기 위하여 염색 스프레이를 이용하여 자기 머리카락의 일부분을 연한 붉은색으로 염색을 했어요. 염색이 탈색이 되어감에도 불구하고 보기가 좋다고 생각한 그는 2주 동안이나 머리를 감지 않았어요.

____

2. 정자는 자기가 좋아하는 트레이닝복 상의를 입고 학교에 갔어요. 수업이 끝난 후 그녀는 그 옷을 입은 채 운동을 했고, 집으로 돌아와 그 옷을 입은 채 영화를 보러 갔으며, 다음 날에도 그 옷을 다시 입고 학교에 갔어요. 점심시간에 케첩을 쏟아 팔소매에 케첩이 묻었어요. 그는 집으로 돌아오는 길에 발을 헛디뎌 넘어졌고 팔꿈치 부분에 더러운 것이 묻었어요. 그런데 그녀는 그 다음 날 그 옷을 또 입었어요.

____

3. 진규는 자전거 핸들에서 손을 놓은 채 탔어요. 그런데 그만 돌부리에 자전거 바퀴가 부딪혀 길옆으로 쓰러지고 말았어요. 다리가 베이고 피가 흘렀어요. 그는 상처를 싸매자 피가 조금밖에 흐르지 않았어요. 그는 자전거를 조금 더 타다가 집으로 돌아 왔어요.

____

4. 장석이는 삼촌의 농장을 방문했어요. 그곳에서 조랑말도 타고, 닭장 청소도 도와드리고, 구덩이를 파고 꽃을 심기도 했어요. 그녀의 얼굴, 손, 그리고 옷 할 것 없이 여러 군데에 모든 종류의 시골 냄새와 오물이 덮었어요.

____

5. 영진이는 마늘을 좋아합니다. 가족들이 피자와 마늘빵을 먹으로 외식을 나가면 그녀는 별도로 자기가 좋아하는 음식을 시켜 먹기도 했어요. 잠자리에 들려고 부모님께 작별 키스를 할 때 그녀의 엄마와 아빠가 "어휴! 냄새야." 하고 말씀하셨어요.

____

15.7 대화시도 문구 사용하기

목표

학생들은 제시된 대화시도 문구가 적절한지 아닌지 구분할 수 있을 것이다.

질문

교사 : 만약 여러분들이 사교적으로 누군가와 어울리고 싶다면, 다른 사람들이 당신에게 관심을 끌 만한 흥미로운 주제로 대화를 이끌어 나갈 만한 몇 가지 대화 시도 문구를 준비해야 할 거예요. 물론 대화에 성공하기 위해서는 좋은 장소와 적절한 시간에 있어야 함은 분명합니다. 물론 몇몇 사람들은 자신이 무엇인가 하고 있을 때 잠깐의 짧은 대화나 귓속말로 인해 방해받고 싶어 하지 않아요. 그러나 대부분의 사람들은 우호적인 말을 반기지요. 누군가와 대화를 시도하기 위한 몇 가지 방법들에 대해 생각해 볼까요? (안녕, 내 이름은… 좋은 아침이야, 오늘 하루 어떠니?)

연습장 15.7 : 다음과 같은 상황에서 적절한 대화시도 문구들은 어떤 것일까요? '예'와 '아니요'로 답해 보세요.

답변

1. 예 2. 아니요 3. 아니요 4. 예 5. 예 6. 예 7. 예 8. 아니요 9. 아니요
10. 아니요 11. 예 12. 아니요 13. 예 14. 예 15. 아니요

보충 활동

1. 지역사회 대화 요청 : 학생들로 하여금 무난하면서 긍정적이고 재미있는 코멘트를 준비하거나 적절한 상황에 맞는 사람을 선정하여 지역사회 대화모임에 참여시켜 대화를 시도해 보도록 하는 도전과제를 부여합니다. 그들의 대화가 어떻게 진행됐는지 보고서를 쓰도록 하세요.
2. 엿듣기 : 단 한 번만! 학생들이 공공장소, 즉 카페나 버스, 채소가게, 회의장과 같은 곳에 있을 때 그들 주변에 있는 사람들과 대화를 시도하도록 하세요. 일반적으로 엿듣는 것은 정중한 행동은 아니지만, 이 경우는 학생들이 정중하게 대화를 이끌어가는 인사법, 질문방법, 그리고 코멘트 등의 유형을 관찰할 목적으로 엿듣기와 같은 노력을 해야 합니다.

이름 ______________________ 날짜 ____________

15.7 대화시도 문구 사용하기

다음과 같은 상황에서 적절한 대화시도 문구들은 어떤 것일까요? '예'와 '아니요'로 답해 보세요.

[파티장에서]

1. 탁구를 좋아하시나요?
2. 그 끔찍하게 생긴 셔츠를 어디서 샀어요?
3. 나는 무척 지루해요.
4. 나랑 케이크를 먹으러 갈래?
5. 나는 운동을 좋아하는데, 당신은 어떠세요?

[스포츠클럽이나 만남의 장에서]

6. 마지막 경기인가요?
7. 나는 기꺼이 이 팀에 합류하고 싶습니다. 괜찮겠는지 당신의 의견을 듣고 싶습니다.
8. 내가 여기서 운동을 가장 잘하는 사람이라고 확신합니다. 그러니 이번 경기에서 이 팀은 점수를 별로 얻지 못할 거예요.
9. 멍청한 코치임에 틀림없어요.
10. 우리는 다른 학교에서는 훨씬 잘했다.

[지역사회에서]

11. 처음 뵙겠습니다. 저는 김명순입니다.
12. 정말 따분한 날이구나. 나는 비가 정말 싫다고.
13. 당신은 이 지역에 있는 박물관, 동물원, 공원에 관한 뉴스를 들어보신 경험이 있나요?
14. 안녕, 수현아. 우리는 연못까지 산책을 가려고 하는데, 너도 같이 가지 않을래?
15. 지금 잠자려 해. 나를 혼자 있게 해 줘.

15.8 새로운 일 시도하기

목표

학생들은 자신의 취미와 좋아하는 활동을 짝지을 수 있을 것이다.

질문

교사 : 다른 사람들을 사귀는 또 다른 방법은 새로운 것을 시도해 보는 것입니다. 만약 여러분이 항상 같은 것만 한다면 아마도 같은 사람들하고만 그 활동을 하게 될 것입니다. 만약 여러분의 취미를 조금이라도 넓히고 새로운 것을 시도할 기회를 찾는다면 아마도 새로운 사람들을 만날 수 있을 뿐만 아니라 새로이 즐길 수 있는 것을 배울 기회도 생길 것입니다. 예를 들어 동물에 관심이 있다면, 여러분들이 무엇을 할 수 있을까요? (동물 보호소에서 일해 보고 이웃들의 애완동물을 살펴볼 수 있을 거예요.)

연습장 15.8 : 다음의 사람들은 새로운 것을 시도해 보고 싶어 합니다. 왼쪽의 각각 사람들과 오른쪽에 그들이 시도하거나 하고 싶어 하는 새로운 것들을 연결해 보세요.

답변

1. b　　2. e　　3. a　　4. f　　5. c　　6. d

보충 활동

1. 재미있는 바퀴 : 학생들에게 크기가 다른 2개의 원을 자르도록 합니다. 그리고 각 원을 4등분 하도록 합니다. 작은 원에는 학생들의 취미 네 가지를 쓰게 합니다. 그리고 큰 원을 작은 원 뒤에 포갭니다. 원들을 돌려 회전시킬 수 있도록 중심에 못이나 핀으로 고정시킵니다. 큰 원에는 작은 원에 썼던 취미와 관련된 활동들을 쓰게 합니다. 학생들이 무순으로 원을 돌리게 하고 그것들을 친구들과 바꾸도록 합니다. 취미와 관련 활동을 연결하게 합니다.
2. 연결 게임 : 학생들의 취미가 적힌 카드와 취미와 관련된 활동이 적힌 카드를 연결할 수 있는 간단한 연결 게임을 개발해서 하도록 합니다. 최소한 20개의 취미와 그 관련 활동이 쓰인 카드를 연결할 수 있을 때까지 게임을 계속 진행하고, 한 번에 두 번씩 뒤집을 수 있게 합니다.

이름 ______________________________ 날짜 ______________

15.8 새로운 일 시도하기

다음의 사람들은 새로운 것을 시도해 보고 싶어 합니다. 왼쪽의 각각 사람들과 오른쪽에 그들이 시도하거나 하고 싶어 하는 새로운 것들을 연결해 보세요.

1. 명애는 손으로 하는 일을 좋아한다. 그녀는 그림 그리기와 만화 그리기를 좋아한다.

2. 예일은 운동에서 발군의 실력을 가지고 있다. 그는 야구와 축구팀에 가입되어 있다.

3. 정숙이는 이웃에 있는 넓은 수영장으로 갔다. 그녀는 물을 두려워하지 않는다. 하지만 수영을 할 줄은 모른다.

4. 명균은 공공도서관에 어린이 전용 도서코너가 개장된다는 이야기를 들었다. 거기에는 아이들이 좋아하는 책들이 많다고 한다.

5. 진경이는 학교가 끝나고 이따금 어머니의 음식장만을 돕고 있다. 그녀는 케이크와 케이크 장식 레시피가 소개된 책을 발견했다.

6. 홍철은 밴드부에서 드럼을 치는 흉내를 잘 낸다. 그는 언젠가 음악 팀을 만들어 연주를 하면 재미있을 것이라고 생각한다.

a. 수영강습 받기

b. 디자인, 글쓰기, 만화 그리기

c. 디노사우르 공룡모양의 케이크 만들기

d. 친구 몇 명과 함께 이웃을 위한 음악연주

e. 운동을 좋아하는 친구들을 찾아 운동경기 조직

f. 열람증 발급

15.9 활동장소에 참여하기

목표

학생들은 친구들과 방문할 수 있는 지역사회 활동장소들을 알 수 있을 것이다.

질문

교사 : 모든 지역사회에는 친구들과 좋은 시간을 보낼 수 있는 장소들이 많이 있습니다. 만약 친구들과 자전거를 탄다면 어디로 가면 될까요? (학교 주차장이나, 자전거 도로요.) 만약 수영을 한다면 어디로 가면 될까요? (고등학교 수영장, 지역사회 수영장, 해변, 공원이요.) 우리 도시에 갈 수 있는 곳들을 찾아봅시다.

연습장 15.9 : 친구들과 함께 방문하고 싶은 지역사회의 장소들을 찾아 표시해 보세요. 가고 싶은 곳이 더 있다면 적어 보세요.

답변

(답은 각기 다를 수 있다. 지역사회 내에 갈 만한 장소가 존재하지 않는다면 이 문제는 건너뛸 수 있다. 추가할 장소가 있으면 적어 보세요.)

보충 활동

1. 아이들의 관심 지도 : 학급 과제로, 지역사회 내에서 아이들이 특히 즐거워하는 특별한 장소를 찾아 도시의 지도 위에 표시하여 아이들의 관심지도를 학생들에게 만들어 보도록 하세요. 지역의 수영장은 어디인지, 도서관은 어디인지, 공원들은 어디인지, 도시에서 가장 맛있는 아이스크림 가게는 어디인진 물어보세요. 학생들이 지도를 장식하게 하세요.
2. 현장학습의 발상의 전환 : 지역사회를 아이들에게 배달하라! 만약 학급이나 학교에서 현장학습만으로 제한되어 있다면, 지역사회의 사람들이 교실로 방문하게 하십시오. 그리고 방문한 그 사람을 초청연사로 활용하세요. 사서이든 자연센터 자원봉사자이든 심지어 동물원에서 새에게 모이를 주는 사람도 훌륭한 초청강사가 될 수 있을 것이고 친구들과 방문할 만한 지역사회의 흥미로운 장소가 될 수 있도록 소개해 줄 것입니다.

이름 ______________________ 날짜 ____________

15.9 활동장소에 참여하기

친구들과 함께 방문하고 싶은 지역사회의 장소들을 찾아 표시해 보세요. 가고 싶은 곳이 더 있다면 적어 보세요.

- ☐ 동물원
- ☐ 종합 물놀이 공원
- ☐ 영화관
- ☐ 볼링센터
- ☐ 상가
- ☐ 지역사회 수영장
- ☐ YMCA
- ☐ 스케이트장
- ☐ 해변
- ☐ 박물관
- ☐ 지역 공항
- ☐ 하이킹 코스
- ☐ ______________________
- ☐ ______________________
- ☐ ______________________